Mantak Chia und Juan Li
Inneres Tai Chi

Mantak Chia und Juan Li

Tao Yoga
Inneres Tai Chi

Tai Chi Chi Kung:
Der Weg zum spirituellen
Kern des Tai Chi

Ansata-Verlag

Einzig berechtigte Übersetzung aus dem Englischen
von Heinrich Hauck

Die Originalausgabe erschien 1996 unter dem Titel
«The Inner Structure of Tai Chi»
bei Healing Tao Books, Huntington, NY 11743

Zweite Auflage 1998

Einbandgestaltung: Robert Wicki
Illustrationen: Juan Li und Michael Abbey

Inhalt

Anhang

Zur Beachtung

Die in diesem Buch beschriebenen Techniken sind über Jahrhunderte hinweg von Taoisten und Tai Chi-Lernenden, denen dieses Wissen in persönlicher Unterweisung vermittelt wurde, mit Erfolg praktiziert worden. Die Leser sollten nicht versuchen, *Tai Chi Chi Kung* ohne persönliche Unterweisung im Rahmen des Heilenden Tao zu üben, denn einige von diesen Techniken könnten bei fehlerhafter Ausführung zu Verletzungen oder gesundheitlichen Schäden führen. Dieses Buch soll die persönliche Unterweisung durch einen autorisierten Lehrer des Heilenden Tao ergänzen und als Ratgeber für dieses Training dienen. Wer diese Techniken nur auf der Grundlage dieses Buchs lernen will, tut dies gänzlich auf eigene Verantwortung.

Es liegt *nicht* in der Absicht der Autoren, die hier dargestellten Techniken als Ersatz für ärztliche Behandlung zu benutzen. Wer unter den Lesern an Beschwerden leidet, die auf mentale oder emotionale Störungen zurückzuführen sind, sollte einen geeigneten Arzt oder Therapeuten konsultieren, der die Probleme und Beschwerden behebt, bevor man mit dem Training beginnt.

Weder das Heilende Tao noch seine Mitarbeiter und Lehrer können für die Folgen, die aus der praktischen Anwendung oder dem Mißbrauch der in diesem Buch enthaltenen Informationen entstehen könnten, verantwortlich gemacht werden. Wer beim Üben für sich selbst irgendwelche Techniken ausführt, ohne sich peinlich genau an die Anweisungen, Erläuterungen und Warnungen der Autoren zu halten, tut dies ausschließlich in eigener Verantwortung.

Vorwort

von Dr. Jampa Mackenzie Stewart

Als ich Meister Mantak Chia 1982 zum ersten Mal begegnete, hatte ich etwa zehn Jahre lang Tai Chi gelernt und gelehrt. Dabei hatte ich bereits die folgenden Tai Chi-Stile und -formen geübt: (Alter) Chen-, Yang- und Wu-Stil; die Form von Cheng Man-ching und die 24 Positionen (sogenannter «Peking-Stil»). Tatsächlich kannte ich so viele verschiedene Tai Chi-Formen, daß ein Tag nicht ausreichte, um sie alle zu üben.

Jahrelang hatte ich zahlreiche Bücher über die geheimnisvollen inneren Wandlungsvorgänge gelesen, mit denen als Ergebnis der Tai Chi-Praxis zu rechnen sein sollte – vor allem die Transformation von sexueller Energie in Chi und von Chi in Geist. Aber entweder wußten meine Tai-Chi-Lehrer nichts von diesen Praktiken oder sie wollten ihr Wissen nicht weitergeben. Während ich die vermittelten Techniken eifrig übte, war ich zugleich frustriert über das Schneckentempo, in dem ich Fortschritte zu machen schien. Als ich dann endlich Mantak Chia begegnete, war ich höchst erfreut, denn er erwies sich als wahrer Taoist, der die esoterischen Geheimnisse der taoistischen Inneren Alchimie in aller Offenheit unterrichtete.

Jedoch das Letzte, was ich von ihm lernen wollte, war eine weitere, neue Tai Chi-Form! Als ich Meister Chias Tai Chi Chi Kung-Form zum ersten Mal sah, schien mir nichts Besonderes daran zu sein, denn sie bestand nur aus *Vogelschwanz* und *Peitsche*, und diese beiden Tai Chi-Bewegungen konnte ich schon auf fünferlei verschiedene Weise ausführen. Deshalb meinte ich, ich könnte Meister Chias Form wohl in einem Tag erlernen.

So war ich recht stolz auf meine Tai Chi-Kenntnisse, als ich mich im Sommer 1986 in die Catskill-Berge im Norden des Staates New York begab, um an Meister Chias Lehrerausbildungs-Retreat teilzunehmen. Meister Chia verlangte von all seinen Ausbildern, daß sie als Grundvoraussetzung für das Unterrichten der höheren Stufen des Heilenden Tao *Tai Chi Chi Kung** zu lernen hätten. «Mich kostet das keinen Schweiß», dachte ich mir, «denn die Jahre meines bisherigen Trainings werden mir zugute kommen.»

Doch was für ein hartes und beschämendes Erwachen erwartete mich da! Meister Chia kannte keine Gnade mit mir und zeigte sich von brutaler Offenheit in der Bewer-

* Zur *Umschrift (Transkription) des Chinesischen* – d.h. der möglichst lautgetreuen Wiedergabe chinesischer Wörter (Schriftzeichen) in lateinischen Buchstaben – benutzt Meister Chia ein besonderes System, das auch in diesem Buch aus Gründen der Einheitlichkeit beibehalten werden soll. Inzwischen hat sich im Westen allerdings das «offizielle» *Pinyin-System* der Volksrepublik China eingebürgert. *Tai Chi Chi Kung* wird in diesem System *Taiji Qigong* geschrieben. *(Pinyin-Umschrift im folgenden in [...])*

tung meiner Tai Chi-Künste. «Mit Müh und Not bestanden!» sagte er zu mir. «Wie ist es möglich, daß du so viele Jahre lang Tai Chi übst und noch nicht verwurzelt bist?» Und in den folgenden Jahren bekam ich immer wieder von ihm zu hören: «Du hast es immer noch nicht kapiert! Keine Wirbelsäulenkraft, keine Spiralenergie! Wenn du Tai Chi unterrichtest, solltest du das können.» Wie konnte es in einer so kurzen Form so viel zu beherrschen geben?

Durch die Schleier meines eigensinnigen Stolzes und meiner hartnäckigen Ignoranz dämmerte mir allmählich, daß Tai Chi nichts mit der Anzahl der Bewegungen, die man beherrscht, oder den verschiedenen Stilen, die man kennt, zu tun hat. Was zählt, ist die Qualität jeder einzelnen Bewegung.

Wenn man die tieferen Prinzipien der Körpermechanik, Energieübertragung und Konzentration begreift, die in der Kunst des Tai Chi von den ersten Meistern an bis hin zur Gegenwart überliefert worden sind, dann ist alles, was man tut, Tai Chi. Wenn wir dagegen die inneren Prinzipien des Tai Chi nicht erfassen, dann sind unsere Formen hohl und leer, auch wenn die Bewegungen noch so schön aussehen mögen.

Das westliche Boxen verfügt zwar nur über wenige Techniken, doch wissen wir alle, wie schwierig es ist, ein Champion wie Muhammad Ali oder Mike Tyson zu werden. Zum Tai Chi gehören außer den dreizehn Grundtechniken noch eine Vielzahl von inneren Bewegungsprinzipien, und dies alles ist in der einfachen Form des *Tai Chi Chi Kung* enthalten.

Wenn weniger äußere Bewegungsabläufe zu lernen sind, schreitet der Tai Chi-Schüler schneller voran: vom anfänglichen Üben der äußeren Form bis zur Beherrschung der inneren Struktur des Tai Chi. Widerwillig mußte ich zugeben, daß Meister Chias Schüler nach einem dreiwöchigen Intensivkurs in *Tai Chi Chi Kung* weiter waren als meine Schüler, die bei mir zwei oder drei Jahre länger Tai Chi-Formen geübt hatten!

Die meisten traditionellen Tai Chi-Lehrer verlangten von ihren Schülern jahrelanges Üben, bevor sie ihnen Methoden der inneren Energiearbeit – wie zum Beispiel die Meditation des Kleinen Energiekreislaufs – vermittelten. Nach vielen Jahren des ergebenen Dienens und Studierens würde der Meister den glücklichen und eifrigen Schüler dann in seine inneren Gemächer führen und ihn dadurch belohnen, daß er ihm zum krönenden Abschluß seines Trainings den Kleinen Energiekreislauf zeigte.

Zu den genialen Methoden von Meister Chia gehört es, daß die Schüler von Anfang an den Kleinen Energiekreislauf und Eisenhemd-Chi Kung als Voraussetzung für Tai Chi zu lernen haben. Für Meister Chia ist Tai Chi ein Zweig des *Heilenden Tao,* eines umfassenden Systems zur Kultivierung heilender Energie im Geiste des Tao. Alle verschiedenen Zweige dieses Systems – wie Meditation im Sitzen, im Stehen und in der Bewegung, Kultivierung der Sexualenergie und Heilmethoden – stützen einander. Fortschritte bei der inneren Energiearbeit wie Meditation, Heilen und Chi Kung spiegeln sich unmittelbar im Tai Chi und umgekehrt.

Beim *Tai Chi Chi Kung* lernen wir, uns in Harmonie mit den Prinzipien des Tao zu bewegen. Es basiert auf der klassischen taoistischen Philosophie, wie sie im *I Ching,* im *Tao Te Ching,* bei *Chuang Tzu,* bei *Lieh Tzu* und in *Sun Tzus* «Kunst des Krieges» zum Ausdruck kommt. Seine Prinzipien beruhen ferner auf den esoterischen taoistischen Lehren der Inneren Alchimie, die von großen Unsterblichen wie *Ko Hung*, *Lu Tung-pin* und anderen gelehrt wurden. Der Legende nach war es der taoistische Unsterbliche *Chang San-feng*, der in den Wu Tang-Bergen zuerst Tai Chi Chuan entwickelt haben soll. Neuere historische Forschungen deuten jedoch darauf hin, daß wahrscheinlich ein pensionierter General namens Chen Wang-ting in der Ming-Zeit Tai Chi entwickelt und den Bewohnern seines Dorfes als ihren lokalen Kampfkunststil beigebracht hat. Auf jeden Fall zeigen die von ihm überlieferten Schriften ganz klar, daß er mit den Geheimnissen der taoistischen Inneren Alchimie bestens vertraut war.

Wissen ist Macht. In Zeiten, in denen Krieg in erster Linie Zweikampf bedeutete, galten Kampfkunsttechniken als militärische Geheimnisse, die nicht öffentlich weitergegeben wurden. Ebenso waren die esoterischen Methoden der taoistischen inneren alchimistischen Kultivierung nur wenigen sorgfältig ausgewählten und geprüften Eingeweihten vorbehalten. Selbst im 20. Jahrhundert ist diese Tradition der Geheimhaltung in großem Maße beibehalten worden. Zeitgenössische Tai Chi-Meister haben noch immer ihre gewöhnlichen «äußeren» Schüler und ihre ausgesuchten «inneren» Schüler, denen die ganze Kunst weitergegeben wird. Die chinesischen Lehrer verhalten sich beim Bewahren ihrer Geheimnisse so geschickt, daß die «äußeren» Schüler oft nicht einmal wissen, was ihnen in Wirklichkeit entgeht.

Zum Glück scheint sich dieses Verhalten in jüngster Zeit zu ändern. Dank der Offenheit von Meister Chia und anderer Meister ist die sprichwörtliche Katze aus dem Sack. Die taoistischen Lehren stehen nun offen für jeden, der von dieser goldenen Gelegenheit profitieren möchte, um die sublime Essenz jahrtausendealter chinesischer Weisheitslehren zu empfangen.

Dieses Buch führt uns in die erste Stufe in der Kunst des *Tai Chi Chi Kung* ein. Diese Bezeichnung hat Meister Chia in seiner Form anstelle des üblichen *Tai Chi Chuan* [*Taijiquan* in *Pinyin*-Schreibung] gegeben. Denn *Chuan* [*quan*] bedeutet wörtlich «Faust» und betont so die praktische Anwendung dieser Kunst. *Chi Kung* [Qigong] bedeutet «Kultivierung der Energie». *Chi Kung* läßt sich sowohl zur Verbesserung der kämpferischen Fertigkeiten einsetzen als auch dazu anwenden, sich selbst und andere zu heilen oder seinen Geist zu verfeinern und so Weisheit und Seelenfrieden zu verwirklichen.

Obwohl der Kampfkunstaspekt in Meister Chias Darstellung des *Tai Chi Chi Kung* eine bedeutende Rolle spielt, sollte die Fähigkeit, sich zu verteidigen und eine friedliche Umgebung zu sichern, in der Reihenfolge der Prioritäten dem weisen Gebrauch unserer kostbaren Lebenskraft folgen. Denn ist ein Leben, das nur dem Kämpfen gewidmet ist, nicht tragisch? Lernen, sich selbst und andere Menschen zu heilen; lernen, sich ins Reich des Geistes zu erheben; zur Harmonie mit sich selbst, der Gesellschaft und der Natur zurückfinden – das sind unsere wahren Aufgaben in dieser Welt.

Vorbemerkung

von Mantak Chia

Die in diesem Buch dargestellte Tai Chi-Form heißt *Tai Chi Chi Kung*. Ich habe nun schon über dreißig Jahre lang Tai Chi studiert und praktiziert. Am Anfang habe ich drei verschiedene Formen des Yang-Stils von fünf verschiedenen Meistern gelernt. Dazu kamen später der Wu-Stil von Meister Edward Lee und danach der Chen-Stil. Zuletzt begegnete ich Meister P.Y. Tam, der mich *Tai Chi Chi Kung* lehrte, eine frühe Form des Yang-Stils, bei der es auf den Einsatz von Herz und Geist ankommt, um Chi in Bewegung zu setzen. Ein guter Chi-Fluß verbessert seinerseits den Kreislauf, stärkt den Knochenbau und belebt den ganzen Organismus.

Die Form des *Tai Chi Chi Kung* betont die innere Struktur des Tai Chi: die Art und Weise, wie Chi durch den Körper fließt, und die Art und Weise, wie die Energie von der Erde ausgehend durch das Knochengerüst weitergeleitet wird. Diese Form ist einfach zu erlernen und enthält doch alle wesentlichen Techniken des Tai Chi. Da die meisten Meister in der Vergangenheit die lange Tai Chi-Form mit 108 Bewegungen gelehrt haben, war das Lernen für die Schüler mühsam und zeitraubend. In vielen Fällen dauerte es Jahre, bis sie die Form behalten hatten und damit beginnen konnten, die innere Struktur des Tai Chi zu erkunden. Wenn der Lernende dagegen diese kurze und essentielle *Tai Chi Chi Kung*-Form übt, kann er schon bald damit beginnen, die Grundprinzipien des Tai Chi anzuwenden: die *Drei Kräfte* aufzunehmen, umzuwandeln und zu lenken. Die Drei Kräfte sind die *Himmlische Kraft (Kraft des Universums)*, die von den Sternen, der Sonne und dem Mond kommt; die *Kosmische Kraft*, die von den Partikeln in der Erdatmosphäre und dem Weltall stammt; und die *Erdkraft* aus der Erde selbst.

Die Prinzipien des Tai Chi und die Methoden zur Entwicklung der inneren Kraft lassen sich auf alle Stile des Tai Chi Chuan anwenden. *Tai Chi Chi Kung* sollte jedoch im Rahmen des Taoismus verstanden, gelernt und geübt werden, denn es ist nur ein Zweig (wenn auch ein bedeutender) eines umfassenden taoistischen Übungssystems. Da sich die einzelnen Zweige dieses Systems gegenseitig stützen, finden sich in diesem Buch zahlreiche Hinweise auf die taoistischen Meditationsformen und Chi Kung-Übungen, in denen ich meine Tai Chi-Schüler im *System des Heilenden Tao* unterweise. In meinen bisherigen Büchern habe ich diese Methoden in aller Ausführlichkeit erklärt. Daher verweise ich alle Leser, die mehr darüber wissen möchten, auf diese Publikationen. Zum Nutzen der neuen Leser und Schüler habe ich diesem Buch kurze Beschreibungen dieser Praktiken auf der Anfängerstufe hinzugefügt.

Ich wünsche Ihnen vollen Erfolg beim Lernen und Meistern von *Tai Chi Chi Kung*.

Möge Chi immer mit uns sein!

Mantak Chia
Chiang Mai, Thailand, 1995

Teil I Grundlagen

Einführung

Der Taoismus ist Chinas ältestes System der Philosophie und der spirituellen Praxis. Nach taoistischer Auffassung bildet der Mensch einen Teil der Natur; wir entstehen aus der Energie der Erde, der Gestirne und der Elemente. Aber aus irgendwelchen Gründen vergessen wir unseren Platz in der Natur, und deshalb müssen wir wieder lernen, unser rechtmäßiges Erbe als Kinder der Natur zurückzugewinnen.

Der Weg der Natur wird Tao genannt. Der Weg zur Verwirklichung unseres höchsten Potentials und zu einem Leben im Einklang mit den Mustern und Energien der Natur wird ebenfalls Tao genannt. Für den Taoisten sind die Reise und das Ziel identisch. Das Leben wird als Prozeß, als Tanz gelebt.

So wie das Universum eine Ganzheit darstellt, so bildet auch der Körper ein Ganzes, in dem jeder Teil in Verbindung und Abhängigkeit zu den anderen Teilen steht. Als Erwachsene mit einer vorwiegend sitzenden Lebensweise vergessen wir jedoch oft, alle Teile unseres Körpers zu benutzen. Das hat dazu geführt, daß wir hauptsächlich vom Kopf und den Armen abhängig sind und die Wirbelsäule, die Hüfte und die Beine nur benutzen, um uns vom Auto zum Fahrstuhl und zum Drehstuhl zu bewegen, wo wir wiederum Kopf und Arme benutzen. Indem wir unsere Bewegungsmöglichkeiten einschränken, vergessen wir, wie wir uns kraftvoll, geschmeidig und effizient bewegen können. Wenn wir verlernen, voll und ganz in unserem Körper zu leben, schränken wir unseren Bewegungsradius immer mehr ein, bis wir schließlich nicht mehr wissen, wer wir wirklich sind.

Tai Chi Chi Kung bildet einen integralen Bestandteil des Taoismus. Da es auf den höchsten Prinzipien des Tao beruht, ist es sowohl Ausdruck des Tao in der Bewegung als auch eine individuelle Praxis, die uns zu einem tieferen Verständnis des Tao führen kann. Tägliche Tai Chi Chi Kung-Übung befreit uns von Steifheit und Verspannungen. Wir können wieder lernen, uns frei und natürlich zu bewegen – in einem Körper, dessen Teile strukturell und energetisch miteinander verbunden sind. Auf diese Weise spiegeln wir als Teil des Universums unsere Verbindung zum größeren Ganzen. Durch die Übung des *Tai Chi Chi Kung* können wir voll und ganz wir selbst werden.

Heute gibt es viele verschiedene Tai Chi-Stile. Unabhängig vom Stil besteht der erste Schritt für den Schüler darin, die äußeren Tai Chi-Bewegungen zu erlernen und zu behalten. Wenn man dann diese Bewegungen in Folge ausführt, nennt man das die Tai Chi-Form. Sobald man die Form gelernt hat, gehört es wesentlich zu den weiteren Aufgaben beim Erlernen des Tai Chi, die Energie in jeder Stellung einzusetzen.

Diese Arbeit mit Chi (oder Energie) nennt man *innere Arbeit*.

Diese innere Arbeit ist das Besondere am Tai Chi und unterscheidet es von den äußeren Formen der Kampfkunst. Mit innerer Struktur bezeichnet man das, was es für den Körper möglich macht, sich als Ganzheit zu bewegen.

Wer diesen inneren Teil von Tai Chi nicht lernen will, verhält sich so, als würde er darauf verzichten, auf der Suche nach der Perle ins Innere der Auster zu schauen.

Energiemeditation bildet die Grundlage für die Beherrschung der inneren Struktur. Viele Tai Chi-Schüler in der ganzen Welt erhalten keinerlei Unterweisung in Energiemeditation, und leider müssen die meisten Leuten zuerst lange und schwierige Tai Chi-Formen lernen. Deshalb haben sie viele Jahre der Übung und Korrektur zu durchlaufen, bis sie die äußere Form beherrschen und in schöner Weise ausführen können. Wegen des Zeitaufwands für das Erlernen der äußeren Form wird die innere Arbeit oft vernachlässigt.

Der größte Vorzug des *Tai Chi Chi Kung* besteht darin, daß diese Form aus einer kurzen Folge von Bewegungen besteht, die in allen Himmelsrichtungen wiederholt wird. Trotz ihrer Kürze enthält diese Form die Essenz aller Tai Chi-Techniken aus den längeren Tai Chi-Formen. Da sich die Abläufe wiederholen, kann man diese Form leichter lernen und sich deshalb schneller an die innere Arbeit machen. Sobald man mit der Essenz des Tai Chi Chi Kung vertraut ist, wird das Erlernen der längeren Formen relativ einfach.

Mangelnde Meditationserfahrung in Verbindung mit dem Zwang, langwierige Formen zu lernen, macht es für die Tai Chi-Lernenden schwer, zur inneren Arbeit voranzuschreiten. Im System des *Heilenden Tao* werden diese Aspekte des Tai Chi gesondert unterrichtet, in Form von Energiemeditation, Meditation im Stehen und Meditation in der Bewegung.

Energiemeditation im Sitzen

Bei dieser Meditation sitzt der Übende in bequemer Haltung. Durch diese Übung kann man seine Bewußtheit und Konzentration stärken, ohne durch äußere Bewegungen abgelenkt zu werden. Dabei geht es zunächst vor allem darum, den Geist zu beruhigen und zu sammeln sowie die inneren Organe und bestimmte andere Körperteile zu entspannen. Das wird auf dieser Stufe durch die Übungen des *Inneren Lächelns* und der *Sechs Heilenden Laute* erreicht (vgl. dazu *«Energetische Vorbereitungen»* am Ende von Kapitel 4).

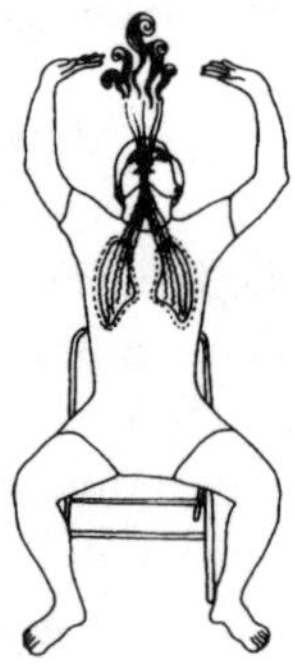

Abb. 1: Der Lungen-Laut

Im nächsten Schritt verbinden wir uns mit der Lebensenergie. Dies erfolgt mit Hilfe der Meditationen des *Kleinen Energiekreislaufs* (siehe Abb. 4-33) und der *Fusion der Fünf Elemente*, die den Geist darin üben, Chi zu fühlen, zu erzeugen und in einem wichtigen Energiezentrum, dem *Tan Tien [dantian]*, zu sammeln sowie Chi zum Zweck der Heilung und Stärkung in andere Körperteile zu leiten, um es dort schließlich zur weiteren Verwendung zu speichern. Außerdem wird die Energie durch einen Reinigungsvorgang in eine höhere Stufe mentaler Stille, Harmonie und Glückseligkeit umgewandelt. Wenn man Tai Chi ohne Sitzmeditation übt, ist es schwieriger, Chi zu spüren und das geistige Auge zu benutzen, um die Energie zu sammeln, zu verdichten und zu leiten.

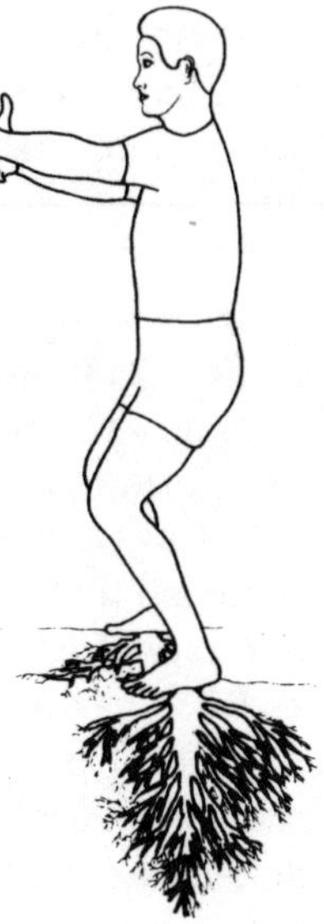

Abb. 2

Energiemeditation im Stehen

Nachdem man Meditation im Sitzen gelernt hat, wird es einem leichter fallen, Meditationsformen im Stehen wie *Eisenhemd-Chi Kung* zu lernen. Beim Eisenhemd-Chi Kung geht es darum, Energie auf sanfte Weise zu sammeln und zu komprimieren, um sie dann durch den Kleinen Kreislauf zu lenken. Zusätzlich wird die Ausrichtung der Körperhaltung an der Schwerkraft geübt, so daß sowohl in struktureller als auch in energetischer Hinsicht die Verwurzelung gefördert wird.

Sobald wir ein Gefühl dafür entwickeln, wie die Körperstruktur beim Stehen auf diese Weise ausgerichtet und integriert wird, können wir diese Erfahrung auf die Bewegungen der Tai Chi-Form übertragen. Meditation im Stehen ist daher die schnellste und einfachste Methode, um diesen wesentlichen inneren Aspekt des Tai Chi beherrschen zu lernen. Bei fast allen großen Tai Chi-Meistern hat Meditation im Stehen entscheidend dazu beigetragen, daß sie in ihrer Kunst ein so hohes Niveau erreichen konnten.

Energiemeditation in der Bewegung

Bei der Übung von *Tai Chi Chi Kung* können Sie das integrieren, was Sie bei der Meditation im Sitzen und im Stehen gelernt haben. In dem Maße, wie Sie die Bewegungsprinzipien des Tai Chi beherrschen lernen, können Sie diese auch bei allen Bewegungen in ihrem Alltag einsetzen. Ob beim Tellerwaschen, bei der Gartenarbeit oder beim Spaziergang, Sie werden sich spontan in Harmonie mit dem Tao bewegen. Das ist der Kern des Tai Chi Chi Kung.

In diesem Buch über *Inneres Tai Chi: Tai Chi Chi Kung* werde ich Ihnen zunächst den Hintergrund, die Geschichte und die Grundprinzipien des *Tai Chi Chi Kung* vorstellen. Als nächstes werden Sie eine Folge von wirkungsvollen Aufwärm- und Lockerungsübungen lernen, die dazu beitragen sollen, daß sich Ihre Energiezentren, Gelenke und Sehnen öffnen. Nach diesen Vorübungen werden Sie durch eine einfache Meditationsübung im Stehen lernen, ein Gefühl für Chi zu entwickeln. Anschließend werden Sie Schritt für Schritt durch die Form des *Tai Chi Chi Kung* geführt.

Weil diese Form aus wenigen leicht zu beherrschenden Bewegungen besteht, wird Ihr Geist bald dazu bereit sein, den Energiefluß zu erfahren und zu lenken.

Tai Chi ist eine Kunst. Wie bei den meisten Künsten ist persönliche Unterweisung notwendig, wenn man die höchsten Stufen anstrebt. Dieses Buch verfolgt zwei Hauptabsichten: Anfänger in die Kunst des Tai Chi einzuführen, sowie den Tai Chi-Praktizierenden zu helfen, die grundlegenden inneren Prinzipien, über die viele Tai Chi-Meister nur ungern etwas verraten, zu begreifen. Während dieses Buch von allen, die bereits Tai Chi Chi Kung mit einem autorisierten Lehrer des Heilenden Tao lernen, als Lehrbuch benutzt werden kann, dürfte es auch für Praktizierende anderer Tai Chi-Stile von großem Wert sein, da sich die hier dargestellten Prinzipien auf alle Stile anwenden lassen.

Im Anschluß an die Form werden in Kapitel 6 verschiedene wichtige Punkte beim selbständigen Üben auf Anfänger-, Mittelstufen- und Oberstufenniveau erklärt. Der zweite Teil des Buchs bringt gründliche Anweisungen für das Erlernen der Vertiefungsstufen von allen Tai Chi-Formen.

Falls Sie keinen Lehrer des Heilenden Tao in Ihrer Nähe haben, könnte sich die Videokassette zum Tai Chi Chi Kung I (s. unter «Adressen») als hilfreich erweisen.

1 Tai Chi Chi Kung – seine Geschichte und sein Platz im System des Heilenden Tao

Die Ursprünge des Tai Chi Chi Kung

Bei archäologischen Entdeckungen wurde während der letzten Jahrzehnte genügend Beweismaterial dafür gefunden, daß Gymnastik und Atemübungen im Alten China bereits in der Zeit der Chou-Dynastie (etwa 1100–221 v. Chr.) verbreitet waren. Tai Chi entwickelte sich wahrscheinlich aus alten Formen von Tao-In- und Chi Kung-Übungen, in Verbindung mit dem inneren Kreisen von Energie und Atem sowie den weitverbreiteten Kampfkünsten jener Zeit.

In den traditionellen historischen Texten, die erst lange nach der Verbreitung des Tai Chi verfaßt wurden, wird überliefert, daß ein taoistischer Eremit namens *Chang San-Feng* im 12. Jahrhundert die Tai Chi-Lehren in einer Reihe von Träumen empfangen hat. In anderen Berichten wird behauptet, Chang San-Feng habe Tai Chi entwickelt, nachdem er einen Kampf zwischen einer Schlange und einem Kranich beobachtet hatte. Eine weitere Überlieferung verlegt die Ursprünge des Tai Chi zurück in die Zeit der Tang-Dynastie (618–907 n. Chr.).

Am glaubwürdigsten ist wohl die These, daß Tai Chi von *Chen Wan-Ting*, dem Oberhaupt des Chen-Familienclans (in der 9. Generation) in der nordchinesischen Provinz Honan, geschaffen wurde. Chen Wan-Ting war General in der kaiserlichen Armee der Ming-Dynastie (1368–1644). Als die Ming-Dynastie im Jahre 1644 den Manchus unterlag, zog sich Chen nach Chenjiagou (das Dorf der Familie Chen) in Honan zurück und entwickelte dort auf der

Abb. 1-1: Chang San-Feng, der legendäre Begründer des Tai Chi

Grundlage seiner militärischen Kenntnisse eine Reihe von Kampfkunst-Techniken, in denen er dann die Mitglieder seines Clans ausbildete. Diese Techniken basierten auf dem Kampfkunststil der Roten Faust aus dem nahegelegenen Shaolin-Tempel in Verbindung mit Bewegungen aus dem berühmten Kampfkunst-Traktat des Generals Chi Ji-Guang.

An anderer Stelle heißt es, daß viele Jahre später ein wandernder Taoist namens Chuan Fa Chenjiagou besuchte und den Clan der Chens darin unterwies, Prinzipien des Taoismus (wie den Einsatz von Chi und von Yin und Yang) in seine Techniken zu integrieren. Dadurch wurde der Kampfkunststil der Familie Chen zum Tai Chi Chuan, der Kampfkunst des Erhabenen Letzten. Die Familie Chen bezweifelt jedoch diese Berichte und behauptet, daß Chuan Fa nur ein Schüler von Chen Wan-Ting gewesen sei. Sie weist in diesem Zusammenhang darauf hin, daß aus den frühen Schriften von Chen Wan-Ting klar hervorgeht, daß er zum Zeitpunkt der Entwicklung seiner Tai Chi-Formen bereits mit der taoistischen Inneren Alchimie vertraut gewesen war. Ferner besteht kein Zweifel daran, daß sich alle anderen bekannten Tai Chi-Stile im Lauf der Zeit aus dem Chen-Stil entwickelt haben.

Bis zum Anfang dieses Jahrhunderts galt Tai Chi als geheime Kunst, die nur innerhalb des geschlossenen Kreises von Familie und treuen Schülern weitergegeben wurde. Außerdem war es sehr kostspielig, sich in den Kampfkünsten ausbilden zu lassen, denn hervorragende Meister forderten oft genug übertrieben hohe «Unterrichtsgebühren» in Form von Goldbarren, Bargeld oder Dienstleistungen. In moralischer Hinsicht verlangten die Meister von ihren Schülern absolute Loyalität und Ergebenheit, und außerdem erforderte die Ausbildung langjähriges, zielstrebiges Üben.

Die zunehmende Verbreitung, Verfügbarkeit und Verwendung von Feuerwaffen führte dann zum schnellen Niedergang nahezu aller Kampfkunst-Stile. Weil der Gebrauch von Feuerwaffen leicht zu erlernen ist und ihr Gebrauch praktisch keine besonderen Anforderungen stellte, waren alle, die mit einem Gewehr umgehen konnten, klar im Vorteil gegenüber denjenigen, die sich in den Kampfkünsten geübt hatten.

Zu Beginn des 20. Jahrhunderts erschienen daher die Zukunftsperspektiven für die Kampfkünste trübe. Vor die Aussicht gestellt, daß ihre Künste bald veraltet sein würden, begannen einige alte Meister öffentlich alle, die es sich leisten konnten, zu unterrichten. Während das alte kaiserliche China 1912 im Chaos zusammenbrach und das Experiment einer demokratischen Republik 1949 mit dem Sieg der Kommunisten endete, erlebten die Kampfkünste einen langsamen Übergang von der Betonung des kriegerischen Aspekts zu ihrer Nutzung für Gesundheit und langes Leben.

Vor allem in den letzten vier Jahrzehnten konnte man erleben, wie Tai Chi als Gesundheitsübung im ganzen chinesischen Volk Verbreitung fand. Besucher in China oder in jeder Gemeinschaft von Überseechinesen können regelmäßig beobachten, wie größere Menschengruppen aller Altersstufen in den frühen Morgenstunden im Freien Tai Chi üben. Die Faszination des Tai Chi hat sich auch auf nichtchinesische Gemeinschaften über die ganze Welt ausgedehnt. Vor dem Zweiten Weltkrieg waren asiatische Kampfkünste im Westen fast völlig unbekannt. Erst während des Pazifikkrieges (1941–1945) brachten amerikanische Soldaten die Kunde von den außerge-

Abb. 1-2: «Kniestreifen» im *Chen-Stil,* ausgeführt von Chen Fa-Kor (1887–1955), einem zeitgenössischen Nachfahren des Begründers

Abb. 1-3: «Kniestreifen» im *Yang-Stil,* ausgeführt von Yang Cheng-Fu (1883–1936)

wöhnlichen Fähigkeiten mancher japanischer Kämpfer zurück in ihre Heimat.

Während der amerikanischen Besetzung Japans nach 1945 begannen viele amerikanische Soldaten Judo, Jujitsu, Karate und andere japanische Kampfkünste zu lernen. Bald nach dem Koreakrieg (1953-1956) wurden auch koreanische Kampfkünste im Westen eingeführt.

Von den frühen sechziger Jahren bis zur Mitte der siebziger Jahre wurden in Nordamerika und Europa in erster Linie Kampfkunstformen wie Judo, Karate, Aikido und Tae Kwon Do praktiziert. Während der späten sechziger Jahre begann Tai Chi die Aufmerksamkeit des Publikums auf sich zu ziehen.

Seither hat es sich kontinuierlich ausgebreitet, so daß es heute überall in der ganzen Welt zu einer der am häufigsten praktizierten Formen von Gesundheitsübungen geworden ist.

In der Form, wie sie sich im Verlauf dieses Jahrhunderts ausgebreitet hat, ist die Kunst des Tai Chi in Gestalt von drei großen Familientraditionen auf uns gekommen. Die erste dieser Traditionen ist der bereits erwähnte Tai Chi-Stil der Familie *Chen,* der sich durch eine Verbindung von weichen und explosiv kraftvollen Bewegungen auszeichnet. Die zweite Tradition ist der Stil der Familie *Yang,* der im neunzehnten Jahrhundert aus dem Chen-Stil hervorgegangen ist, mit seinem sanften und gleichmäßigen Bewegungsfluß. Die dritte ist der Stil der Familie *Wu,* der sowohl aus dem Chen-Stil als auch dem Yang-Stil herstammt, mit seinen subtilen Bewegungen in den Gelenken.

Abb. 1-4: «Kniestreifen» im *Wu-Stil,* ausgeführt von Wu Chien-Chuan (1870–1949)

Ein weiterer anerkannter, aber weniger verbreiteter Tai Chi-Stil ist der Stil der Familie Sun, ein Tai Chi-System, das zu Beginn des zwanzigsten Jahrhunderts von Sun Lu-Tang, einem berühmten Meister der inneren Kampfkünste, geschaffen wurde. Im Sun-Stil verbinden sich Elemente des Hsing I Chuan und des Pa Kua Chuan mit den Techniken des Tai Chi. Noch ein weiteres, relativ unbekanntes Tai Chi-System ist der Hao-Stil, der sich im neunzehnten Jahrhundert aus dem Chen-Stil entwickelt hat und sich durch enge und komplizierte Kreisbewegungen auszeichnet. Außerdem gibt es den Fu-Stil und den Chen Pan-Ling-Stil des Tai Chi, die beide im zwanzigsten Jahrhundert entstanden sind. Diese beiden werden als kombinierte Tai Chi-Stile bezeichnet, weil sie bei der Ausführung ihrer Techniken Charakteristika und Ausdrucksformen aller drei großen Familienstile in sich vereinen.

Es gibt auch Tai Chi-Stile, die nicht aus den Familientraditionen stammen. Einige davon sind angeblich vor Jahrhunderten in Klöstern und Tempeln entwickelt worden, andere wiederum erst im zwanzigsten Jahrhundert. Dazu gehören unter anderem Kuang Ping-Tai Chi, Wu Tang-Tai Chi, der Yang-Stil der 24 Bewegungen und der Cheng Man-ching-Stil (eine weitere verkürzte Variante des Yang-Stils).

Die Dreizehn Bewegungsformen des Tai Chi Chi Kung

In diesem Buch geht es um die Tai Chi-Form der *Dreizehn Bewegungsformen* (vgl. dazu den Anfang von Kap. 15), die wir *Tai Chi Chi Kung I* nennen. Sie soll ursprünglich in der Familie Chen entstanden sein. Im neunzehnten Jahrhundert wurde sie von der Familie Yang abgewandelt und dann in zahlreichen Varianten bis zum heutigen Tag überliefert.

Trotz der Vielzahl der Stile und Varianten stimmen die Grundprinzipien aller Tai Chi-Formen im wesentlichen überein:

1. Geist und Chi konzentrieren;
2. in der Bewegung entspannen und dabei die «Fülle» (Yang) von der «Leere» (Yin) unterscheiden;
3. den Körper im Boden verwurzelt und den Schwerpunkt tief halten;
4. das Knochengerüst an den Kräften von Himmel und Erde ausrichten und die Erdkraft durch das Knochengerüst hindurch zu einzelnen Punkten der Entladung leiten;
5. Chi kreisen lassen und so Muskeln, Knochen und Sehnen in langsamer und koordinierter Weise bewegen, ohne dabei jemals die Grenzen der physischen Belastbarkeit zu überschreiten, und sich weich, fließend und perfekt koordiniert bewegen.

Die *Dreizehn Bewegungsformen* sind in ihrem Aufbau einfach, aber sie enthalten die Essenz das Tai Chi. Die Form ist so kompakt, daß sie auf einer quadratischen Fläche von etwa ein Meter zwanzig Seitenlänge geübt werden kann. Tai Chi Chi Kung wird in vier Himmelsrichtungen ausgeführt: Unter Führung der linken Hand beginnt der Ablauf in Richtung Norden und geht dann im Gegenuhrzeigersinn weiter; danach kehrt man von der rechten Hand geführt im Uhrzeigersinn zurück. Weil die linkshändige und die rechtshändige Form aufeinander folgen, läßt sich diese Tai Chi-Form beliebig oft wiederholen. Wer nicht viel Zeit hat, kann diese Form auch abkürzen.

Wer Tai Chi in der Stadt üben will, ist oft frustriert, weil er einen größeren, freien Platz (von 20–30 m^2) für sich braucht, um die längeren Tai Chi-Formen zu üben. Oft setzen sich die längeren Formen aus so vielen Bewegungen zusammen, daß ihre Ausführung zwanzig Minuten und länger dauert. Die Dreizehn Bewegungsformen sind die perfekte Tai Chi-Form für alle, die Tai Chi innerhalb der zeitlichen und räumlichen Begrenzungen des Großstadtlebens üben möchten.

Wu Chi

Nach den Lehren der taoistischen Kosmologie herrschte vor der Entstehung des manifestierten Universums ein Zustand totaler Leerheit. In diesem ursprünglichen Zustand regte sich nichts, und auch der Zeitbegriff läßt sich nicht auf diesen Zustand übertragen, weil es in der absoluten Leere kein Objekt der Zeitmessung gibt.

Die alten Taoisten haben diesen Zustand als *Wu Chi [wuji]* bezeichnet: *Wu* bedeutet Abwesenheit, Negation, Leerheit. *Chi* wird in diesem Ausdruck zwar genauso transkribiert wie das Wort für Lebenskraft, ist aber im Chinesischen ein völlig anderes Wort (Schriftzeichen). *Chi* in Wu Chi bedeutet «das Höchste» oder «das Erhabenste». Also bedeutet *Wu Chi* «höchster Zustand der Leerheit».

Tai Chi – das ursprüngliche Yin und Yang

Durch einen unerklärlichen Impuls geriet *Wu Chi* in Bewegung, und diese erste Regung löste den Beginn der Schöpfung aus. Dieser Impuls manifestierte sich als *Chi* in der ursprünglichen Polarität von *Yin und Yang*, von Negativität und Positivität. Das Wechselspiel von Yin und Yang ist der wesentliche Ausdruck des Wu Chi. Die Taoisten nannten diesen Vorgang *Tai Chi* oder das «Erhabene Letzte» (oder «Höchste Unendlichkeit»). Die ungeheure Fülle aller Phänomene im ganzen Universum, seien sie nun sichtbar oder unsichtbar, ist das Ergebnis der Wechselwirkungen von Yin und Yang.

Abb. 1-5: Der leere Kreis ist das Symbol für Wu Chi, den Zustand absoluter Offenheit.

Abb. 1-6: Das Tai Chi-Symbol

Chi – die Quelle aller Bewegung

Chi [qi], die Lebenskraft, bildet die Grundlage aller taoistischen Praxis, so wie Elektrizität die Grundlage der modernen Zivilisation ist. Denn ohne Strom käme praktisch jeder Bereich unseres modernen Lebens zum Erliegen. Ebenso käme unser Leben ohne Chi zu einem plötzlichen Stillstand.

Chi kann als Bioelektrizität, Lebenskraft, Vitalität oder einfach als Energie definiert werden. Chi umfaßt all diese Phänomene, ist aber nicht ausschließlich auf eines beschränkt. So wie das Wesen der Elektrizität in seiner ganzen Breite und Tiefe für die Wissenschaft immer noch rätselhaft ist, entzieht sich auch Chi letztlich einem rein intellektuellen Verständnis.

Nach Auffassung der alten Taoisten findet sich Chi in der Atemluft, ist jedoch nicht identisch mit Sauerstoff oder anderen gasförmigen Bestandteilen der Atmosphäre. Chi ist auch in unserer Nahrung enthalten, aber es entspricht nicht einzelnen Vitaminen, Mineralstoffen oder Kohlenhydraten, die wir chemisch isolieren können. Chi gelangt durch den Vorgang der Photosynthese in unsere Nahrung, aber es ist nicht das Sonnenlicht oder eine andere Art von Strahlung, wie sie sich mit modernen Meßgeräten feststellen läßt.

Chi ist die Essenz unserer Lebensmittel und unserer Atemluft, die wahre Nahrung für unseren Organismus. Wenn wir atmen oder essen, nehmen wir Chi in uns auf. Ohne Chi gibt es kein Leben.

Die Fünf Energiephasen (Elemente)

Die Wechselwirkungen von Yin und Yang folgen fünf grundlegenden Phasen oder Energiemustern, die meist als *Fünf Elemente* (Fünf Wandlungsphasen) bezeichnet werden. Mit Fünf Elementen bezeichnet man nicht nur die fünf materiellen Elemente, die überall zu finden sind, sondern vor allem die fünf Ausdrucksformen des Chi im Universum. Die erste Phase bedeutet Energie im Ruhezustand, Energie in einem extremen Zustand der Stille und Sammlung. Diese Energiephase wird *Wasser* genannt, weil Wasser von selbst zur Ruhe kommt, wenn man es ungestört läßt. Die zweite Phase entwickelt sich aus der ersten, denn wenn Energie extrem ruhig und konzentriert ist, bricht sie irgendwann wie Wu Chi in Aktivität aus. Diese zweite Energiephase beschreibt jene Entfaltung von Energie. Sie heißt *Holz*, weil sich die Bäume im Frühling nach einer langen winterlichen Ruhezeit aufs neue zu regen beginnen. Die Entfaltung der Energie in der Holzphase ist nicht von Dauer, sie mündet bald in eine Periode kontinuierlicher Energieentladung. Diese dritte Energiephase wird als *Feuer* bezeichnet, weil Feuer in der Lage ist, eine Entladung von Energie über längere Zeit auf hohem Niveau zu erhalten. Wenn der hohe Energieumsatz beim Feuer abzunehmen beginnt, macht es Platz für die vierte Phase der sich zusammenziehenden Energie. Die vierte Energiephase heißt *Metall*, weil Metall einen stark kondensierten Zustand von Energie darstellt. Die fünfte Phase ist jene der zentralen Harmonie aller anderen vier Phasen. Diese letzte Phase wird *Erde* genannt, denn die Erde ist das Fundament aller anderen Elemente.

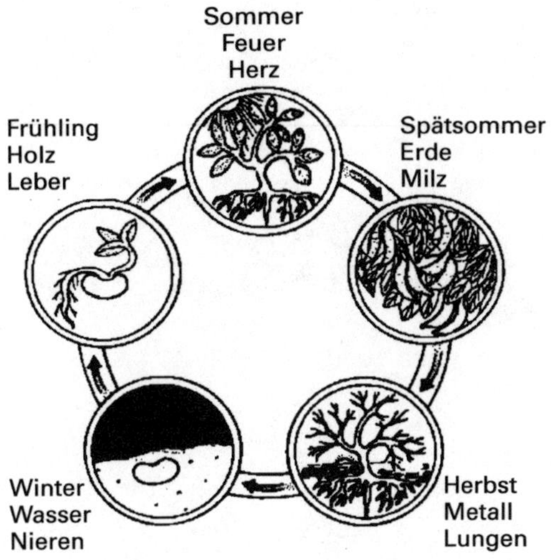

Abb. 1-7: Die Fünf Energiephasen

Yin und Yang bilden Wurzel und Stamm der ganzen Schöpfung, die Fünf Wandlungsphasen die Zweige, welche die Blätter, Blüten und Früchte des Universums tragen. Das Ergebnis dieser energetischen Wandlungen ist die Manifestation und die Aktivität der Sonne, des Mondes, der Sterne, der Planeten und allen irdischen Lebens.

Dieses taoistische Weltbild mag zwar recht einfach und abstrakt erscheinen, doch ist die moderne Naturwissenschaft im wesentlichen zum selben Bild der Schöpfung gelangt. Alle Materie im ganzen Universum ist aus Atomen aufgebaut. Wissenschaftliche Beobachtungen haben jedoch ergeben, daß die Atome, die man einst für die kleinsten, unteilbaren Teilchen der Materie hielt, aus subatomaren Elementarteilchen und Wellen bestehen, die allesamt durch die Polarität von positiv und negativ zur Bewegung angeregt werden. Astronomen haben auch eine Theorie von einer Urexplosion der Energie entwickelt, die sie als «Big Bang» bezeichnen.

Taoisten betrachten das Universum als einen weiten Ozean von Energie, deren Interaktion durch das fundamentale Wechselspiel von Yin und Yang angetrieben wird. Die Menschen gehören zu den komplexesten Manifestationen derartiger Wechselwirkungen.

Das Universum als Manifestation der Fünf Elemente erhält sich selbst. Durch die Vorgänge des Essens, Atmens, Fühlens, Wahrnehmens und Denkens stehen alle Lebewesen in ständiger Wechselbeziehung zu allen Elementen der Schöpfung.

Woher stammt unsere Lebenskraft?

Nach taoistischer Auffassung stammt die Grundquelle menschlicher Energie von unseren Eltern. Die Yin-Energie der Mutter im Ei und die Yang-Energie des Vaters im Samen erzeugen den auslösenden Funken, der das Lebensfeuer entzündet. Diese Energie von unseren Eltern heißt *Ursprüngliches Chi* (pränatale, vorgeburtliche Energie oder Urkraft – chin. *Yuan Chi*).

Eine zweite Quelle der Energie ist die von Sternen ausgehende Strahlung in Form von Licht, elektromagnetischen Wellen und subsonaren Schwingungen. Die führenden Gestirne bei diesem Vorgang sind die Sonne, der Polarstern und die Sterne im Sternbild des Großen Wagens.

Besonders die Menschen benötigen die von den Sternen und Planeten ausgestrahlte Energie, um ihr Leben zu erhalten. Unsere Atemluft ist mit kosmischer Energie in Form extrem feiner Partikeln von kosmischem «Staub» geladen. Dieser Staub besteht aus den Überresten explodierter Sterne, Planeten und Planetoiden. Er regnet ständig auf die Erde, wo er einen wichtigen Bestandteil des Bodens bildet.

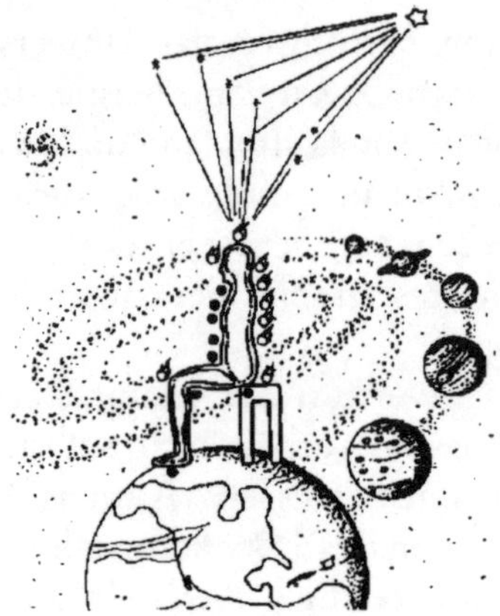

Abb. 1-8

Abb. 1-9: Durch taoistische Praxis sammeln wir eine Fülle von Chi im Unteren Tan Tien (s. Pfeil). Durch diesen erhöhten Chi-Druck kann dann mehr Lebenskraft aus dem uns umgebenden Universum angezogen werden.

Pflanzen sind die einzigen Lebewesen, die Licht direkt in Nahrung umwandeln können. Menschen absorbieren die Lichtenergie indirekt, indem sie entweder Gemüse oder das Fleisch von Tieren verzehren, die sich ihrerseits von Pflanzen ernähren.

Das Zusammenwirken von Licht, kosmischem Staub im Boden, Luft und Wasser bildet die Grundlage für die Photosynthese in den Pflanzen. Alles Leben auf der Erde hängt entweder direkt oder indirekt von pflanzlichem Leben ab. Die große Mehrzahl der Lebewesen nährt sich direkt von Pflanzen und nur eine Minderheit von anderen pflanzenfressenden Tieren.

Chi ist Leben, und eine Fülle von Chi bedeutet eine Fülle von Leben. Wenn unsere Energiezufuhr durch Krankheiten oder übertriebene Emotionen reduziert wird, leiden wir unter einem Mangel an Vitalität und Tatkraft. Dann macht uns das Leben keine rechte Freude mehr, und wir fühlen uns nicht mehr mit der Umgebung, der Gesellschaft und uns selbst verbunden. Die Taoisten legen daher größten Wert auf die Pflege und Bewahrung eines hohen Energieniveaus, um so die Verbindung mit dem Universum und sich selbst zu stärken.

Das höchste Ziel der taoistischen Praxis besteht darin, einen Zustand völliger Einheit mit der Quelle des Universums zu erlangen. Alles Leben entspringt letztlich dem Wu Chi, ohne sich dessen bewußt zu sein. Durch taoistische Praxis kann man unsterblich werden und bewußt zum Wu Chi zurückkehren, um sich in der großen Einheit aufzulösen. Die Taoisten unterstützen aktiv jede Disziplin oder jede Geisteshaltung, die zur Stärkung unserer Verbindung mit dem Universum beiträgt.

Die direkte Methode, um unsere Bande mit der ganzen Schöpfung zu stärken, besteht darin, die Energie, die Grundlage allen Lebens, zu kultivieren. Als eine der wirkungsvollsten und mühelosesten Techniken, um Chi zu mehren und die Quellen seiner eigenen Energie zu erfahren, spielt Tai Chi eine zentrale Rolle im Taoismus. Präzise ausgeführte Tai Chi-Stellungen öffnen und beseitigen Blockaden in den Energiekanälen; die sanften und langsamen Bewegungen dehnen die Energiekanäle und halten sie stark und elastisch; die rhythmischen Bewegungen der Muskeln, der Wirbelsäule und der Gelenke pumpen Energie durch den ganzen Organismus. Daher ist Tai Chi eine Disziplin, die uns mehr Energie gibt, als sie verbraucht, und bewirkt, daß wir uns nach einer Runde Tai Chi entspannt und doch gestärkt fühlen.

Tai Chi und sein Platz im System des Heilenden Tao

Obwohl Tai Chi von Laien jahrhundertelang praktiziert wurde, läßt sich seine wahre Tiefe und Bedeutung nur im gesamten Kontext der taoistischen Praxis wirklich verstehen. Früher und heute üben taoistische Adepten Tai Chi als einen Teil ihres Gesamtprogramms zur Pflege und Entwicklung ihres physischen Körpers, ihres Energiekörpers und ihres Geistkörpers. Diese Drei Körper entsprechen den *Drei Schätzen* (*San Bao*) der Taoisten: *Ching* [*Jing*], der Sexualenergie oder Essenz; *Chi* [*qi*], dem inneren Atem, der fundamentalen Lebenskraft; und *Shen*, dem Geist oder Bewußtsein. Alle taoistischen Disziplinen zielen darauf ab, diese *Drei Schätze* zu stärken.

Von keiner taoistischen Einzeldisziplin läßt sich behaupten, daß sie alle Drei Schätze mit gleicher Intensität und Wirksamkeit fördert. Aus diesem Grund setzen die meisten ernsthaft Übenden eine Kombination von Techniken ein, um die Drei Schätze zu nähren und auf diese Weise die Drei Körper zu stärken und zu entwickeln.

Wie schon in der Einführung gesagt, üben wir im System des Heilenden Tao eine Kombination von Methoden im Sitzen, im Stehen und in der Bewegung, die sich gegenseitig unterstützen und eine solide Grundlage für die Beherrschung der inneren Disziplinen schaffen.

Der Kleine Energiekreislauf

Viele üben zwar jahrelang eifrig Tai Chi, haben aber keine klare Vorstellung davon, wie sich Chi anfühlt. Zu den Anforderungen an ein fortgeschrittenes Kampfkunsttraining gehört die Fähigkeit, die Absicht des Gegners zu erspüren, bevor er sich in Bewegung setzt. Wenn man nicht in der Lage ist, seine eigene Energie zu spüren, ist es unmöglich, die Energie eines anderen zu spüren, geschweige denn das Chi, das die Absichten des Gegners bewegt, bevor sie sich in irgendeiner Aktion äußern.

Der erste Schritt bei der Übung des Tai Chi Chi Kung besteht deshalb darin, mit den uns belebenden Kräften vertraut zu werden und zu lernen, sie zu spüren und durch den Kleinen Energiekreislauf zu lenken und kreisen zu lassen.

Die Meditation des Kleinen Energiekreislaufs bildet die Grundlage für alle Disziplinen des Heilenden Tao. Der Kleine Kreislauf ist unsere wichtigste Energiebahn; sie speist alle anderen Energiekanäle im Organismus. Durch die Öffnung dieser Bahn und die Beseitigung von Blockaden in ihrem Verlauf wird in zunehmendem Maße Chi freigesetzt, das zur Belebung des ganzen Körpers beiträgt. Durch diese Übung lernt man zu erkennen, wie sich Chi anfühlt, während es durch den *Lenker-Meri-*

dian (*Lenker-Gefäß*, LG – in der Rückenmitte nach oben) und den *Diener-Meridian* (*Diener-Gefäß*, DG – auf der Vorderseite nach unten) kreist (siehe auch Abb. 4-33).

Wenn wir fühlen können, wie sich Chi durch den Körper bewegt, können wir auch spüren, ob die eigenen Tai Chi-Stellungen strukturell stimmen, indem wir beobachten, ob die betreffende Stellung den Energiefluß im Körper öffnet oder blockiert. Die Grundlagen des Energieflusses sind bei der Meditation im Sitzen leichter zu erlernen, denn dabei ist man nicht abgelenkt durch die Aufgabe, sich bewegen und auf Hunderte von Details bei der Tai Chi-Form achten zu müssen. Sobald wir mit dem Gefühl für den Chi-Fluß vertraut sind, ist es einfach, diese Erfahrung in die Tai Chi-Bewegungen zu integrieren.

Das Innere Lächeln und die Sechs Heilenden Laute

Diese Sensibilität für das eigene Chi wird im System des Heilenden Tao durch die Übung des Inneren Lächelns und der Sechs Heilenden Laute verfeinert.

Mit Hilfe des *Inneren Lächelns* können wir mit unseren Organen kommunizieren; dabei treten wir mit dem Höheren Selbst in Verbindung und lenken eine liebevolle und dankbare Aufmerksamkeit zu den verschiedenen Körperteilen.

Wir alle kennen Situationen, in denen wir einer neuen Umgebung völlig fremd gegenüberstehen. Wenn wir zum Beispiel in einem fremden Land sind, dessen Sprache wir nicht einmal sprechen können, kann doch ein Lächeln anderen Menschen automatisch mitteilen, daß wir in freundlicher Absicht gekommen sind. Daher ist Lächeln eine Form von Sprache, eine freundliche Sprache, die wir bei der taoistischen Praxis dazu einsetzen, nicht nur mit anderen Menschen, sondern mit unseren eigenen Organen und anderen Körperteilen zu kommunizieren (vgl. «*Energetische Vorbereitungen...*» am Ende von Kap. 4).

Die *Sechs Heilenden Laute* sind eine Methode, die Energie in den Hauptorganen mit Hilfe von bestimmten Bewegungen, Stellungen und Lauten zu harmonisieren. Warum sollten wir mit den Organen in Verbindung treten? Bei der taoistischen Praxis gehen wir davon aus, daß die Organe diejenigen Orte im Organismus sind, an denen Chi gesammelt, verfeinert und gespeichert und damit zur Erhaltung des Lebens verfügbar gemacht wird. Vertrautheit mit den Körperorganen und Sensibilität für Chi sind wichtig, um ein Gefühl für die Bedürfnisse des Körpers und die lebensspendende Energie zu entwickeln. Die Sechs Heilenden Laute tragen zur Abkühlung und Entgiftung der Organe bei und helfen uns, negative Emotionen, die unseren Energiefluß zu behindern beginnen, freizusetzen (siehe auch Abb. 4-32).

Zunächst mag es uns so vorkommen, als hätte das Innere Lächeln nichts mit den Sechs Heilenden Lauten zu tun, aber später lernen wir am Ende jedes Einzellautes in das betreffende Organ zu lächeln.

Nach taoistischer Auffassung hat das Bewußtsein seinen Sitz nicht nur im Gehirn, sondern auch in den Hauptorganen und in einem etwas subtileren Sinne sogar in jeder einzelnen Zelle. Mit der Übung der Sechs Heilenden Laute und des Inneren Lächelns lernen wir, in den Körper zu lauschen und eine tiefere innere Sensibilität zu entwikkeln. Durch Lächeln in die Organe und Dankbarkeit für ihre Arbeit können wir schließlich die Intelligenz des ganzen Körpers aufs neue erwecken.

Im System des Heilenden Tao beginnen wir deshalb die Übung des Tai Chi Chi Kung stets mit dem Inneren Lächeln. Dadurch können die Übenden besser entspannen und ihre Aufmerksamkeit auf die subtilen inneren Empfindungen richten. Obwohl die Sechs Heilenden Laute nicht direkt zur Übung der Tai Chi-Form gehören, fördert ihre Ausführung zu jeder Tageszeit Entspannung und innere Bewußtheit, und dieser angeregte Zustand hat einen positiven Einfluß auf die Übung des Tai Chi.

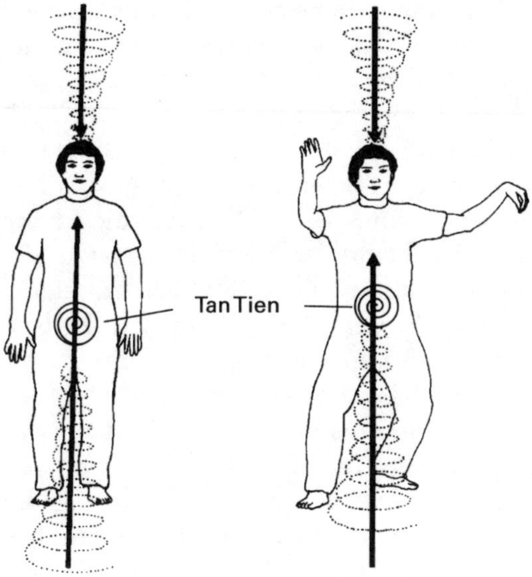

Abb. 1-10: Wenn wir in der Lage sind, unsere Stellung an den Kräften von Himmel und Erde auszurichten, können wir auch lernen, uns im Einklang damit zu bewegen.

Eisenhemd-Chi Kung

In der Praxis des Heilenden Tao hört die Energiearbeit nicht damit auf, die Energie zu spüren und mit den Organen in Verbindung zu treten. Da die Lebensenergie innerhalb des gesamten physischen Organismus zirkuliert, legt man größten Wert darauf, diesen Organismus in guter Verfassung zu halten.

Wir mögen noch so viel Energie und Vitalität besitzen, aber wenn wir ständig zusammengesackt dasitzen, nicht zentriert stehen oder vorwärts gebeugt gehen, kommt es schließlich zu Verschiebungen in unserem Knochengerüst. Außerdem werden dadurch die Organe unnötigem Druck ausgesetzt und so gezwungen, unter innerem Streß zu arbeiten. Da der Chi-Fluß dann an bestimmten Stellen unterbrochen wird, kommt es dort zu einem Überschuß oder Mangel an Energie, was schließlich zu Krankheiten führen kann.

Um Schäden an der physischen oder energetischen Struktur zu vermeiden, lehren wir eine Übungsfolge, die unter der Bezeichnung *Eisenhemd-Chi Kung* bekannt ist. Das chinesische Wort *Kung* in Chi Kung (oder Kung Fu) bedeutet *intensive Bemühung*. Im Eisenhemd-Chi Kung bemühen wir uns intensiv um drei Aspekte von Chi: Chi in der Atemluft; Ursprüngliches Chi (pränatales Chi oder Urkraft), das sich seit der Empfängnis in unserem Organismus befindet; und Chi in den Organen.

Dabei arbeiten wir auch mit dem Knochengerüst, den Sehnen, dem Bindegewebe, das alle Organe und Muskeln umgibt, und dem Knochenmark. Ferner lernen wir das Knochengerüst in einer Weise auszurichten, daß wir eine von außen auf uns gerichtete große Kraft in den Boden umlenken können, um zu verhindern, daß sie uns aus dem Gleichgewicht bringt.

Durch die Fähigkeit, unser Knochengerüst vollständig an der Schwerkraft auszurichten, erleichtern wir auch den Energiefluß im Körper.

Die alten Taoisten waren fest davon überzeugt, daß jede körperliche Veränderung ähnliche Veränderungen im Geist und in den Emotionen bewirkt. Umgekehrt gilt auch, daß Veränderungen im mentalen und emotionalen Bereich sich im physischen Körper manifestieren. Die durch die Übung des Eisenhemd bewirkte Integration der Körperstruktur führt letztlich zu einem ausgeglicheneren Energiehaushalt, zu besserer Gesundheit und zu größerer physischer und psychischer Stabilität.

Beim Eisenhemd-Chi Kung ist die intensive Körper- und Energiearbeit eher von statischer Art; bei der Durchführung der verschiedenen Positionen steht man fest verwurzelt an einer Stelle. Aber wir sind keine Bäume, die sich nie von der Stelle bewegen! Wenn wir die Prinzipien des Eisenhemd in Bewegung umsetzen, gelangen wir zur Übung des Tai Chi.

Tao der Heilenden Liebe

Ching Chi [*Jingqi*], die Energie unseres Fortpflanzungssystems, ist die konzentrierteste Energieform in unserem Organismus. So wie im Samenkorn schon der ganze Baum angelegt ist, so enthält auch unsere Sexualenergie die Essenz eines ganzen menschlichen Wesens.

Bei allen Lebensformen, die sich sexuell vermehren, wird sehr viel Energie für das Fortpflanzungssystem aufgewandt. Wenn diese Energie nicht zur Zeugung von Nachwuchs eingesetzt und nicht wieder in den Organismus zurückgeführt wird, geht sie einfach verloren. Das bedeutet einen großen Verschleiß an Lebenskraft. Wie wir wissen, verwelken viele Pflanzen unmittelbar nach der Reifung ihrer Samen, und

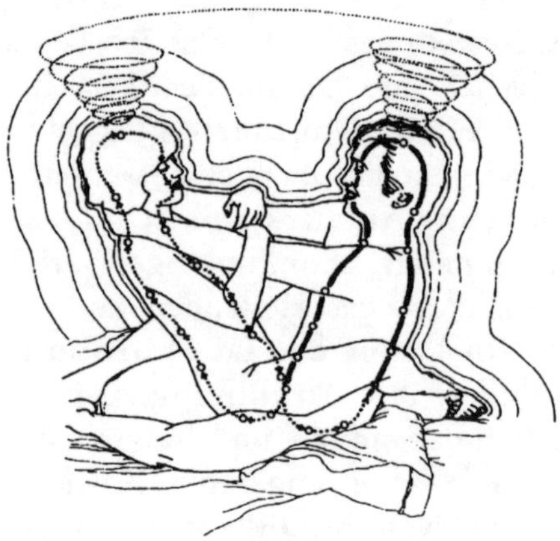

Abb. 1-11

zahlreiche Tiere sterben bald nach der Fortpflanzung.

Durch die Übung des Tai Chi Chi Kung können wir den Grundstein für die innere Umwandlung von Ching in Chi, von Chi in Shen und von Shen in Wu Chi legen. Die Bewahrung der Sexualenergie ist eine Voraussetzung für diese alchimistischen Wandlungsvorgänge. Es ist daher für alle Tai Chi Chi Kung-Praktizierenden wichtig, die Methoden der Heilenden Liebe lernen, um ihre Sexualenergie zu bewahren.

Bei der Heilenden Liebe wird auch gelehrt, wie man einen Ausgleich zwischen dem Yin- und dem Yang-Aspekt seiner Sexualenergie herstellt. Bei vielen Tai Chi-Meistern, denen die taoistischen Geheimnisse der Liebe nicht bekannt waren, wurde der Yang-Aspekt zu dominierend; deshalb versuchten viele in schädlicher Weise, ihr Übermaß an Yang zum Beispiel durch ein ausschweifendes Sexualleben, Drogen oder Alkohol zu zerstreuen. Natürlich führte das dazu, daß manche relativ jung starben und so darin versagten, die Früchte der Langlebigkeit, für welche die Übung des Tai Chi so berühmt ist, zu verwirklichen.

Knochenmark-Nei Kung

Tai Chi-Meister sind auch dafür bekannt, außerordentlich starke und feste Knochen zu besitzen, vergleichbar mit Stahl, der in Baumwolle gewickelt ist. Kürzlich wurde bei einer Untersuchung in China festgestellt, daß es in einer Gruppe von weiblichen und männlichen Tai Chi-Übenden über achtzig keinerlei Anzeichen von Osteoporose gab.

In der taoistischen Physiologie geht man davon aus, daß die sexuelle Essenz in den Nieren, dem Organ, welches das Fortpflanzungssystem beherrscht, gespeichert wird. Die Nieren herrschen auch über die Knochen, das Mark und das Gehirn. Die taoistischen sexuellen Praktiken sorgen dafür, daß die Sexualorgane gesund und funktionstüchtig bleiben. Wenn Tai Chi in Verbindung mit den Techniken der Heilenden Liebe, des Eisenhemd und des Knochenmark-Nei Kung praktiziert wird, wird die Essenz der Sexualenergie zurückgewonnen und in die Knochen gelenkt, um dort sowohl das Knochengewebe als auch das Knochenmark zu stärken und zu erneuern.

Meditation in der Bewegung

Sobald der Lernende ein deutliches Gefühl für Chi entwickelt hat, lernt er im nächsten Schritt, sich so weit zu entspannen, daß Chi und Geist den Körper bewegen können. Sobald er sich im Stehen nach der Himmlischen Kraft und der Erdkraft auszurichten vermag, ist es nicht mehr schwer, sich jederzeit in perfekter Ausrichtung zu bewegen. Sobald er ein Gefühl der Verwurzelung in die Erde sowie geistige Sammlung und Stabilität durch Meditation entwickelt hat, ist es relativ leicht, diese Fähigkeiten in den Alltag zu übertragen.

Die Übung des Tai Chi ist deshalb eine weitere Verfeinerung der Sitzmeditation, dem Kleinen Energiekreislauf, und der Praxis im Stehen, dem Eisenhemd-Chi Kung. Durch diese Übung läßt sich die Zentriertheit, die bei der Meditation und beim Eisenhemd entwickelt wurde, auf die Bewegungen im täglichen Leben übertragen und so das Wohlbefinden steigern.

2 Warum Tai Chi Chi Kung üben?

Der anfängliche Reiz des Tai Chi liegt in der Schönheit und Anmut seiner Bewegungen. Im Unterschied zu den anderen östlichen Kampfkünsten erfordert die Ausführung der Tai Chi-Formen keine große körperliche Anstrengung. Sie können auch in fortgeschrittenem Alter ohne Risiko praktiziert werden. Im Gegensatz dazu kann das unsachgemäße Training von «harten» Kampfkünsten die Gelenke schädigen, und meist ist es auch für ältere Menschen zu anstrengend.

Bessere Haltung

Zu den wichtigsten positiven Wirkungen des Tai Chi gehört die Verbesserung der Körperhaltung. Schlechte Haltung entsteht aus einer Kombination von negativen emotionalen Zuständen und Mangel an Selbstbewußtheit. Wir sind alle vertraut mit dem Bild einer chronisch depressiven Person: an den Schultern gekrümmt und nach unten gedrückt, als ob die ganze Welt auf ihr lasten würde. Diese Haltung spiegelt negative Gemütszustände wie Trauer, Niedergeschlagenheit, Gleichgültigkeit, Zurückgezogenheit, Arroganz, Stolz, Furcht und Abwehrhaltung. Sobald diese negativen Emotionen einmal chronisch geworden sind, prägen sie sich dem Körper auf. Diese Fehlhaltungen und -funktionen hindern dann die Person daran, in einer harmonisch ausgeglichenen Verfassung zu leben.

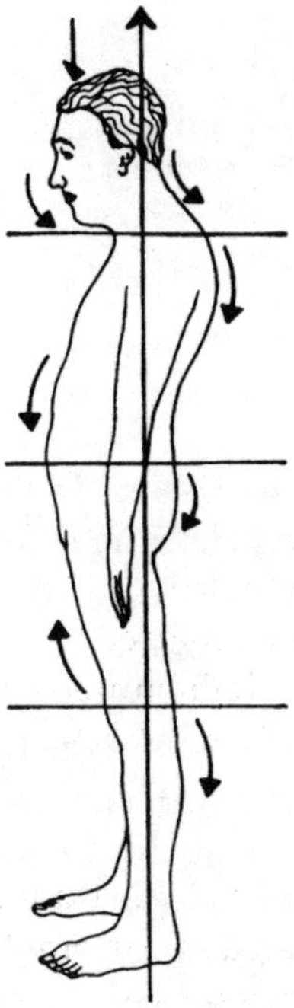

Abb. 2-1: Schlechte Haltung entwickelt sich aus einer Kombination von seelischen Wunden und Mangel an Selbstbewußtheit.

Bei einer beliebten Übung in unseren Seminaren bitten wir die Teilnehmer, zuerst in einer energiegeladenen Haltung zu sitzen, die Gefühle von Mut, Verwurzelung, Stärke und Wohlbefinden erweckt. Danach bitten wir die Teilnehmer, langsam in ihrem Stuhl zusammenzusacken und den

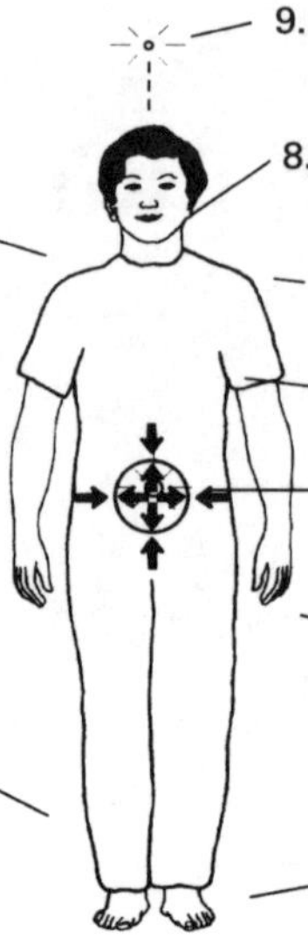

Abb. 2-2: Wu Chi-Stand

Kopf hängen zu lassen. In dieser zusammengesunkenen Haltung sollen sie Gefühle von Trauer, Niedergeschlagenheit und Energielosigkeit erfahren.

Nachdem die Teilnehmer einmal Zustände von hoher und niedriger Energie erfahren haben, bitten wir sie, sich aufrecht in eine mutige, energische Position zu setzen und dabei zu versuchen, Trauer, Depression und Energielosigkeit zu empfinden. Nach gewisser Zeit bitten wir sie, in ihre Stühle zu sinken und nun die Gefühle von Mut, Verwurzelung und Harmonie zu erwecken. Die Mehrzahl kann weder einen harmonischen Gemütszustand in einer zusammengesunkenen Haltung noch ein Gefühl der Depression in richtiger, aufrechter Sitzhaltung hervorrufen.

Dieses einfache Experiment (das Sie auch ausprobieren sollten) zeigt die wichtige Beziehung zwischen Körperhaltung und emotionaler Verfassung. Wenn Sie sich nicht bewußt sind, wie Sie stehen und sich bewegen, werden Sie sich gewöhnlich auch der subtilen emotionalen Zustände, die Sie erzeugen, nicht bewußt.

Ein Grund dafür, daß Meditation eine wichtige Stütze für die Tai Chi-Übung ist, liegt darin, daß sie einen Zustand der Selbstbewußtheit erzeugt. Diese Selbstbewußtheit ist von zweifacher Art: Sie umfaßt sowohl Bewußtheit der in den Meridianen kreisenden Energie als auch Bewußtheit der Struktur, in deren Rahmen sich die Energie bewegt.

Durch den *Wu Chi-Stand*, die erste Stellung des Tai Chi Chi Kung, lernen die Übenden, sich ihrer Haltung bewußt zu werden. Von den Fußsohlen ausgehend sollen wir spüren, ob alle Punkte der Fußsohle den Boden berühren. Mit der Aufmerksamkeit nach oben wandernd spüren wir, ob das eine Bein stärker belastet ist als das andere oder ob es eine schwache Belastung der Hüfte gibt, weil wir uns in irgendeine Richtung neigen. Auf Schulterhöhe vermeiden wir Verspannung und halten die Schulterblätter gerundet, damit der Brustkorb nicht heraussteht. Am Kopf überprüfen wir die Position des Kinns und der Schädelbasis, indem wir uns vergewissern, daß das Kinn leicht angezogen ist, was uns ein Gefühl der Offenheit an der Schädelbasis vermittelt. Zuletzt bringen wir den Scheitelpunkt ins Lot, bis wir einen sanften Zug nach oben verspüren, indem wir uns auf den Chi-Ball über unserem Scheitel konzentrieren. Dieser Zug zeigt uns an, daß die gesamte Struktur nun voll zwischen dem Aufwärtszug der Himmelskraft und dem Abwärtszug der Erdkraft aufgehängt ist.

Obwohl die Ausrichtung der Körperhaltung zu den natürlichen Funktionen des menschlichen Körpers gehört, scheint sie uns nach der Kindheit verlorenzugehen. Durch die Übung des Tai Chi korrigieren wir ständig und ganz bewußt unsere Haltung, bis die perfekte Ausrichtung wieder zu einem Bestandteil der natürlichen Intelligenz unseres Körpers wird. Diese Verbesserung der Körperhaltung spiegelt sich direkt in einer verbesserten emotionalen und geistigen Verfassung wider.

Die Bewußtheit für unsere unausgerichtete Haltung erweckt auch unser Gewahrsein für negative Gemütszustände, die wir ansonsten übersehen würden. Richtige Haltung spielt auch eine Schlüsselrolle für den gesunden Energiefluß. Dies hatte sich bei der obigen Übung gezeigt, bei der wir einmal in deprimierter und einmal in energischer Haltung sitzen sollten. Wir fühlen uns ganz einfach schon deshalb energiegeladen, weil die Energie in einer Haltung des Mutes besser fließt. Entsprechend gilt, daß wir uns deprimiert fühlen, weil die zusammengesunkene Haltung die Lebenskraft daran hindert, effektiv zu fließen.

Die Erfahrungen aus Jahrtausenden taoistischer Praxis haben immer wieder gezeigt, daß ein schlechter Energiefluß eine

Abb. 2-3: Eine zusammengesunkene Haltung behindert den Fluß der Lebensenergie.

wesentliche Rolle bei der Entstehung von Krankheiten spielt. Wenn wir durch Meditation, Training und positive Geisteshaltung für einen guten Energiefluß sorgen, werden wir schnell weniger anfällig für Krankheiten.

Stärkung des Nervensystems

Zu den schädlichsten Folgen des modernen Lebens gehören die destruktiven Auswirkungen von Umweltverschmutzung, unkontrollierten negativen Emotionen und Übervölkerung auf das menschliche Zentralnervensystem. An der Fernsehreklame für Medikamente gegen Kopfweh, Magenverstimmung, Schlaflosigkeit, Verstopfung und so weiter läßt sich der traurige Zustand des modernen Nervensystems ablesen.

Das Nervensystem bildet den elektrochemischen Mechanismus, mit dem der Organismus all seine Funktionen regelt.

Lebenskraft in Gestalt elektromagnetischer Impulse ist das vom Nervensystem benutzte Mittel, um Kommunikation in Gang zu setzen. Der durch Meditation und Tai Chi bewirkte verbesserte Energiefluß hat eine regenerierende Wirkung auf das Nervensystem.

Linderung bei chronischen Beschwerden

Ein weiterer positiver Aspekt der Meditation und des Tai Chi ist ihre Heilwirkung auf bereits existente Beschwerden. Als ich bei der Vorbereitung dieses Buchs viele der englischen Publikationen über Tai Chi durchgelesen habe, war ich beeindruckt von den Erfahrungsberichten ernsthaft praktizierender Menschen. Zahlreiche der führenden Persönlichkeiten im zeitgenössischen Tai Chi hatten deshalb mit dieser Übung begonnen, weil sie unter solchen ernsten Krankheiten litten, welche die moderne Medizin als chronisch oder unheilbar abgestempelt hatte.

Die Verbesserung des Energieflusses und die Umwandlung von negativen emotionalen und mentalen Zuständen sind bedeutsame Faktoren bei der Heilung von Krankheiten. Dank der Arbeiten von modernen Forschern wie Dr. Bernie Siegel und Dr. Herbert Benson beginnt die westliche Medizin anzuerkennen, daß bestimmte chronische und unheilbare Krankheiten, die nicht auf medikamentöse oder chirurgische Behandlung ansprechen, durch Veränderungen in der mentalen und emotionalen Einstellung des Patienten in Verbindung mit irgendeiner Form von Energieübungen geheilt werden können.

Überwindung negativer Emotionen

Die Fähigkeit, sich frei, ruhig und mühelos zu bewegen, gehört zu den natürlichen Kennzeichen eines gesunden Körpers. Dasselbe gilt auch für die Fähigkeit, die volle Bandbreite positiver und negativer menschlicher Emotionen zu erfahren und auszudrücken. Das Festhalten an Emotionen und die Unfähigkeit, diese ganz loszulassen, gehören zu den Hauptgründen für Spannung und Streß, denn sie erzeugen Blockaden im Energiefluß und führen schließlich zu Krankheiten.

Eine klare und ehrliche Bewußtheit für den inneren Zustand gehört zu den Resultaten einer erfolgreichen Meditationsübung. Diese Form der Bewußtheit erweitert sich durch die Übung des Tai Chi, so daß man allmählich lernt, die subtilen Zonen von Spannung und Festhalten in seinen Bewegungen zu erkennen. Wenn wir solche Zonen der Verspannung entdecken, können wir uns des emotionalen Musters hinter der «körperlichen Panzerung», welche die Spannung verursacht, bewußt werden. Dann lassen sich eine Fülle von Methoden einsetzen, um die Spannungen aufzulösen. Mit Hilfe des Inneren Lächelns können wir während der Tai Chi-Übung in diese Körperzonen lächeln und positive Gefühle aussenden, um Spannungen aufzulösen. Ferner kann man auch Lebensenergie in solche Bereiche schicken, die Heilung benötigen.

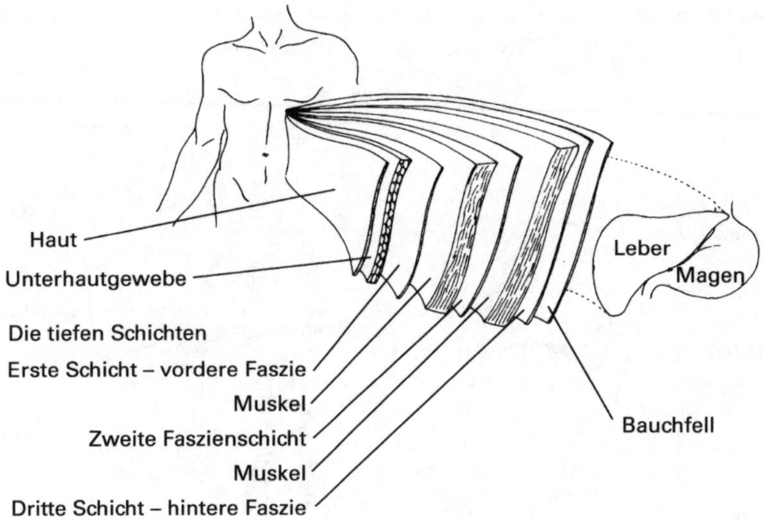

Abb. 2-4: Faszienschichten
(Bindegewebeschichten im Bauchbereich)

Stärkung des Bindegewebes, der Sehnen, der Muskeln und des Energieflusses

Die Lebenskraft bedarf einer bestimmten physischen Struktur, durch die sie fließen kann. Während der letzten dreißig Jahre sind in Ost und West Forschungen durchgeführt worden, um die genauen Bahnen der Lebenskraft zu bestimmen. Neuere Studien haben sich vor allem mit der Rolle des Bindegewebes bei der Energieübertragung beschäftigt.

Das Bindegewebe (Faszien) ist eine sehr dünne Gewebeschicht, die den ganzen Körper durchdringt und Organe, Muskeln, Gewebe und Knochen umhüllt. Wie der Name sagt, ist es eine Art von Gewebe, das verbindet. Der am besten sichtbare Teil des Bindegewebes sind die Faszien, aber im mikroskopischen Bereich erstreckt sich das Bindegewebe bis zu jeder Körperzelle und verbindet so jede Zelle mit dem Rest des Organismus.

Die (im Zusammenhang mit Tai Chi) bedeutendsten Forschungen über das Bindegewebe haben sich mit seinen bioelektrischen und biochemischen Eigenschaften befaßt. Dabei wurde entdeckt, daß das Bindegewebe wie ein umfassendes elektrisches Kommunikationssystem funktioniert, durch das jede einzelne Körperzelle mit jeder anderen verbunden ist.

Unter dem Mikroskop sieht das Bindegewebe wie eine komplizierte Kristallgitterstruktur aus. Wenn wir einfache Bewegungen ausführen, wird diese Kristallgitterstruktur zusammengedrückt und sendet dabei bioelektrische Signale aus. Heutzutage wird vermutet, daß das traditionelle Meridiansystem der chinesischen Medizin in enger Beziehung zum allumfassenden Bindegewebe steht.

Im großen Repertoire taoistischer Disziplinen finden sich keinerlei Übungen zur Entwicklung kräftiger Muskulatur wie im westlichen Bodybuilding. Der Hauptgrund dafür ist, daß die Taoisten vor allem danach

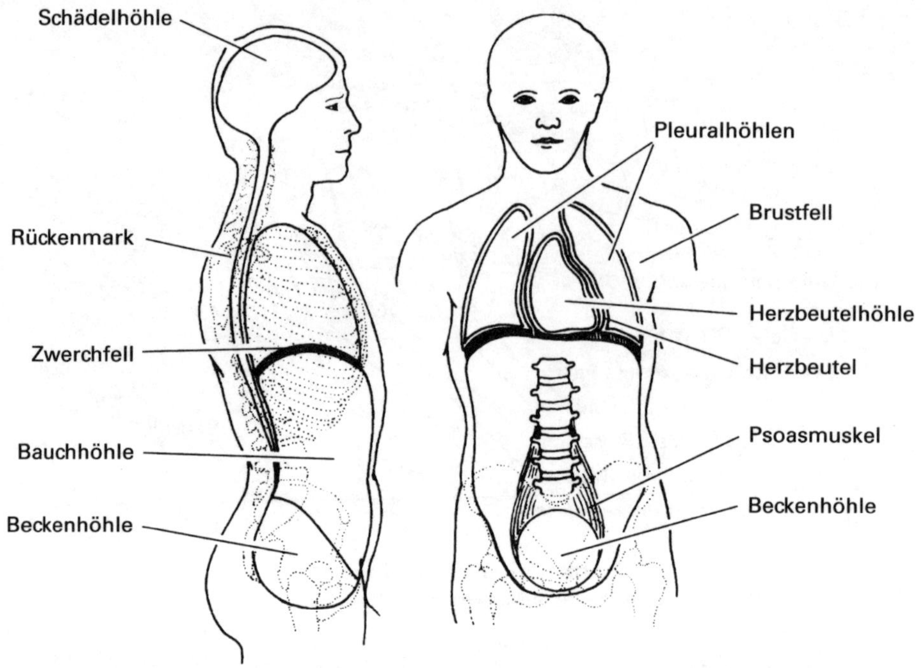

Abb. 2-5: Jedes Organ und jede Körperhöhlung wird von einer Faszienschicht umhüllt.

strebten, die Sehnenkraft zu entwickeln. Muskelbildung wird in erster Linie durch schweres körperliches Training gefördert. Selbst wenn man sein ganzes Leben lang täglich trainiert, kommt man irgendwann in ein Alter, in dem die Muskeln beginnen, an Umfang und Stärke abzunehmen. Beschädigtes und reduziertes Muskelgewebe regeneriert sich nicht mehr so gut wie in der Jugend. Um sich zu nähren und zu erhalten, braucht das Muskelgewebe auch einen großen Teil der von uns durch die Nahrung aufgenommenen Nährstoffe.

Im Gegensatz dazu werden die Sehnen von den Alterungsvorgängen nicht betroffen und brauchen nur wenig Blut zu ihrer Versorgung. Wer durch eine bestimmte Übungsdisziplin starke Sehnen entwickelt hat, kann seine Sehnenkraft bis ins hohe Alter bewahren. Sehnen verhalten sich wie Gummibänder, die sich von selbst zusammenziehen. Gemeinsam mit den Muskeln sorgen die Sehnen für die Bewegung des Knochengerüsts.

Die Übung des Eisenhemd-Chi Kung umfaßt verschiedene Methoden zur Stär-

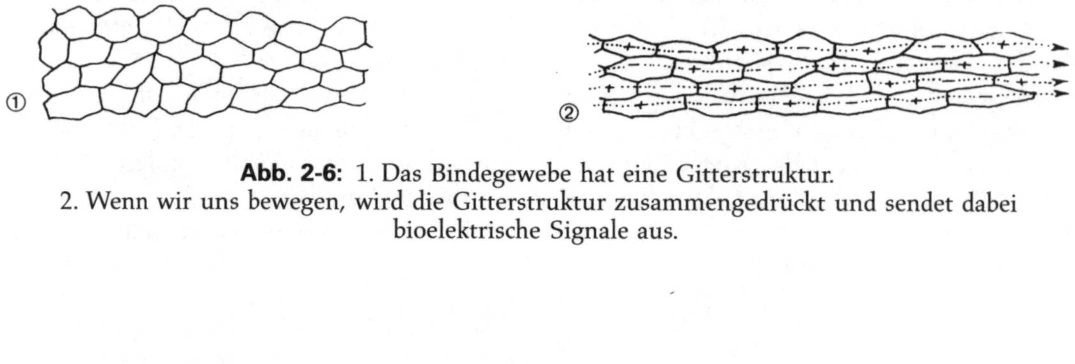

Abb. 2-6: 1. Das Bindegewebe hat eine Gitterstruktur.
2. Wenn wir uns bewegen, wird die Gitterstruktur zusammengedrückt und sendet dabei bioelektrische Signale aus.

kung der Sehnen. Zu den Zielen des Eisenhemd gehört es, die Muskeln so weit wie möglich zu entspannen und dadurch die Sehnen zu veranlassen, den Körper aufrecht zu halten. Dies läßt sich auf die Praxis des Tai Chi übertragen.

Die Entwicklung von Sehnenkraft hat den Vorteil, daß die Muskulatur sich weitaus entspannter bewegen kann. Bei entspannter Muskulatur ist das Bindegewebe in der Lage, elektrische Impulse und Lebenskraft auf wesentlich wirkungsvollere Weise zu transportieren. Beim Tai Chi lernt man, sich im Zustand muskulärer Entspannung zu bewegen, und das ermöglicht es den Sehnen und der Lebenskraft im Bindegewebe, für «innere» Stärke zu sorgen.

3 Grundprinzipien des Tai Chi Chi Kung

Tai Chi Chi Kung basiert auf den Prinzipien des Tao. Der Grad Ihres Könnens im Tai Chi läßt sich daran messen, wie weit es Ihnen gelungen ist, diese Prinzipien in Ihre Bewegungen zu integrieren. Dabei ist es nicht wichtig, ob Sie lange oder kurze Tai Chi-Formen praktizieren; was zählt, ist die Kenntnis und die Anwendung der Tai Chi-Prinzipien.

In diesem Kapitel werden die Grundprinzipien des Tai Chi Chi Kung vorgestellt. Diese sollten Sie lernen, sich zu eigen machen und bei Ihren Bewegungen anwenden. In der Praxis empfiehlt es sich zunächst, ein Prinzip auf einmal aufzugreifen und so lange daran zu üben, bis Sie es ohne bewußte Anstrengung automatisch beherrschen. Danach arbeiten Sie auf dieselbe Weise am nächsten Prinzip, bis Sie alle der Reihe nach gemeistert haben.

Im zweiten Teil dieses Buchs werden die fortgeschritteneren Tai Chi-Prinzipien vorgestellt. Um diese brauchen Sie sich nicht zu kümmern, solange Sie die grundlegenden Prinzipien in diesem Kapitel und die Tai Chi Chi Kung-Form (wie in Kapitel 5 erklärt) oder andere Tai Chi-Formen nicht beherrschen.

Wenn Sie täglich üben, werden Sie schließlich feststellen, daß Sie die Tai Chi-Prinzipien in Ihren Alltag integriert haben: Beim Liegen, Sitzen, Stehen und Gehen werden Sie dann merken, daß Sie sich auf frische, mühelose und elegante Weise bewegen. Das verdanken Sie der Übung des Tai Chi Chi Kung.

Verwurzelung

Verwurzelung bedeutet, mit der Erde verbunden zu ein. Alle Arten von Energiearbeit erfordern eine feste Verwurzelung. Leider fehlt es außerhalb der Kampfkünste am Verständnis für die Rolle der Verwurzelung. Viele Menschen, die schon jahrelang Meditation üben, haben noch nie von Verwurzelung gehört. Stellen Sie sich einmal

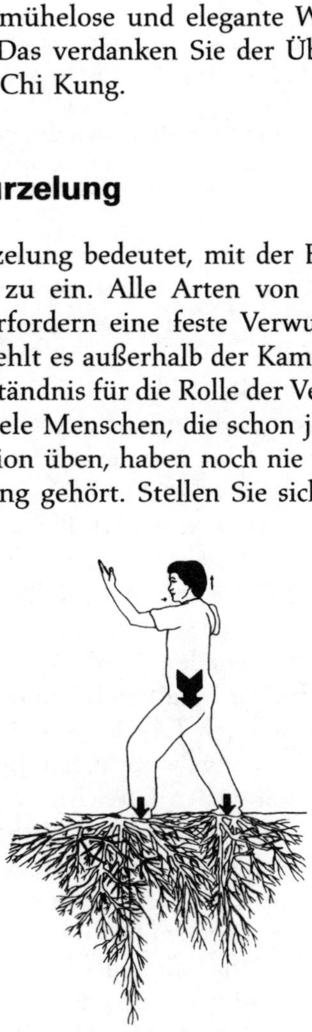

Abb. 3-1: Alle Formen von Energiearbeit erfordern eine feste Verwurzelung in der Erde.

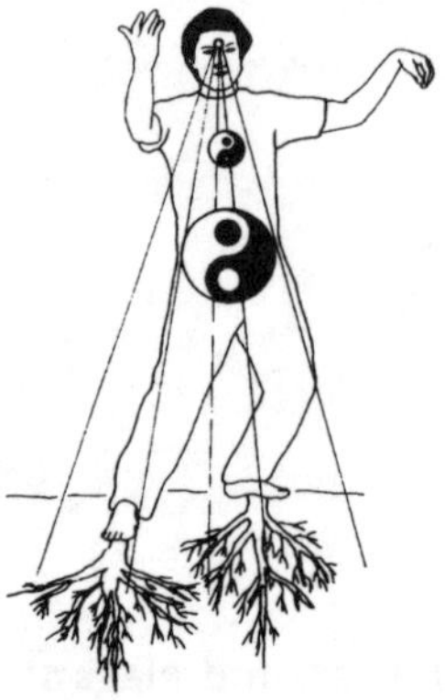

Abb. 3-2: Beim Tai Chi bedeutet Verwurzelung mehr, als nur auf dem Boden zu stehen. Verwurzelung betrifft auch die emotionalen, mentalen und spirituellen Seiten der Persönlichkeit.

einen Elektriker vor, der noch nie etwas über die Erdung von Elektrogeräten gehört hat! Er wird früher oder später Unheil anrichten.

Durch die Übung des Tai Chi wird physische Verwurzelung in die Art und Weise, wie man sich durchs Leben bewegt, integriert. Psychische Verwurzelung wird durch Meditation kultiviert. Physische und energetische Verwurzelung werden durch Eisenhemd-Chi Kung und Tai Chi entwikkelt, zwei Disziplinen, welche die emotionalen und mentalen Veränderungen, zu denen es bei der Meditation kommt, unterstützen. Die durch Tai Chi geübte Verwurzelung führt zu Stabilität in den Bewegungen. Im emotionalen Bereich zeigt sie sich in der Stabilität einer Persönlichkeit, die sich durch klare Ziele auszeichnet und im Vollbesitz ihrer Willenskraft ist. Auch als Aspekt der spirituellen Kultivierung im Tao ist Verwurzelung sehr wichtig; die Praxis des Tai Chi Chi Kung und des Eisenhemd-Chi Kung fördern diese Fähigkeit.

Tai Chi gehört auch zu den Kampfkünsten, und die Betonung der Verwurzelung ist einer der Aspekte, der Tai Chi zu einem ausgezeichneten System der Selbstverteidigung gemacht hat. Kraft und Stabilität beim Tai Chi kommen aus der Ausrichtung der Körpers auf den Boden. Wer gut verwurzelt ist, läßt sich nur sehr schwer umstoßen; für den Gegner kann sich das so anfühlen, als ob er gerade gegen einen starken Baum mit tiefen Wurzeln rennen würde. Wenn man angreift, werden die Bewegungen von der Erde unterstützt. Diese Kraft ist dann ausgerichtet und gebündelt, denn alle Teile des Knochengerüsts wirken dabei als Einheit zusammen.

Im Gegensatz dazu trainiert man bei vielen anderen Kampfkünsten bestimmte Körperteile in isolierter Form. Man bemüht sich vor allem darum, starke Arm- und Beinmuskeln zu entwickeln, und beim Angriff wird hauptsächlich die Kraft von Armen und Schultern benutzt. Doch wie könnte ein bestimmter Körperteil für sich allein so kraftvoll wie die gesammelte und integrierte Stärke des ganzen Körpers sein? In anderen Kampfkunststilen benutzt man bei den Schlägen vielleicht die Kraft von Hüften und Beinen, aber wenn man beim Angriff nicht fest verwurzelt und nicht gut ausgerichtet ist, wird es an wahrer Kraft mangeln.

Schwerpunkt im Tan Tien

Im Tai Chi geht es darum, bei allen Bewegungen perfekte Balance und Stabilität zu bewahren, sowohl bei der Einzelübung der Form als auch bei der praktischen Anwendung als Kampfkunst. Optimale Stabilität beim Tai Chi wird dadurch erreicht, daß man seinen Schwerpunkt tief hält, und zwar in dem Bereich zwischen Nabel, *Tor des Lebens* (LG 4 – im Kreuz gegenüber

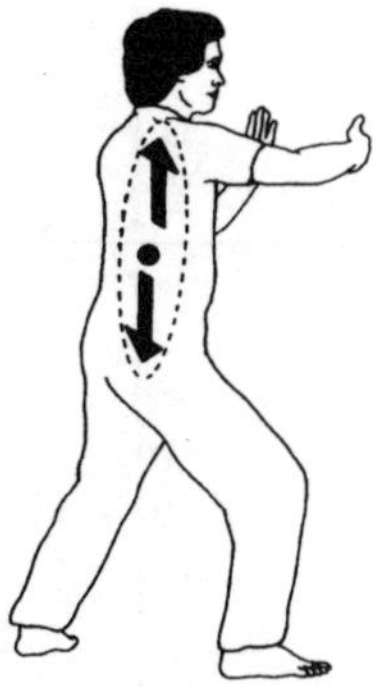

Abb. 3-3: Im allgemeinen bewegt sich unser Schwerpunkt zwischen der Brust und dem Unterbauch auf und ab.

dem Nabel) und Sexualzentrum. Dieser Punkt entspricht ungefähr dem Mittelpunkt des Körpers und heißt *Unteres Tan Tien*. Beim Sitzen ist es relativ einfach, den Schwerpunkt im Unteren Tan Tien zu halten. Sobald man aufsteht und sich in Bewegung setzt, paßt sich die Position des Schwerpunkts der jeweiligen Bewegung an.

Wenn sich ein Baby zum ersten Mal fortzubewegen versucht, beginnt es zu krabbeln. Ein Baby, das auf dem Boden herumkrabbelt, hat einen tiefliegenden Schwerpunkt. Wenn die Knochen in den Beinen später fester werden, versucht das Baby aufzustehen. Ein paar Wochen lang muß das Kleinkind dann durch eine Periode des Stehens und Fallens gehen, bis es gelernt hat, seinen Schwerpunkt zu heben und trotzdem zentriert zu bleiben. Von da an gelingt es dem Kind allmählich, die schwierigeren Aufgaben des Gehens, Laufens, Rennens, Radfahrens und sportlichen Trainings zu bewältigen, bei denen sich das Gleichgewichtsgefühl immer weiter verfeinert.

Mit zunehmendem Alter verlagert sich der Schwerpunkt nach oben und wird zu einem schwankenden Punkt im Rumpfbereich. Bei negativen Emotionen beginnt der Schwerpunkt sich noch weiter nach oben zu verschieben. Bei einem Wutanfall kann der Schwerpunkt bis in die Brust hochsteigen; unter Umständen kann das so viel Druck hervorrufen, daß es zu einem Herzanfall kommt. Bei extremer Angst kann der Schwerpunkt sich sogar bis in die Kehle verschieben, und das kann dazu führen, daß die betroffene Person keinen Ton mehr herausbringt.

Beim Erreichen des Erwachsenenalters hat sich der Schwerpunkt vielleicht dauer-

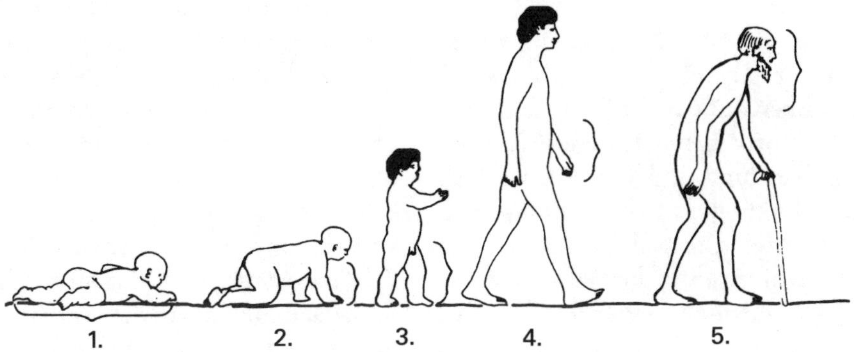

Abb. 3-4: 1. Der Schwerpunkt ist sehr tief. 2. Der Schwerpunkt ist etwas höher. 3. Das Zentrum befindet sich zwischen Nabel und Beinen. 4. Das Zentrum befindet sich zwischen Unterbauch und Solarplexus. 5. Das Zentrum ist weit nach oben verschoben und liegt zwischen Kopf und Brust.

Abb. 3-5: Bei übermäßiger Wut kann sich der Schwerpunkt bis hoch in die Brust oder die Kehle verschieben.

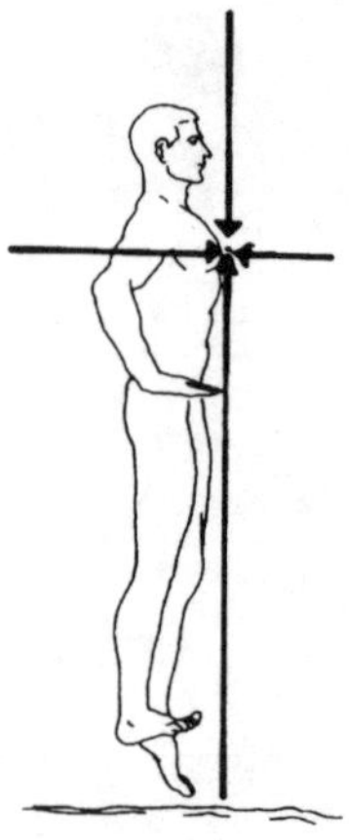

Abb. 3-6: Eine Person mit hohem Schwerpunkt lebt ohne Verbindung zur Erde.

haft irgendwo im oberen Brustkorb festgesetzt. Dadurch wird diese Person kopflastig. Bei älteren Menschen kann es dazu führen, daß sie oft fallen und die Hilfe eines Spazierstocks benötigen.

Wenn man aufs neue lernt, sein Zentrum zu finden und zu bewahren, geht das zunächst einfacher im Sitzen oder Stehen an einer Stelle als in der Bewegung. Deshalb werden im System des Heilenden Tao der *Kleine Energiekreislauf* und *Eisenhemd-Chi Kung* vor dem Tai Chi gelehrt.

Bei der Meditation des Kleinen Kreislaufs lernt der Übende am Anfang, seine Aufmerksamkeit auf das Tan Tien, den Mittelpunkt des Körpers, zu richten. Wenn der Atem sich beruhigt und der Körper sich entspannt, sinkt der Schwerpunkt von selbst nach unten zur Nabelgegend. Beim Eisenhemd laufen ähnliche Vorgänge ab: Während der Übende in einer der fünf Positionen steht, beim Ausatmen Brust und Zwerchfell entspannt und den Atem im Unterbauch sammelt, verlagert sich der Schwerpunkt nach unten zum Unteren Tan Tien.

Auf der nächsten Stufe der Arbeit mit dem Schwerpunkt wird der Körper bewegt, während das Zentrum ständig tief gehalten wird. Das hört sich einfach an, bedarf jedoch der Übung. Beim Tai Chi wird der Schwerpunkt tief gehalten, indem wir lernen, uns in Ausrichtung auf die Kraft des Himmels und der Erde zu bewegen. Dabei kommen alle Bewegungen aus der Mitte, und wir bleiben sowohl physisch als auch geistig mit dem Boden verbunden.

Zentriertheit und Verwurzelung werden nicht nur durch die mechanischen Kenntnisse von der Körperstruktur bewirkt, sondern auch durch entsprechende emotionale und mentale Zustände. Wenn wir in der Lage sind, Emotionen zu empfinden, um sie dann loszulassen und uns zu entspannen, kehrt der Schwerpunkt in den Unterbauch zurück, und alles ist wieder in Ordnung. Falls man dagegen die Emotionen nie losläßt und dazu neigt, an der Vergangenheit zu hängen, wird es einem an Gegenwärtigkeit fehlen. Typisch für solche Menschen ist die Verlagerung des Schwerpunkts nach oben.

Durch Meditieren können wir lernen, den Geist im Tan Tien zu zentrieren. Die

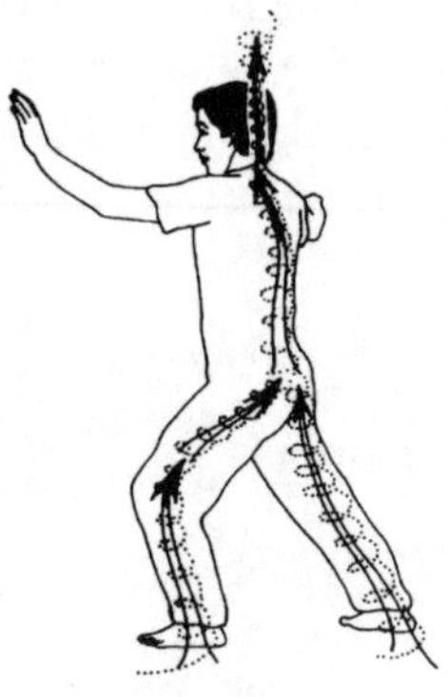

Abb. 3-7: Durch Chi wird die Wirbelsäule mühelos aufgerichtet.

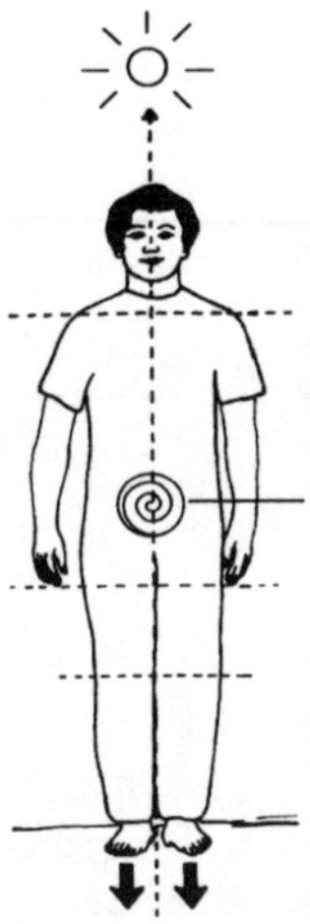

Abb. 3-8: Wenn man völlig aufrecht steht und sich an einem Faden aufgehängt fühlt, fließt die Energie nach oben, füllt die Organe mit Energie und vermittelt ein Gefühl des Wohlbefindens.

vom Geist gelenkte Energie aus dem Tan Tien steuert alle Bewegungen. Beim Tai Chi wird dieses Prinzip weiter entwickelt: Bei der Tai Chi-Übung benutzt man die durch Meditation entwickelte Geisteskraft, um die Lebenskraft an jede Stelle des Körpers zu leiten. Wenn man sich zum Beispiel nach links drehen möchte, lenkt der Geist Chi im Tan Tien nach links, und die Energie führt die Hüften in diese Drehung. Dasselbe gilt auch für Bewegungen in andere Richtungen.

Vertikale Ausrichtung

Ein weiteres Tai Chi-Prinzip besteht darin, den Körper an der Schwerkraft auszurichten und so die *Aufsteigenden Kanäle* zu öffnen, die als zentrale Achse, um die man frei und leicht rotieren kann, durch die Körpermitte verlaufen. In dieser Haltung hat man das Gefühl, als hinge der Kopf an einem Faden, der an einem Chi-Ball oder einem Stern über dem Kopf befestigt ist. Bei ihren fehlgeleiteten Anstrengungen, die Wirbelsäule aufrecht zu halten, bemühen sich viele Leute, den Kopf nach oben zu strecken. Statt dessen sollte man sich lieber darin üben, den Chi-Fluß in die Wirbelsäule zu lenken. Dadurch wird die Wirbelsäule mühelos nach oben gedehnt und gezogen. Aufmerksamkeit auf die Energie am Scheitelpunkt (*Bai Hui*, LG 20, 20. Akupunkturpunkt auf dem Lenkergefäß) wirkt beruhigend und entspannend, während der Körper sich gleichzeitig an der Himmelskraft ausrichtet.

Die Schwerkraft wirkt auf den physischen Körper ein, indem sie einen senkrechten Zug zur Erde hin ausübt. Dieser senkrechte Zug richtet uns vom Scheitelpunkt durch den Rumpf zu den Fußsohlen aus. Bei den Tai Chi-Bewegungen bewahren wir diese zentrale Linie der Schwerkraft unabhängig davon, in welche Richtung wir uns bewegen. Alle Bewegungen gehen sowohl in physischer als auch in psychischer Hinsicht vom Zentrum aus.

Wenn ein Mensch aufrecht steht und seine Körperachse in perfekter Ausrichtung vom Scheitelpunkt durch das Peri-

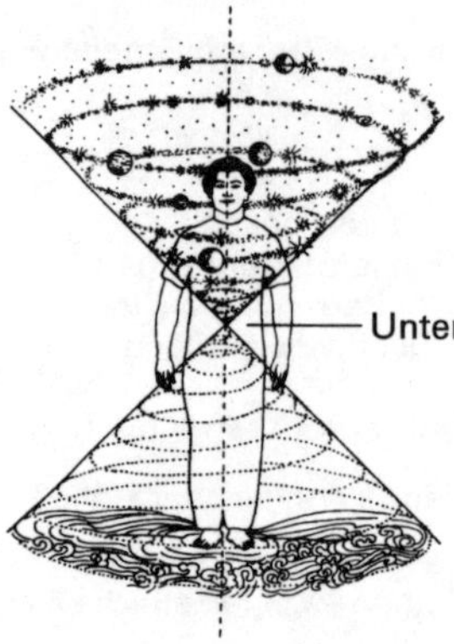

Abb. 3-9: Perfektes Gleichgewicht sorgt für Harmonie und Ausgleich zwischen den Kräften des Himmels und der Erde im Tan Tien.

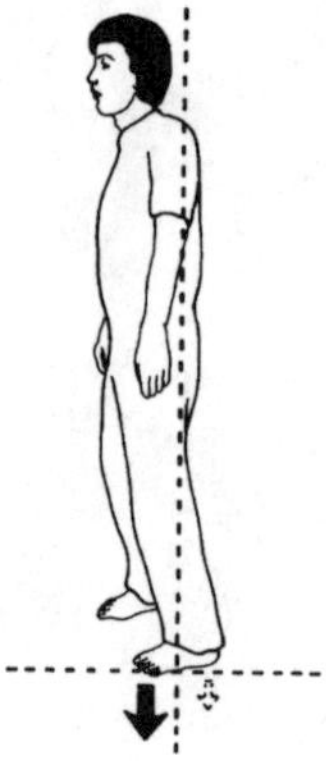

Abb. 3-10: In vorwärts geneigter Haltung verschiebt sich die zentrale Körperachse.

neum nach unten zu den Füßen verläuft, ist sein Gewicht gleichmäßig auf die neun Punkte der Fußsohle verteilt. Dies bezeichnet man als vollkommenes Gleichgewicht zwischen den Kräften des Himmels und der Erde.

Wenn man zur Seite geneigt steht, verläuft die zentrale Körperachse nicht mehr vom Scheitelpunkt nach unten zum Perineum. Ihr Verlauf verschiebt sich je nach Neigungsrichtung, und das Körpergewicht ruht dann nicht mehr gleichmäßig auf allen neun Punkten der Fußsohle.

Wenn der Körper zum Beispiel nur ein bißchen nach vorn geneigt ist, dann liegt mehr Gewicht auf den Fußballen als auf den Fersen. Je nach Körpergröße, Gewicht und Beweglichkeit befindet sich der Schwerpunkt dann irgendwo im Brustkorb. Wer in dieser Haltung gestoßen oder gezogen wird, kann leicht nach vorne fallen.

Viele Leute haben die Gewohnheit, sich beim Gehen nach vorn zu neigen. Wer mit einem hohen Schwerpunkt nach vorn geneigt geht, fällt eigentlich ständig vornüber. Nur die schnelle Bewegung der Beine verhindert, daß wir dabei wirklich umfallen. Auf diese Art zu gehen führt automatisch zu überflüssigen und kräfteraubenden Spannungen. Durch Gewöhnung stumpft man vielleicht gegenüber dem tatsächlichen Geschehen ab, aber das Nervensystem registriert alles, und man fühlt sich wegen dieses unökonomischen Energieeinsatzes müde und erschöpft.

Wenn eine geneigte Haltung zur Gewohnheit wird, hat dies negative Auswirkungen sowohl auf den physischen Körper als auch auf den Energiefluß. Durch eine geneigte Haltung geraten bestimmte Organe so sehr unter Druck, daß der Chi-Fluß behindert wird. Da auch die Pumpfunktion des Zwerchfells gestört wird, muß das Herz schwerer arbeiten, um das Blut zu befördern. Jede Störung des Zwerchfells beeinträchtigt die Atmung und damit letztlich den Geist. Durch geneigte Haltung verursachte Energieblockaden können schließlich die Körperstruktur, die Geisteskräfte und die Emotionen verformen.

Beschwerden im Hüftbereich und an der Wirbelsäule entstehen oft dadurch, daß das

Körpergewicht nicht gleichmäßig auf die neun Punkte der Fußsohle verteilt ist. Aus der Art und Weise, wie sich die Schuhsohlen abnutzen, läßt sich ablesen, wie gleichmäßig wir auf den Füßen stehen und gehen.

Der Leser sollte beachten, daß die Übenden in bestimmten Tai Chi-Stilen – und da vor allem im *Wu-Stil* – bei Stoßtechniken nach vorn geneigt zu stehen scheinen. Doch wenn wir ihre Haltung analysieren, zeigt sich, daß ihre Wirbelsäule genau so gerade und senkrecht zum Hüftbein steht wie in normaler aufrechter Stellung. Die scheinbare Verlagerung des Schwerpunkts nach oben wird durch Streckung des hinteren Beins ausgeglichen, durch die der Schwerpunkt im Unteren Tan Tien bleibt. Man kann das mit einem Stock vergleichen, der in einem Winkel zur Senkrechten steht und doch fest mit dem Boden verbunden ist. Die «schiefe» Stellung in diesen Tai Chi-Stilen ist genauso wirkungsvoll wie die aufrechte Stellung beim Tai Chi Chi Kung.

Atmung in den Unterbauch

Wenn ein Baby das Licht der Welt erblickt, tut es als erstes einen tiefen Atemzug. Ohne Nahrung können wir wochenlang und ohne Wasser tagelang überleben, aber ohne Sauerstoff halten wir es nicht länger als ein paar Minuten aus.

Die Atmung ist sowohl eine bewußte als auch eine unbewußte Körperfunktion. Wir können unseren Atemrhythmus bewußt ändern und den Atem sogar willentlich anhalten, aber nicht bis zum Punkt des Erstickens, denn der Organismus verfügt über einen Reflex, um das zu verhindern. Bei Unfällen, bei denen es zum Atemstillstand gekommen ist, sind Gehirnschäden die größte Gefahr für das Opfer. Das zeigt, daß Atmung und Gehirnfunktion in enger Beziehung zueinander stehen.

Die alten Taoisten haben entdeckt, daß die Atmung nicht nur mit dem Gehirn, sondern auch mit dem Bewußtsein selbst in Verbindung steht. Die taoistischen Meister der Vergangenheit haben uns im Tao-Kanon, einer Textsammlung von über tausend Bänden, ein gewaltiges schriftliches Vermächtnis hinterlassen. Viele dieser Texte beschäftigen sich mit der Bedeutung der Atmung und enthalten zahlreiche Atemtechniken zur Pflege der Gesundheit und der spirituellen Entwicklung. Dieses breitgefächerte Repertoire an Atemübungen macht den Taoismus zu einem der umfassendsten Yogasysteme in der Welt.

Wenn der Atem ruhig, gleichmäßig und stetig ist, erfährt der Geist ebenfalls diese Qualitäten. Wenn der Atem dagegen mühsam, rauh oder ungleichmäßig ist, wird der Geist von allen möglichen schwankenden Emotionen betroffen. Wenn Sie das nächste Mal erleben, wie jemand in Wut gerät, sollten Sie einmal den Atemrhythmus dieser Person beobachten. Zahlreiche moderne Therapien empfehlen Übungen zur Förderung eines tiefen, gleichmäßigen und rhythmischen Atems als Mittel, um emotional verwirrte Patienten wieder zur Ruhe zu bringen.

Tai Chi wird immer in Verbindung mit Atmung in den Unterbauch geübt. Dieser Ausdruck wird manchmal mißverstanden, weil man glaubt, dabei werde Luft in den Unterbauch eingeatmet, doch in Wirklichkeit kann Luft nur in die Lungen eingeatmet werden.

Atmung in den Unterbauch bedeutet ganz einfach, daß der ganze Bauch beim Atmen entspannt bleibt. Beim Einatmen

Abb. 3-11

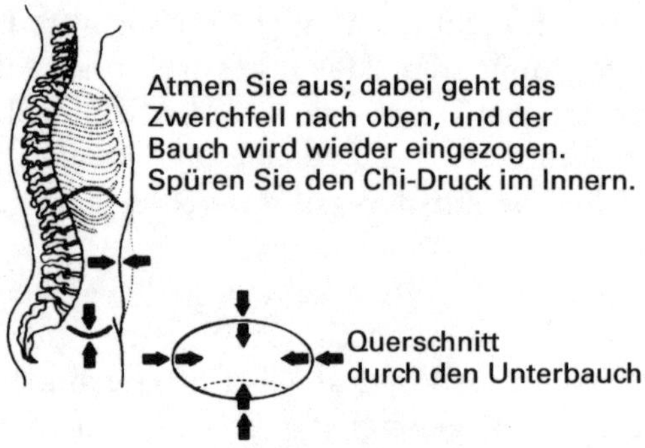

Abb. 3-12

geht das Zwerchfell nach unten, und beim Ausatmen geht es wieder nach oben. Wenn die Unterbauchmuskeln beim Einatmen entspannt sind, kann sich der Bauch ausdehnen. Dadurch hat das Zwerchfell mehr Platz bei seiner Abwärtsbewegung, und es wird mehr Luft in die Lungen aufgenommen. So atmen wir kräftiger und nehmen daher mehr Energie auf.

Wenn der Unterbauch durch Muskelspannungen beengt ist, kann sich das Zwerchfell nicht vollständig ausdehnen. Das kompensieren wir automatisch, indem wir den Brustkorb ausdehnen, und das führt zur sogenannten flachen Brustatmung. Bei der Brustatmung nehmen wir weniger Energie auf, weil sich die Lungen nicht so gut ausdehnen können wie bei der Atmung in den Unterbauch. Physiologisch gesehen sind die Zwischenrippenmuskeln so gebaut, daß sie nur 25 Prozent der zur Füllung der Lungen notwendigen Muskelkraft aufbringen. Die restlichen 75 Prozent der Arbeit muß das Zwerchfell leisten.

Atmung in den Unterbauch fördert Ruhe und Entspannung, weil dabei der Schwerpunkt tief bleibt. Hohe Brustatmung und ein hoher Schwerpunkt haben mit Streß, Angst und Bluthochdruck zu tun. Eine neuere Studie hat ergeben, daß über 70 Prozent der Bluthochdruckpatienten flach und nur in die Brust atmen. Bei einer anderen britischen Studie wurden über 90 Prozent der Patienten mit Agoraphobie (mit irrationaler Angst vor dem Verlassen des Hauses bzw. Platzangst) erfolgreich behandelt, indem man sie ganz einfach lehrte, die Atmung in den Unterbauch zu verlegen, wenn sich Symptome einer Phobie zu zeigen begannen.

Wenn Sie das nächste Mal sehen, wie jemand in Wut gerät, sollten Sie einmal beobachten, ob die betreffende Person mit dem Unterbauch atmet oder ob die Brust sich hebt und senkt. Durch die beruhigende Wirkung der Atmung in den Unterbauch auf den Geist läßt sich das emotionale Gleichgewicht meist ganz einfach wiederherstellen. Tiefatmung unterstützt auch den Blutkreislauf. Das Herz ist das Hauptorgan beim Transport des Blutes durch den Körper. Wenn sich das Zwerchfell bei der Atmung ungehindert nach unten und oben bewegt, erhöht oder verringert diese Bewegung den Druck in der Bauchhöhle, durch welche die Aorta und die Hohlvene verlaufen. Dies erzeugt eine Pumpwirkung, die das venöse Blut veranlaßt, schneller ins Herz zurückzufließen. Dadurch wird die Arbeitslast des Herzens verringert, und der

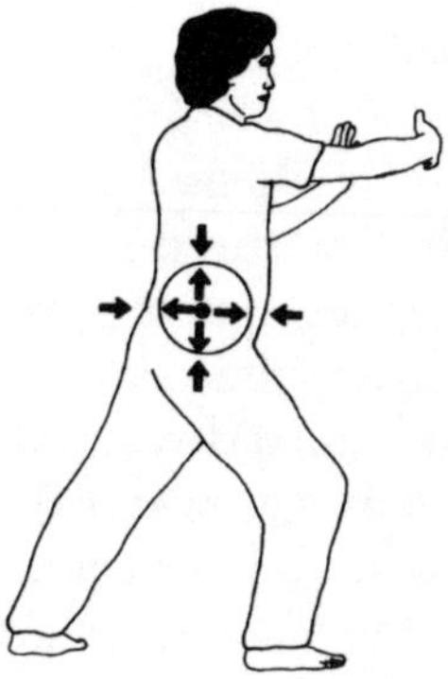

Abb. 3-13: Atmung in den Unterbauch trägt dazu bei, den Schwerpunkt im Unteren Tan Tien zu bewahren.

Abb. 3-14: Bei der Flaschenatmung füllt sich der unterste Teil der Flasche zuerst.

Unterbauch wirkt auf diese Weise wie ein zweites Herz.

Durch die sanfte Massagewirkung der Atmung kann auch Verstopfung, die durch Verspannungen im Unterbauch verursacht ist, behoben werden.

Atmung in den Unterbauch fällt leichter, wenn der Körper wieder gelernt hat, die Wirbelsäule an der Erdkraft und der Himmlischen Kraft ausgerichtet zu halten. Wenn die Wirbelsäule ständig nach vorn geneigt ist, kann sich das Zwerchfell beim Atmen nicht frei bewegen.

Atmung in den Unterbauch ist die natürliche Art zu atmen; jedes gesunde Baby wird mit diesem Wissen geboren. Wenn wir älter werden und den Belastungen und Verletzungen des Lebens ausgesetzt werden, verhärten wir uns in physischer, emotionaler und geistiger Hinsicht. Nach und nach werden die Muskeln in Unterbauch und Zwerchfell an manchen Stellen verspannt und an anderen schlaff, und so verlieren wir den größten Teil unserer angeborenen Fähigkeit zur Tiefatmung.

Um wieder zu lernen, mit dem Unterbauch zu atmen, sind zwei Dinge nötig: Erstens müssen wir emotionale Spannungen lösen, und zweitens müssen wir die Bauchmuskulatur, die mangels Übung geschwächt ist, stärken.

Die wirksamste Methode, eine gleichmäßige, tiefe Atmung zu pflegen, ist die sogenannte *Flaschenatmung*, die nach der Art und Weise, wie Flüssigkeit eine leere Flasche füllt, benannt wurde. Wenn man Flüssigkeit in eine Flasche leert, füllt sich die Flasche vom Boden an.

Bei der tiefen Bauchatmung geschieht genau dasselbe. Die Nase entspricht der Öffnung der Flasche und der Unterbauch dem Boden. Bei der Flaschenatmung lernen wir sanft und stetig einzuatmen, während die Bauchmuskeln entspannt bleiben. Während die Luft in die Lungen eindringt und sie füllt, dehnt sich das Zwerchfell nach unten aus. Wenn die Bauchmuskulatur dabei entspannt ist, führt die Abwärtsbewegung des Zwerchfells dazu, daß sich das Abdomen ausdehnt.

Um die Atmung in den Unterbauch zu lernen, gibt es eine sehr einfache Übung, die wir vor dem Einschlafen im Bett ausführen können. Legen Sie sich einfach mit gestreckten und entspannten Armen und Beinen auf den Rücken. Vor allem im Hüft-

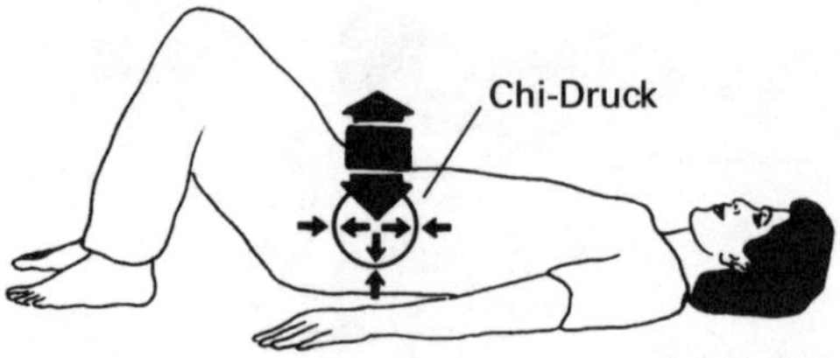

Abb. 3-15: Lernen Sie, den Chi-Druck zu steigern.

bereich sollte die Kleidung weit und locker sein. Legen Sie ein schweres Buch oder einen Backstein auf den Unterbauch. Atmen Sie langsam und so tief wie möglich ein, und atmen Sie dann langsam und gleichmäßig durch die leicht geöffneten Lippen aus, bis die ganze Luft ausgestoßen ist.

Schließen Sie den Mund, und beginnen Sie, langsam und stetig durch die Nase einzuatmen. Beobachten Sie dabei, wie sich das Buch hebt, während sich der Bauch ausdehnt. Sie können ein Kopfkissen unter den Kopf legen, um besser zu sehen, wie sich das Buch mit dem Atem hebt und senkt.

Diese einfache Übung des Gewichthebens mit dem Bauch ermöglicht es dem Körper, wieder mit der Bauchmuskulatur vertraut zu werden. Bei regelmäßiger Übung führt das zu einer deutlichen Stärkung des Abdomens.

Beim Eisenhemd-Chi Kung kombinieren wir die Atmung in den Unterbauch regelmäßig mit der *Kompressionsatmung*, bei der wir in den Unterbauch atmen, während wir gleichzeitig die Aftermuskeln hochziehen und sanft mit dem Zwerchfell nach unten drücken.

Beim Tai Chi ist es nicht nötig, speziell Kompressionsatmung zu üben, aber wir verbinden dabei immer noch Atmung in den Unterbauch mit einem ganz leichten Anspannen der Aftermuskeln. Dies nennen wir «den Boden versiegeln», und es soll verhindern, daß die Energie durch schlaffe Aftermuskeln ausfließt.

Wenn wir Chi für die Tai Chi-Übung entwickeln wollen, kommt es sehr darauf an, einen festen, aber sanften Chi-Druck im Unterbauch aufrechtzuerhalten. Spüren Sie beim Einatmen, wie sich der Unterbauch aufbläht und ausdehnt, um einen Chi-Ball im Tan Tien zu bilden; und spüren Sie gleichzeitig einen entsprechenden Druck von außen nach innen. Beim Ausatmen drücken Sie den Chi-Ball mit dem Zwerchfell und den Bauchmuskeln leicht nach unten. Dabei sollten Sie gleichzeitig spüren, wie der Innendruck nach außen und der Außendruck nach innen drückt.

Allmählich werden Sie merken, wie im Tan Tien ein innerer Chi-Ball wächst. Sobald das geschieht, können Sie anfangen, den Chi-Ball kreisen lassen und ihn langsam in Bewegung setzen: nach unten zum Steißbein und dann durch die Wirbelsäule nach oben bis zum Scheitelpunkt, von dort auf der Vorderseite nach unten durch die Zunge zum Nabel und wieder zurück ins Tan Tien. Bald werden Sie auch in der Lage sein, Chi in Arme und Beine zu lenken.

Weil die Folge der Tai Chi-Bewegungen langsam ausgeführt wird, ist es möglich zu lernen, den Atem zu regulieren und den Geist zu beruhigen. Die Regulierung des Atems beginnt damit, daß man mit dem Unterbauch zu atmen lernt, aber in dem Maße, wie sich der Körper öffnet und die Energie zu fließen beginnt, hat der Tai Chi-Übende ein Gefühl, als ob er mit dem ganzen Körper atmen würde.

Meditation gehört zu den besten Methoden, um den Atem regulieren zu lernen. Sobald man den Atem beim Meditieren im Sitzen oder Stehen regulieren kann, wird es möglich, bei der Tai Chi-Übung den regulierten Atem auch in der Bewegung zu bewahren. Daher wird Tai Chi oft als Meditation in Bewegung bezeichnet. Die richtige Struktur bei jeder Bewegung macht es für den Atem möglich, den ganzen Körper zu durchdringen.

Beim Eisenhemd-Chi Kung lernen wir, tief in den Unterbauch, durch die Haut und ins Knochenmark zu atmen. Beim Tai Chi werden diese Atemtechniken mit Entspannung und verbessertem Energiefluß kombiniert, um dann alles in Bewegung zu setzen.

Öffnung der Gelenke

Eine weitere wichtige Aufgabe beim Tai Chi besteht darin, alle Gelenke im Körper zu öffnen. Die Belastungen des modernen Lebens wirken sich oft zuerst auf die Gelenke (Arthritis) und besonders auf die Wirbelsäule (Rückenbeschwerden) aus. Streß an der Wirbelsäule behindert den Energiefluß. Außerdem schädigen derartige Blockaden die Organe, Drüsen und das Immunsystem und können so schließlich zu Krankheiten führen.

Für die Taoisten sind Gelenke Energietore oder Zentren, in denen Chi gespeichert und erzeugt werden kann. Die Sehnen sind mit diesen Zentren verbunden. Alle Tai Chi-Bewegungen tragen zur Entfaltung dieser Zentren bei, indem sie die Gelenke öffnen und die Sehnen stärken, so daß Chi und Sehnenkraft gespeichert und nach Belieben freigesetzt werden können.

Nach taoistischer Erkenntnis erzeugen die kleinen inneren Bewegungen beim Tai Chi Energie, die in den Gelenken gespeichert wird, und die damit verbundene Sehnenkraft, während große äußere Bewegungen die Muskelkraft stärken. Wenn die Gelenke vollständig mit Chi gefüllt sind, beginnt Chi im Verlauf dieser inneren Entwicklung in die Knochen zu fließen. Wenn die innere Rotation der Gelenke und Sehnen langsam ausgeführt wird und der Geist Chi richtig leitet, werden sich die Gelenke öffnen, mit Chi füllen und wie Luftkissen wirken. Dann kann Chi in die Knochen absorbiert werden. Wenn man sich schnell bewegt, bleibt dem Geist nicht genügend Zeit, um die Absorption von Chi zu steuern. Ähnliche Vorgänge finden wir in der Natur: Die stärksten Bäume sind nicht unbedingt diejenigen, die schnell in die Höhe schießen; die stärksten Bäume wachsen langsam über Jahrhunderte.

Das Hüftgelenk ist das erste, das wir öffnen sollten. Dieses Gelenk gehört zur Leistengegend *(Kua)*, die auch den Psoasmuskel sowie das weiche Gewebe, die Gefäße und die Meridiane der Leistengegend umfaßt. Wenn das Hüftgelenk geschlossen ist, wird die Leistengegend blockiert und die Blut- und Lymphgefäße und die Nerven in diesem Bereich werden gestaut und geschlossen. Das verursacht Kreislaufbeschwerden, und auch Chi kann nicht frei fließen. Um das Öffnen der Leiste und des Hüftgelenks zu üben, sollten die Knie lokker und offen, aber nicht zu sehr gebeugt gehalten werden. Lernen Sie, zuerst vom Hüftgelenk aus nach unten zu sinken, und fühlen Sie, wie das Gewicht direkt vom Becken zu den Fersen (und nicht zu den Knien) fällt. Um das Öffnen des Hüftgelenks weiter zu unterstützen, sollten Sie sich auf die Fußgelenke konzentrieren und Chi vom Hüftgelenk dorthin und dann weiter in die großen Zehen leiten.

Als nächstes werden die Wirbelsäulengelenke geöffnet. Um das zu erleichtern, kann man sich darin üben, Chi im Unteren Tan Tien (Unterbauch) aufzubauen und dort

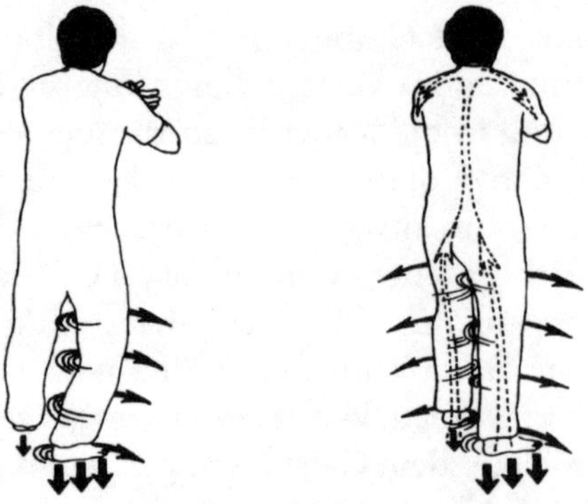

Abb. 3-16: Spiralbewegung Teil I: 1. Den hinteren Fuß nach unten drücken und das Bein nach außen rotieren lassen. 2. Nach unten drücken und wie vor einem Sprung nach oben abstoßen; dann kann Chi die Gelenke aufdrücken.

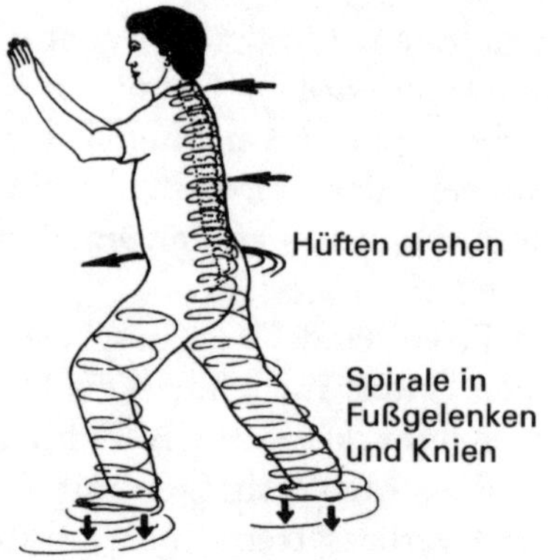

Abb. 3-17: Spiralbewegung Teil II: Die Hüfte drehen, bis Sie frontal nach vorn gerichtet stehen, und die Kraft bis T-11 (11. Halswirbel) aufsteigen lassen.

den Chi-Ball und den Chi-Druck zu spüren. Mit Hilfe des Geistes lassen Sie Chi im Unterbauch wie einen Ball von vorn nach hinten kreisen und die Energie wachsen. Leiten Sie Chi dann über das Steißbein hoch in die Wirbelsäule. Drücken Sie die Energie dort in die Zwischenräume zwischen den Bandscheiben, welche die Wirbel trennen. Dadurch wird die Wirbelsäule gestreckt. Sie können auch die Meditation dazu einsetzen, um zu spüren, wie Chi die Wirbelsäule öffnet. Stellen Sie sich einen Faden in der Mitte der Wirbelsäule vor, an dem Ihr Scheitelpunkt nach oben gezogen wird. Dieser Faden hängt an einem Stern über Ihrem Kopf. Spüren Sie, wie der Körper an dem Faden nach oben gezogen und die Wirbelsäule gedehnt wird. Sobald die Wirbelsäule geöffnet ist, kann die Energie zu T-2 (2. Brustwirbel) und C-7 (7. Halswirbel) fließen und von dort in Beine und Arme.

Um die Öffnung aller Gelenke zu unterstützen, sollten Sie Chi in den Gelenken der Zeigefinger und der großen Zehen wachsen lassen.

Struktur integrieren und Erdkraft bewegen

Die Erdkraft beginnt in den Beinen aufzusteigen, wenn wir in der Lage sind, drei Dinge gleichzeitig zu tun:

1. Wir entspannen die Füße, um Verbindung mit der Erdkraft aufzunehmen;
2. wir lassen das Bein nach außen kreisen, um eine schraubende Drehbewegung nach oben zu erzeugen;
3. wir pressen die Füße auf den Boden, als ob wir springen wollten.

Wenn wir diese drei Aktionen in schneller Folge ausführen, steigt die Erdkraft nach oben. Sobald sie in Spiralen bis zur Hüfte hochfließt, lassen wir sie durch die Wirbelsäule nach oben steigen, indem wir die Hüfte so nach vorn drehen, daß wir dem potentiellen Objekt der Energie-Entladung frontal gegenüberstehen. Diese Drehung ermöglicht es der Erdkraft, ihre aufsteigende Spiralbewegung bis zum 7. Halswirbel (C-7), dem Verbindungsstück zwischen dem Hals und den Armen, fortzusetzen.

Dann lassen wir die Erdkraft zur Entladung weiter durch den angreifenden Arm kreisen, während wir den Brustkorb sinken lassen und das Kinn leicht nach hinten einziehen, als ob wir vor einem Stoß zurückweichen wollten. Die Folge dieser Bewegungen läuft in einem einzigen Augenblick ab. All diese scheinbar getrennten Vorgänge des Kreisens und der Entladung funktionieren nur dann, wenn alle Bewegungen tatsächlich in einer einzigen koordinierten Aktion erfolgen. Das bedeutet, daß wir die Fähigkeit beherrschen müssen, uns als Einheit zu bewegen.

Die Fähigkeit, die Erdkraft auf richtige Weise in Spiralen aufsteigen zu lassen, ist keine rein mechanische Geschicklichkeit. Wie bei allen Aspekten des Tai Chi spielt auch hier der Geist eine zentrale Rolle. Wenn wir nicht in der Lage sind, den Geist in einem einzigen Punkt zu sammeln, zerstreut sich die Energie, die man zu entladen versucht, in unterschiedlichem Maße. Der Übende sollte Bewußtsein, Körper und Geist zu einem Ganzen integrieren.

Das Öffnen der Gürtelkanäle durch die Übung der Fusion der Fünf Elemente trägt wesentlich zur Verbesserung unserer Fähigkeit bei, Chi kreisen zu lassen und durch den Körper zu lenken.

Abb. 3-18: Spiralbewegung Teil III: Brustkorb einsinken lassen, Kinn zurückziehen.

Gewicht gleichmäßig auf die Fußsohlen verteilen

Der menschliche Körperbau läßt sich mit einem Baum vergleichen. Der Körper wurzelt in den Füßen, Rumpf und Beine bilden den Stamm, und die Arme sind die Zweige. Das innere Fundament des Tai Chi ist die Lebenskraft; das äußere Fundament sind die Füße. Die Füße tragen das ganze Körpergewicht, und gleichzeitig stellen sie die Verbindung zur Erdkraft her. Im Taoismus gelten die Füße als Erdleitung.

Ein Tisch oder Stuhl steht am stabilsten, wenn sein Gewicht gleichmäßig auf alle vier Beine verteilt ist. Ebenso stehen auch wir am stabilsten, wenn das Körpergewicht gleichmäßig auf die neun Punkte jeder Fußsohle verteilt ist. Diese neun Punkte sind die Ferse, der Fußaußenrand, der Kleinzehenballen, der Großzehenballen und die fünf Zehen. Beim Tai Chi achten wir sehr darauf, daß diese neun Punkte jedesmal gleichmäßigen Bodenkontakt haben, wenn wir Schritte machen und das Gewicht verlagern. Dann ruht das Gewicht gleichmäßig über der Fußmitte über einem Punkt, der als *Sprudelnde Quelle* (N 1 – 1. Punkt des Nierenmeridians) bekannt ist. Dieser Punkt heißt so, weil die Erdkraft wie aus einem sprudelndem Geysir in den Körper hochzusteigen scheint, wenn wir den Körper genau über diesem Punkt ausrichten.

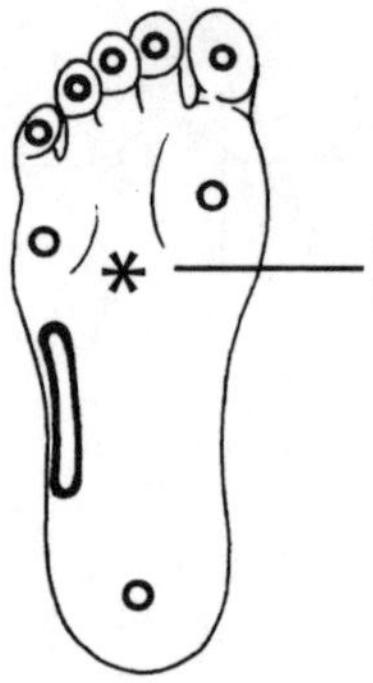

Abb. 3-19: N 1 und die neun Punkte auf der Fußsohle

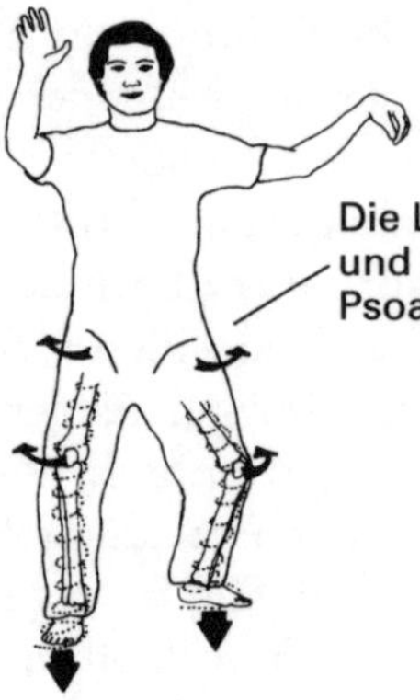

Abb. 3-21: Um die Erdkraft vom Boden nach oben zu übertragen, sollte man die Kniegelenke leicht nach außen drehen.

Fußgelenke sanft drehen

Die Fußgelenke sind der Ausgangspunkt für die Übertragung der Erdkraft und des Chi in den Boden und vom Boden aus in den Rumpf und die Arme. Wenn man die Fußsohlen fest auf den Boden drückt und die Fußgelenke sanft nach außen dreht, trägt das dazu bei, das Körpergewicht in den Boden zu übertragen. So wie eine Schiffsschraube die Strömung in Bewegung umwandelt, so verwandelt diese Drehung Körperkraft in Erdkraft, die dann durch das Bein in die Wirbelsäule hochsteigen und die innere Stabilität stärken kann.

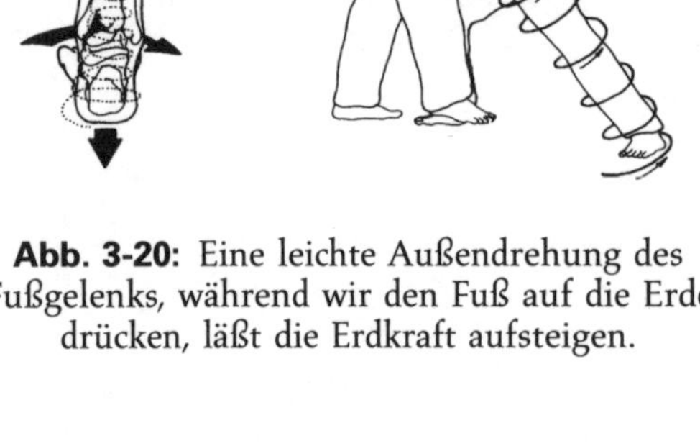

Abb. 3-20: Eine leichte Außendrehung des Fußgelenks, während wir den Fuß auf die Erde drücken, läßt die Erdkraft aufsteigen.

Spiralbewegung in den Kniegelenken

Die Spiralbewegung, die in den Fußgelenken beginnt, setzt sich fort bis zu den Kniegelenken, der nächsten wichtigen Station bei der Übertragung der Erdkraft vom Boden zur Hüfte. Dies wird dadurch erreicht, daß man die Füße fest auf den Boden stellt und zusammen mit einer sanften Drehung in den Knien die Oberschenkelknochen leicht nach außen dreht. Dadurch werden Schienbein und Wadenbein im Unterschenkel verdreht und eine äußerst starke Kraft geschaffen. Versuche haben gezeigt, daß die Knochen einem Druck von bis zu einer Tonne standhalten können, wenn man die Beine in dieser Weise dreht.

Wenn diese Drehung des Knies richtig ausgeführt wird, wickeln sich alle Sehnen im Bein teilweise um den Knochen, und dadurch entsteht eine starke elastische

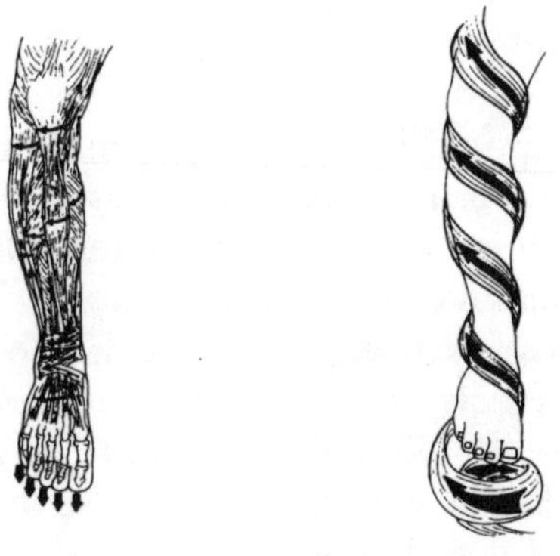

Abb. 3-22: Wenn man die Knie nach außen dreht, wickeln sich alle Sehnen um die Fußknochen und leiten so den Energiefluß nach oben.

Abb. 3-24: Wenn das Knie überdreht ist, führt das zu einer starken Belastung des Kniegelenks.

Kraft. In dieser Stellung sind Erde, Knie und Hüfte in einer einzigen Kraftlinie verbunden. Statt daß die Knie das volle Körpergewicht tragen, wird es zu den Fußgelenken und dann durch Fußsohlen und Fersen in den Boden übertragen. In gleicher Weise wird die aus der Erde zurückprallende Kraft durch die Knie geleitet, ohne dort steckenzubleiben.

Bei all diesen Drehungen muß erneut betont werden, daß die gewünschten Drehungen leicht und sanft auszuführen sind. Die Kniegelenke sind empfindlich, und Sie sollten sie nicht überdrehen. Hören Sie auf Ihren Körper, und wenn es weh tut, hören Sie auf! Um Tai Chi richtig auszuführen,

Abb. 3-23: Wenn die Knie nach außen rotieren, sammelt sich die Kraft auf der Rückseite des Beins und kreist in Spiralen nach unten zum Fuß und zur Erde.

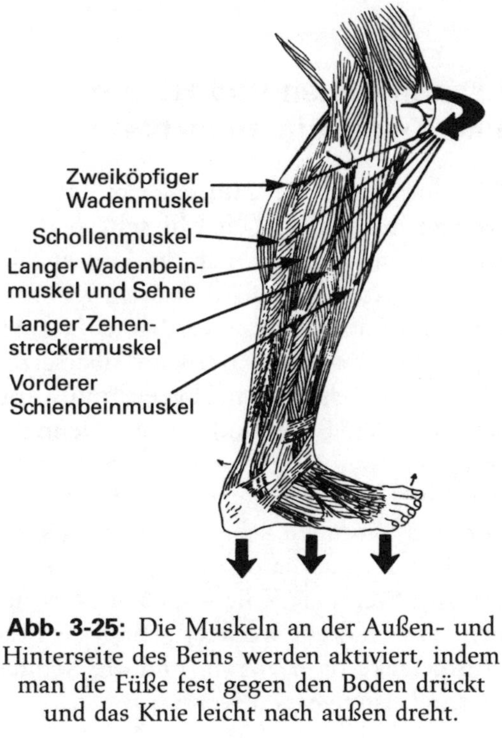

Abb. 3-25: Die Muskeln an der Außen- und Hinterseite des Beins werden aktiviert, indem man die Füße fest gegen den Boden drückt und das Knie leicht nach außen dreht.

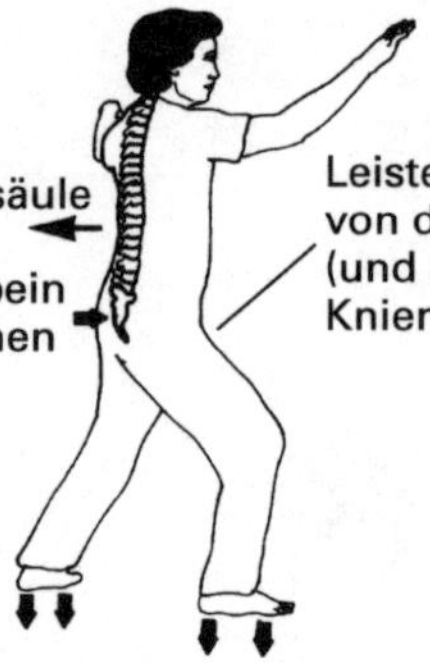

Abb. 3-26: Wenn Sie das Kreuzbein leicht kippen und die Füße fest auf den Boden drücken, wird die Wirbelsäule völlig aufgerichtet.

sollten Sie keine großen Kräfte einsetzen, sondern eher die Kraft im Innern langsam wachsen lassen. Zuletzt werden Sie hauptsächlich Ihre gebündelten inneren Kräfte einsetzen, und alle Kräfte werden in spontaner Weise zusammenwirken.

Leisten öffnen und Hüften und Kreuzbein ausrichten

Die Positionen der Hüftgelenke und des Kreuzbeins sind im Tai Chi sehr wichtig. Man beginnt, indem man die Leisten öffnet, oder *Kai Kua* auf Chinesisch, was man ungefähr mit «die Basis ausdehnen, um fester und stärker zu werden» übersetzen könnte. Die chinesische Bezeichnung unterstreicht die Bedeutung, die der Dehnung in diesem Bereich zukommt. Die Wichtigkeit der Leistengegend bei der Erzeugung von Kraft in allen schiebenden Bewegungen des Tai Chi kann nicht genug betont werden. Wenn die Knie wie oben beschrieben sanft gedreht werden, öffnen sich die Hüftgelenke nach außen, und die Sehnen in der Leistengegend werden fest. Das ermöglicht die Übertragung der Kraft aus den Beinen in den Rumpf.

Die Ausrichtung des Kreuzbeins bestimmt, ob Ihre Körperstruktur stabil oder schwach ist. Wenn Sie den unteren Rücken entspannen und das Becken und das Kreuzbein etwas senken, als ob Sie das Steißbein zwischen die Beine einziehen wollten, richten Sie das Kreuzbein strukturell an der Wirbelsäule aus. Wenn die Füße dann fester auf dem Boden stehen, haben Sie das Kreuzbein auch an den Beinen ausgerichtet, und Sie spüren eine Linie der Kraftübertragung von den Füßen zu den Leisten, zum Kreuzbein und hoch in die Wirbelsäule.

Das Kreuzbein wirkt auch als wichtige Pumpe für die Beförderung der Rückenmarksflüssigkeit, welche die zahlreichen Nerven innerhalb des Rückgrats schützend umgibt. Das Kreuzbein wirkt dabei mit, Chi durch die Wirbelsäule nach oben zu pumpen. Seine Aktivierung durch Kippen und Loslassen verbessert auf diese Weise die Tätigkeit des zentralen Nervensystems.

Das erfolgreiche Öffnen der Leistengegend hängt nicht unwesentlich von der Entspannung des Psoasmuskels ab. Tai Chi Chi Kung, Eisenhemd-Chi Kung und Tao Yin sind innere Übungssysteme, mit deren Hilfe versucht werden soll, diese Muskeln zu dehnen und ihre Arbeit zu erleichtern. Die bewußte Wahrnehmung der Psoasmuskeln ist beim Tai Chi Chi Kung von entscheidender Bedeutung. Die mechanische Kraft des Tai Chi stammt aus den gesammelten Kräften des ganzen Körpers. Weil die Psoasmuskeln eine Verbindung zwischen den unteren Wirbeln und dem unteren *Kua-Bereich* (Bereich der Leisten oder der Hüftgelenke) herstellen, spielen sie eine Schlüsselrolle bei der Übertragung der Kraft aus den Beinen in die Wirbelsäule.

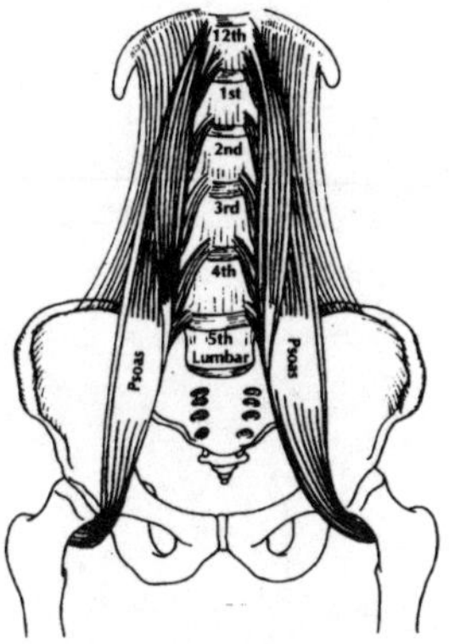

Abb. 3-27

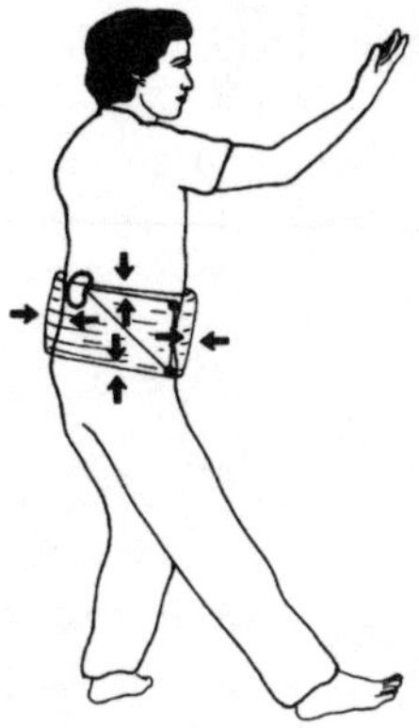

Abb. 3-28: Wenn der Chi-Gürtel aktiviert ist, sollten Sie den gleichen Druck von innen und von außen spüren.

Die Psoasmuskeln sind ebenfalls eng verbunden mit den breiten Rückenmuskeln (latissimus dorsi), die sich von der oberen Wirbelsäule aus zu den Oberarm- und Schulterknochen erstrecken. Daher bilden die Psoasmuskeln eine wichtige Brücke zwischen dem oberen und dem unteren Teil des Körpers. Wenn sie entspannt und geschmeidig sind, kann die Kraft aus den Beinen ungehindert fließen, wie eine Welle aus den Beinen zur Wirbelsäule und dann durch die Arme nach außen.

Chi-Gürtel aktivieren

Das *Tan Tien*, das auch als «Ozean des Chi» bezeichnet wird, befindet sich im Unterbauch; dort wird das Ursprüngliche Chi (die Urkraft) gespeichert und aktiviert. Wenn sich genügend Chi entwickelt hat, dehnt es sich aus und fließt zu Nieren, Leber, Milz, Dünn- und Dickdarm und zum Sexualzentrum. Diese Ausdehnung des Chi im Innern wirkt auch nach außen, denn dadurch bildet sich ein Chi-Gürtel um die Taille.

Dieser Chi-Gürtel dient als wichtige Brücke, die den unteren Teil des Rumpfs mit dem oberen verbindet.

Wenn dieser Gürtel nicht richtig entwikkelt ist, haben Füße, Beine und Hüften keine rechte Verbindung mit dem Oberkörper. Sie gleichen dann Soldaten ohne General, die keine Führung und damit letztlich keine Stärke haben.

Im Zusammenhang mit dem Chi-Gürtel bezieht sich der Begriff Chi auf die Vereinigung von Atem und Energie. Beim Eisenhemd-Chi Kung lernt man das Zwerchfell einzusetzen, um den Druck im Unterbauch rund um die Taille herum zu erhöhen. Dieser erhöhte Druck spielt dort eine ähnliche Rolle wie Luft in einem Reifen oder Mörtel zwischen Backsteinen und trägt dazu bei, Schwachstellen in der Struktur aufzufüllen, und hält die beiden Körperhälften zusammen. Diese Kraft ist nicht statisch und blind, sondern dynamisch, lebendig, bewußt und fähig, den wechselnden Bewegungen des Tai Chi zu folgen. Diese dynamische Eigenschaft ist die Energiekomponente des Chi-Gürtels.

Die Psoasmuskeln verlaufen in der Nähe der Nieren und des *Tors des Lebens* (Aku-

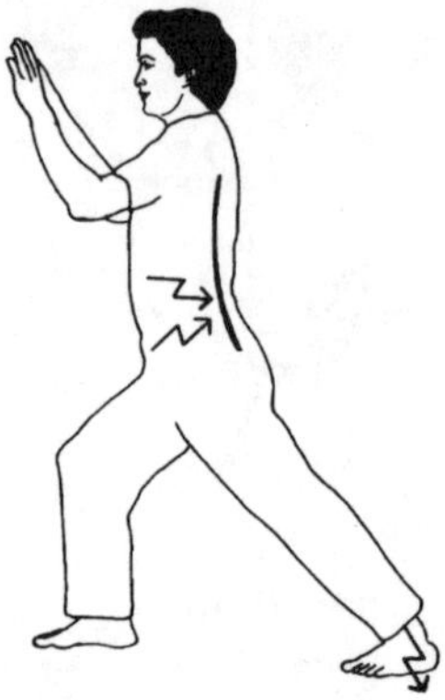

Abb. 3-29: Falsche Haltung: zu starkes Hohlkreuz

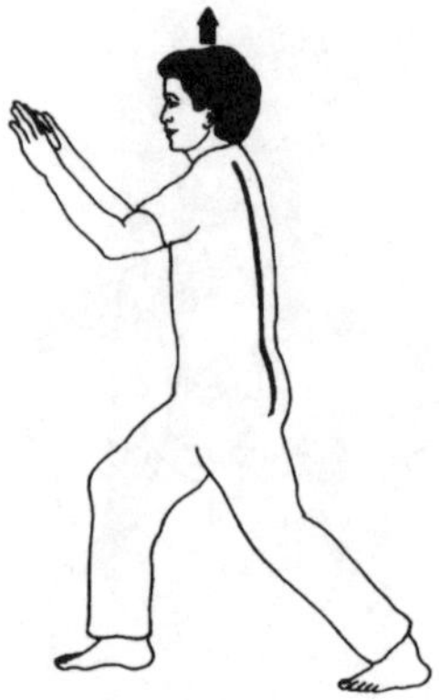

Abb. 3-31: Korrekte Haltung: Wenn die Wirbelsäule an der Schwerkraft ausgerichtet und leicht nach außen gerundet ist, werden Sie spüren, daß alle Gelenke offen sind.

punkturpunkt LG 4 auf dem Lenkergefäß). Das Tor des Lebens bildet den Hintereingang zum Tan Tien, dem Speicherplatz für unser Ursprüngliches Chi. Wenn die Psoasmuskeln entspannt sind, kann Chi leicht in die Energiekanäle strömen und so unseren Bewegungen Energie verleihen. Außerdem steht in den klassischen Schriften des Taoismus, daß die Verbindung zwischen den Nieren (Element Wasser) und dem Herzen

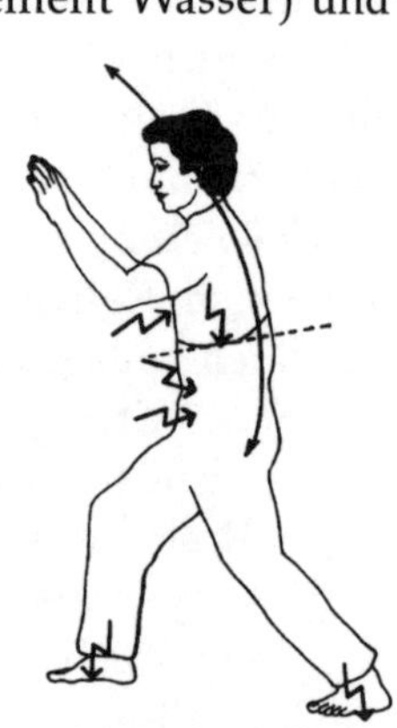

Abb. 3-30: Mangelnde Ausrichtung der Wirbelsäule, ein beengter Unterbauch und negative Emotionen hindern das Zwerchfell daran, sich frei zu bewegen.

(Element Feuer) die Grundlage für das Gleichgewicht von Yin und Yang im Körper bildet. Die Nieren sind wie die Wurzeln, die Wirbelsäule wie der Stamm und das Herz wie die Blüte. Die Wasserqualität der Nieren kühlt das Herz, während die Feuerqualität des Herzens die Nieren erwärmt. Wenn die Psoasmuskeln entspannt und geschmeidig sind, kann die Energie ungehindert zwischen Nieren, Wirbelsäule und Herz hin- und herfließen.

Die Psoasmuskeln sind auch eng mit dem Zwerchfell verbunden. Wenn sie geschmeidig sind, kann man tiefer und leichter atmen und die Kraft des Zwerchfells und des Atems besser nutzen, um die Bewegungen zu unterstützen und mit Hilfe des Chi-Gürtels die beiden Körperhälften zu verbinden.

Wirbelsäule als Antriebswelle

Die Wirbelsäule besteht aus 24 Wirbelkörpern, zu denen noch Kreuzbein und Steiß-

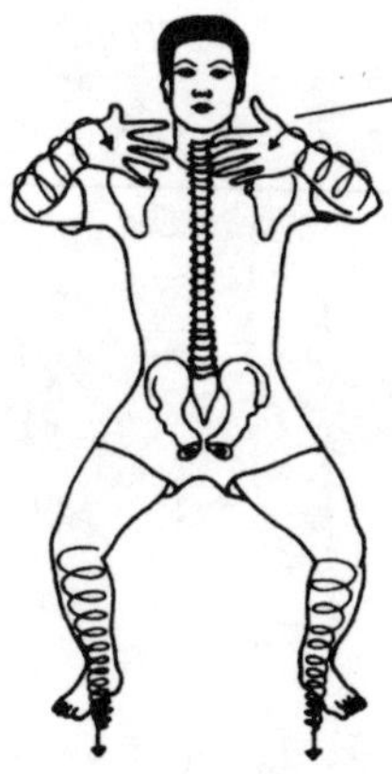

Abb. 3-32

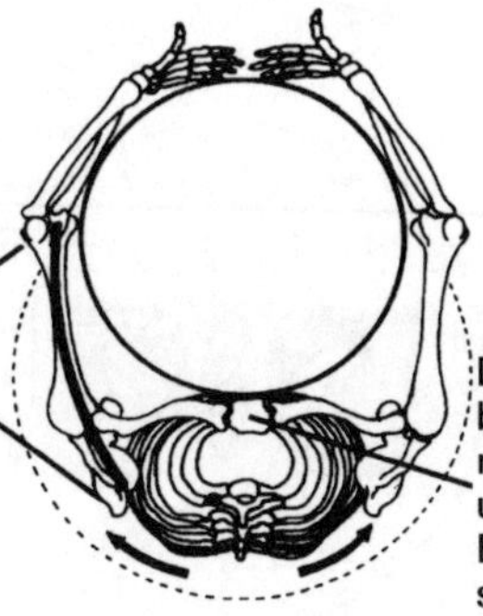

Abb. 3-33: Korrekte Rundung der Schulterblätter
Alle Sehnen, Muskeln und Bänder sind vollständig gedehnt: von der Wirbelsäule aus über den Rücken, durch Schultern und Arme bis zu den Fingerspitzen.

bein kommen. Sie bildet die Verbindung zwischen dem Kopf, den Armen und den Beinen. Um zwischen dem Kopf und den Gliedmaßen hin- und herfließen zu können, muß Chi die Wirbelsäule durchlaufen. Daher bildet die Ausrichtung der Wirbelsäule einen wesentlichen Teil der Tai Chi-Praxis.

Eine gut ausgerichtete Wirbelsäule ist voller Kraft, und dadurch kann sie die Kraft aus den Beinen zu den Armen und umgekehrt erheblich verstärken. Durch leichtes Kippen des Kreuzbeins und Rundung der Wirbelsäule im Bereich von T-11, T-5 und C-7 wird diese gespannt wie ein Bogen, mit dem man einen Pfeil abschießen möchte.

Brust und Schultern sinken lassen und Schulterblätter runden

Die Arme sind auf der Vorderseite durch die Schlüsselbeine und auf der Rückseite durch die Schulterblätter mit dem Rumpf verbunden. Mehrere Gruppen von Muskeln, Sehnen, Bändern und Bindegewebestrukturen halten die Knochen am Platz und ermöglichen ihnen die freie Bewegung. Das Gelenk zwischen dem Oberarmknochen und dem Schulterblatt bildet die Nahtstelle zwischen Arm und Schulter.

Die Verbindung zwischen Schulterblättern und Rücken ist dann strukturell ausgerichtet, wenn man die Schulterblätter nach vorn dehnt und gleichzeitig Schultern und Brustbein sinken läßt. Die erste Eisenhemd-Übung *Baum umarmen* ist besonders nützlich, um zu lernen, die Schultern zu runden und die Brust einsinken zu lassen.

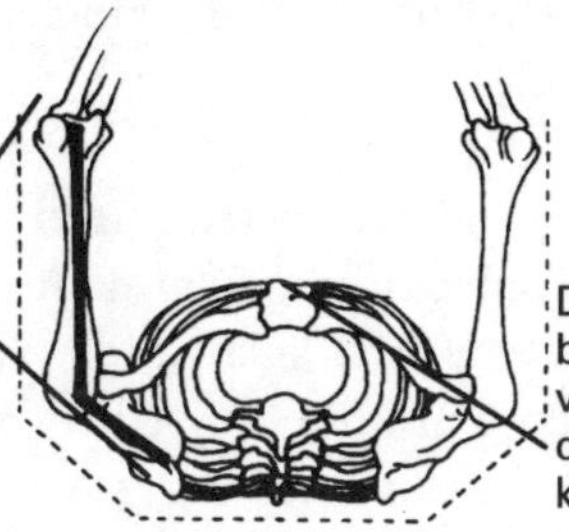

Abb. 3-34: Falsche Rundung der Schulterblätter

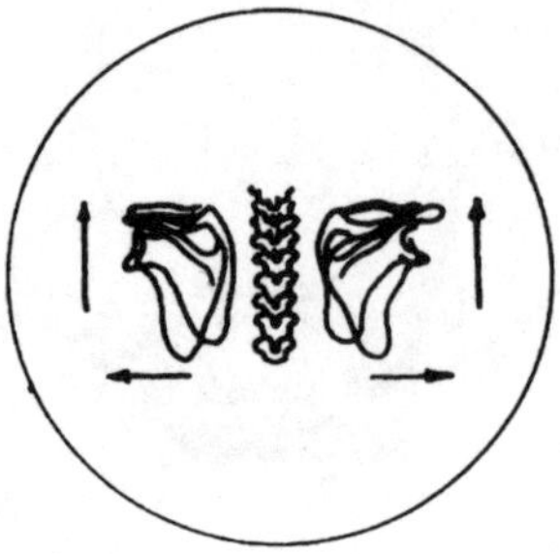

Abb. 3-35: Schulterblätter runden

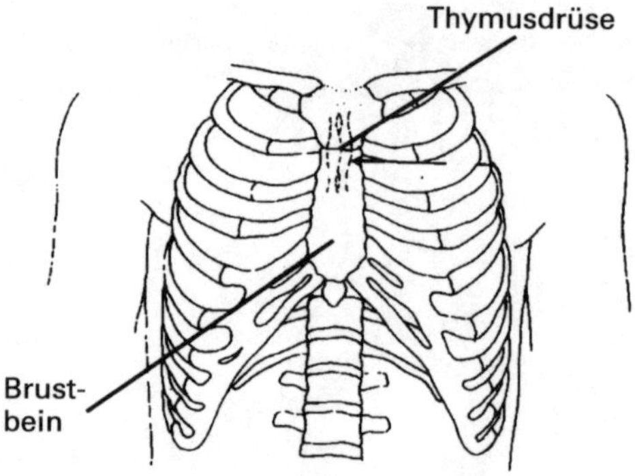

Abb. 3-36: Das Sinkenlassen des Brustbeins trägt dazu bei, die Thymusdrüse zu aktivieren.

Die Brust läßt man sinken, indem man etwas ausatmet, die Brustmuskeln entspannt und das Brustbein senkt. Während das Brustbein einsinkt, bewegen sich die Schulterblätter zur Seite und nach vorn.

Durch das Senken des Brustbeins wird die Thymusdrüse aktiviert, die hinter dem oberen Brustbein liegt und wichtig für das Immunsystem ist. Dieser ganze Vorgang läuft automatisch ab, wenn man einen großen Baum oder Ball umarmt. Bei Personen, bei denen die flache Brustatmung schon chronisch ist und sich starke Spannungen in den Brustmuskeln angesammelt haben, ist das Brustbein kaum noch beweglich. Wenn diese Menschen versuchen, das Brustbein zu senken, kompensieren sie das gewöhnlich durch das Hochziehen der Schultern.

Durch Übung des Eisenhemd-Chi Kung kann man lernen, Brust und Zwerchfell besser zu entspannen. Wenn die dabei praktizierte Kompressionsatmung an den verschiedenen Punkten des Unterbauchs und der Wirbelsäule eingesetzt wird, können alte, hartnäckige Verspannungen aufgelöst und Muskeln, Sehnen, Gewebe und Knochenmark gestärkt werden.

Die Beherrschung der ersten Eisenhemd-Übung *Baum umarmen* ist außerdem die perfekte Blaupause für die *Dreizehn Bewegungsformen* des Tai Chi. Wie wir in Kapitel 4 sehen werden, erleichtert eine gewisse Vertrautheit mit dem Eisenhemd-Chi Kung die Übung des Tai Chi. Deshalb gilt im System des Heilenden Tao Tai Chi auch als «Eisenhemd in Bewegung».

Das Runden der Schulterblätter und das Senken des Brustbeins spielen eine Schlüsselrolle bei der Energieentladung, aber dabei spielen auch noch andere Faktoren eine Rolle, wie zum Beispiel die Position der Füße und der Knie, die es der Erdkraft ermöglichen, durch Beine und Wirbelsäule aufzusteigen und dem ganzen Organismus so eine sanfte Heilenergie zuzuführen.

Obere Brustwirbelsäule und Nacken ausrichten

Der T-2-Punkt befindet sich genau unter dem Dornfortsatz des 2. Brustwirbels (T-2). Der 7. Halswirbel (C-7) ist der große Dornfortsatz am Halsansatz. In der Akupunktur heißt dieser Punkt *Ta Chui,* der «Große Wirbel» (LG 14). In den taoistischen Disziplinen gelten diese beiden Punkte als die

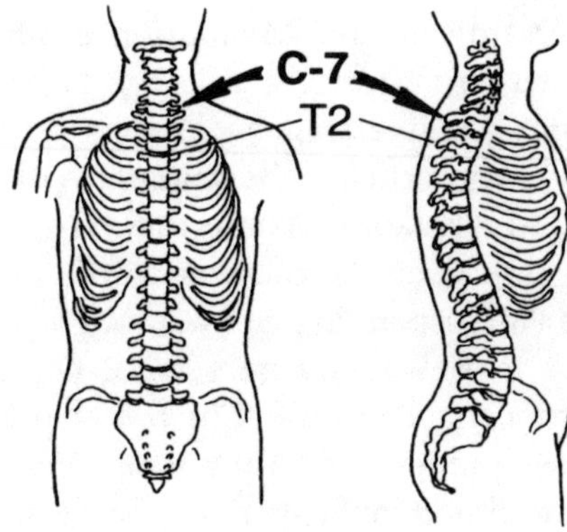

Abb. 3-37

wichtigsten Kraftzentren für die Verbindung zu den Armen. Alle Meridiane der Yang-Energie treffen hier zusammen. Diese Punkte gelten auch als Kontrollpunkte für alle Sehnen. Um sie zu aktivieren, sollten Sie die Brust sinken lassen, die Schulterblätter runden und das Kinn sanft anziehen. Der Nacken spielt ebenfalls eine wichtige Rolle bei der Kraftübertragung vom Boden zu den Armen, denn wenn er nicht ausgerichtet ist, kann die Kraft im Hals steckenbleiben und die gesamte Struktur aus dem Gleichgewicht bringen.

Körper entspannen und Geist beruhigen

Spannung und Sensibilität stehen in einem umgekehrten Verhältnis zueinander: Je stärker die Verspannungen, desto geringer die Sensibilität. Wenn man dagegen locker bleibt, sind die Sinne empfänglicher. In den Kampfkünsten sollte man in der Lage sein, die Schwächen und Stärken des Gegners zu spüren. Dann kann man besser ausweichen und die Wucht des gegnerischen Angriffs ableiten, während man gleichzeitig seine schwachen und ungeschützten Punkte angreift.

Im Gegensatz dazu reagiert man oft angespannt, unsensibel, übermäßig und unangemessen, wenn man sich nur auf Muskelkraft verläßt. Man verschwendet seine Energie in unwirksamer Weise, indem man sich der Kraft des Gegners direkt entgegenstellt, Kraft gegen Kraft einsetzt und so mit größtem Aufwand nur geringe Wirkungen erzielt.

Das Prinzip der Bewegungsökonomie hängt mit einem Zustand innerer Harmonie zusammen. Ein Geist, der in Frieden und Einklang mit sich selbst ist, läßt sich nicht so leicht beeinflussen oder stören. Auch im Alltag spielt dieses Prinzip eine entscheidende Rolle, sei es nun im Geschäftsleben oder in einer kämpferischen Auseinandersetzung. Wenn man überreagiert und mit unangemessenen oder unnötigen Aktionen antwortet, ist man gewöhnlich im Nachteil.

Das Grundprinzip des Tai Chi besteht dagegen darin, entspannt, ruhig und klar zu bleiben, ob man nun die Tai Chi-Bewegungen ausführt, Geschäfte macht oder seinen alltäglichen Aktivitäten nachgeht.

Der Tai Chi-Übende läßt sich mit einem Tiger vergleichen, der ruhigen Schrittes und doch voller Kraft über eine Wiese geht. Dieser innere Zustand von Ruhe und Kraft wird gefördert durch Meditation im Sitzen wie das *Innere Lächeln* und den *Kleinen Kreislauf* sowie durch die Meditation im Stehen beim *Eisenhemd-Chi Kung*. Bei beiden Formen der Meditation ist es notwendig, die Körperstruktur auszurichten, um unnötige Belastungen zu vermeiden. Eine schlechte Haltung kann Verspannungen verursachen und so die Entspannung erschweren.

Entspannung wird manchmal mit einem Zustand verwechselt, in dem man alles bis zum Punkt des körperlichen und seelischen Zusammenfallens gehen läßt. Dies ist aber falsch, denn Tai Chi bedeutet das Gleichgewicht von Yin und Yang. Deshalb versucht man dabei, alle unnötigen physischen und psychischen Spannungen aufzulösen und doch gleichzeitig geistig wach und körperlich angriffsbereit zu bleiben. Sich zu entspannen bedeutet, alles fallenzulassen, was uns körperlich und geistig beschäftigt und beunruhigt, so daß wir in einen Zustand erhöhter Empfänglichkeit und Offenheit eintreten können.

In den *Tai Chi-Klassikern* heißt es: «*Laß ab von deinem Wollen und folge dem Willen der anderen.*» Wenn wir die Beschäftigung mit unseren eigenen Gedanken einstellen, bedeutet das in den Kampfkünsten, daß wir leer, wach und spiegelklar werden und daher fähig sind, unmittelbar zu spüren, wann der Gegner zum Angriff ansetzt. Wenn wir entspannt bleiben und nicht überreagieren, können wir augenblicklich und angemessen reagieren und dabei die Kraft des Gegners gegen ihn zurücklenken. Mit geringem Krafteinsatz läßt sich das Chi des gegnerischen Angriffs aufnehmen und in jede beliebige Richtung leiten. In den *Tai Chi-Klassikern* heißt das, «*eine (eigene) Kraft von vier Unzen einsetzen, um tausend Pfund (an gegnerischer Kraft) abzulenken*». Diese Fähigkeit läßt sich nur erwerben, wenn man besonders in Konfliktsituationen zu entspannen lernt.

Mit dem Entspannungstraining fängt man am besten im Sitzen oder im Liegen an. Wenn der Körper sich nicht bewegt, fällt es leichter, auf das Loslassen von physischen und psychischen Spannungen zu achten. Dann kann man diese Art der Entspannung in seine Tai Chi-Praxis aufnehmen und die in der Meditation erfahrene Tiefe der Entspannung auf eine Fülle von Bewegungen übertragen.

Jede körperliche Bewegung entsteht durch Muskelkontraktion und Loslassen. Ohne eine ganze Reihe von Muskeln und Sehnen anzuspannen, ist es unmöglich, den Körper in Bewegung zu setzen. Die Herausforderung beim Tai Chi besteht darin, die Bewegungen auszuführen, ohne sich bis zu dem Punkt anzuspannen, an dem der Energiefluß behindert wird, und locker zu lassen, sobald die Bewegung aufhört, damit man das neugewonnene Chi spüren kann. Dies nennt man *Wu Wei*, Nicht-Tun; es bedeutet, mit minimalem Aufwand maximale Wirkung zu erzielen. Die taoistischen Klassiker sind voller Hinweise auf Wu Wei, und dieses Prinzip zeigt sich nirgendwo deutlicher als in den sanften, fließenden Bewegungen des Tai Chi.

An anderer Stelle in den Tai Chi-Klassikern steht: «*Setze den Geist ein und nicht die Kraft.*» Durch Schulung des Geistes, der Sinne und des Bewußtseins lernt man, Chi zu leiten und Blut und Körper zu bewegen, ohne allzusehr von Muskelkraft abhängig zu sein. So bleibt der Energieaufwand minimal, und innerlich fühlt man sich dabei wohler.

Yin und Yang unterscheiden

So wie alle Erscheinungen im ganzen Universum aus dem Wechselspiel von Yin und Yang entstehen, zeigt sich dieses ewige Wechselspiel auch in allen Tai Chi-Bewegungen. Ohne Yin und Yang, das passive und das aktive Prinzip, gibt es keinerlei Bewegung. Bei der Tai Chi-Praxis wird der Vorgang der kosmischen Manifestation im Ablauf der Bewegungen nachvollzogen.

Abb. 3-38

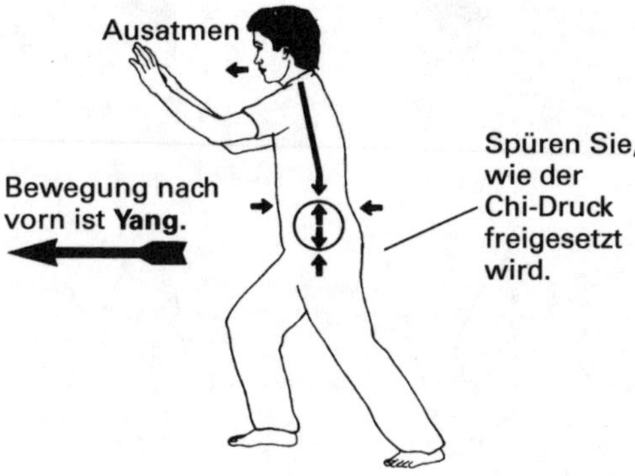

Abb. 3-40

Dem ursprünglichen Zustand des Wu Chi entspricht die Ausgangsstellung, das stille Stehen, total zentriert, harmonisch und unmanifestiert. In dem Augenblick, wo die Beine getrennt werden und die Bewegung beginnt, treten auch Yin und Yang in Aktion. Beim Tai Chi verstehen sich *Yin* und *Yang* hauptsächlich als *Fülle* und *Leere*, und aus ihrer Interaktion entwickelt sich der Energiefluß.

Yang im Tai Chi ist ein relativer Begriff, der das aktivste Element in einem gegebenen Augenblick bezeichnet. Bei den Beinen kann das bedeuten, daß das ganze Körpergewicht oder der größere Teil davon auf einem Fuß ruht; bei den Armen, daß ein Arm vorgestreckt ist, um bei einem Schlag oder Stoß Energie zu entladen.

Yin im Tai Chi bezieht sich auf den passiveren Arm oder das passivere Bein, die im gegebenen Moment eine unterstützende und stabilisierende Rolle spielen.

Beim Vorgehen und Zurückweichen ist Vorgehen *Yang* und Zurückweichen *Yin*. Beim Atem ist Einatmen *Yin* und Ausatmen *Yang*. Die Arme heben ist *Yang*, die Arme senken ist *Yin*.

Das Gewicht wird ständig von einem Bein auf das andere verlagert. Gleichzeitig hat eine Hand oder ein Arm die führende Rolle, während die anderen Gliedmaßen eine unterstützende Funktion haben. Ge-

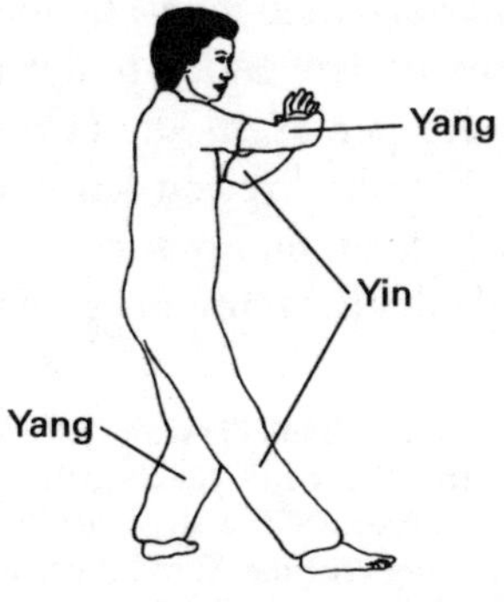

Abb. 3-39

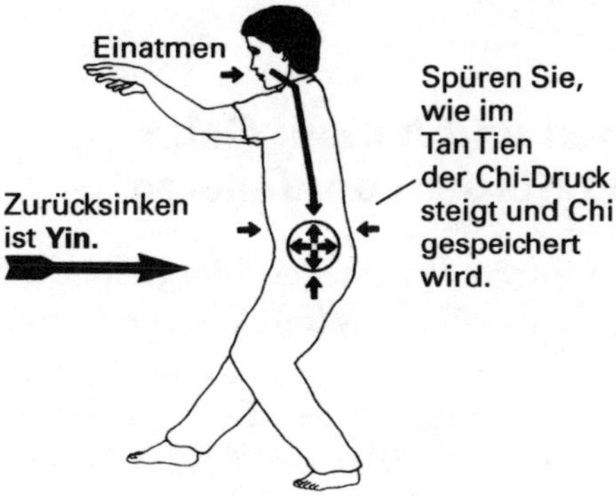

Abb. 3-41

Abb. 3-42: Koordinierter, harmonischer Bewegungsablauf

nau wie bei den Beinen wechselt die aktive Rolle ständig von einem Arm zum anderen.

Das Gefühl für Fülle und Leere hat einen sehr praktischen Nutzen, der über die Anwendung in der Kampfkunst hinausgeht. Sobald der Körper gelernt hat, sich in konstantem Fluß von der Leere zur Fülle und von der Fülle zur Leere zu bewegen, wird ganz offensichtlich, daß dieselben Prinzipien sich auch in sozialen und persönlichen Angelegenheiten, in Karriere und Politik anwenden lassen. Dann entdeckt man, wie man effektiv mit *Yin* und *Yang* arbeiten und unterscheiden kann, wann man im Alltag zurückzuweichen und wann man vorwärtszugehen hat.

Innen und Außen, Geist und Körper koordinieren

Ein weiteres Prinzip des Energieflusses besagt, daß die Lebenskraft Chi den Impulsen unseres *Geist-Auge-Herz-Bewußtseins** *(chin. «I»)* folgt. In den Tai Chi-Klassikern heißt es dazu: *«Der Geist («I») führt und Chi folgt; Chi führt und der Körper folgt.»* Das bedeutet zum Beispiel, daß die Lebenskraft eine bestimmte Bewegung des rechten Armes unterstützen wird, wenn der Geist beabsichtigt, diesen Arm zu bewegen.

In den Tai Chi-Klassikern steht auch: *«Benutze den Geist («I») und nicht die Muskelkraft.»* Wenn man Geist, Bewußtsein oder Auge einsetzt, um Chi in Bewegung zu setzen, bewegt man sich mit einem Minimum an Anstrengung. Beim Tai Chi lernt man sich zu bewegen, indem man genau den richtigen Energieaufwand betreibt, um sein Ziel zu erreichen: weder zu viel noch zu wenig, weder zu früh noch zu spät.

Ein weiteres Grundprinzip des Tai Chi besteht darin, sich in koordinierten und kontinuierlichen Bewegungsabläufen zu bewegen; dabei sind alle Teile des Körpers miteinander verbunden und arbeiten harmonisch zusammen. Dieser kontinuierliche Bewegungsfluß zeigt sich auf körperlicher Ebene als Anmut und auf geistiger Ebene als emotionale Ausgeglichenheit und Charakterfestigkeit. Das wird als Integrität bezeichnet, ein Ausdruck, der heutzutage im Englischen nur selten benutzt wird. Diese Tatsache spiegelt die Unausgeglichenheit unserer geistigen und emotionalen Verfassung und damit unseren Mangel an Integration.

Integration ist ein Reparaturvorgang, der sich auf verschiedenen Ebenen abspielt. Die fundamentalste Stufe bildet der Energiefluß im Körper. Wenn die Lebensenergie nicht ungehindert kreisen kann, führt das automatisch dazu, daß manche Körperteile über zuviel oder zuwenig Energie verfügen.

* Mit diesem Ausdruck soll die schillernde Bedeutungsfülle des taoistischen Grundbegriffs *«I»* *[«Yi»]* umschrieben werden: *Geist* steht für die gebündelte Geisteskraft, *Auge* für die Konzentration aller Sinne und *Herz* für die Energien aller Organe (vgl. dazu auch den Abschnitt über *«I-Bewußtsein»* in Kap. 10).

Das beeinflußt dann unser Denken, unsere Gefühlen und die Art und Weise, wie wir uns bewegen.

Wie bereits erwähnt, manifestieren sich emotionale und mentale Zustände in unserem Körper. Die Energie negativer Emotionen behindert unsere Bewegungen. Im Laufe der Zeit beginnen sich Emotionen in den Muskeln, Organen und Geweben festzusetzen. Dadurch entstehen Verspannungen, welche die Beweglichkeit einschränken. Durch Wiederherstellung des Energieflusses beseitigt der Kleine Energiekreislauf derartige Blockaden.

Gefühle wie Freude, Zorn, Furcht, Trauer, Kummer, Liebe oder Achtung gehören zu den stärksten Formen emotionaler Energie, die wir normalerweise erfahren. Seinen Gefühlen vollen Ausdruck zu verleihen ist ein Kennzeichen einer dynamischen und ausgeglichenen Persönlichkeit.

Man sollte jedoch nicht zum Opfer seiner Emotionen werden. Die *Fusion der Fünf Elemente* gehört zu den wirksamsten Methoden, um seine Emotionen zu kontrollieren und Überschüsse an emotionaler Energie wieder in den geregelten Kreislauf der Lebensenergie zurückzuführen. Die wahren Taoisten leben ihre Gefühle voll und ganz aus und lassen sie dann weiterfließen, sobald die Ausgangssituation vorüber ist. Regelmäßige Übung in der Fusion der Fünf Elemente erzeugt einen Zustand emotionaler Ausgeglichenheit und Integrität, der sich als Charakterfestigkeit und innere Stärke manifestiert.

Bei der Praxis des Tai Chi äußert sich diese Gemütsverfassung in der Harmonie von Bewegungen, die von innen heraus belebt werden. Jede Bewegung wird so zu einer Manifestation von Körper, Bewußtsein und Geist, die sich als Einheit bewegen.

Wenn wir lernen wollen, den Körper als Ganzheit zu bewegen, müssen wir viele subtile Stufen der Verfeinerung durchlaufen. Normalerweise bewegen wir uns mit einem kombinierten Einsatz von Muskeln, Sehnen und Knochen, aber bemühen uns nur wenig um den bewußten Einsatz von Chi. Beim Tai Chi ist das gerade umgekehrt. Wenn man durch Meditation im Sitzen, im Stehen und in der Bewegung mit der Lebenskraft immer besser vertraut wird, kann man allmählich den Fluß der Energie in Rumpf und Gliedmaßen immer deutlicher spüren. Eines der Prinzipien des Energieflusses besagt, daß Chi um so besser kreisen kann, je entspannter man ist. Bei der Übung des Tai Chi besteht die erste Aufgabe darin, bei jeder Bewegung soweit wie möglich zu entspannen und innere Ruhe und Stärke zu spüren, damit die Energie so gut wie möglich kreisen kann. Die nächste Stufe der Verfeinerung besteht darin, die Bewegungen aus der Lebenskraft zu speisen, anstatt sie durch die mechanische Aktion von Muskeln, Sehnen und Bändern zu bewerkstelligen.

Die Lebenskraft durchläuft den Körper auf den Meridianen. Wenn die Bewegungen von Lebenskraft erfüllt sein sollen, so ist die Voraussetzung dafür, die Meridiane zu öffnen. Auch hier gilt, daß Meditationserfahrung eine solide Grundlage dafür bildet, um sich auf diese subtile Stufe des Tai Chi zu begeben. Wenn man es der Lebenskraft überläßt, die Bewegungen mit Kraft zu erfüllen, so führt das unter anderem dazu, daß Chi wie ein Strom fließen kann. Dies befähigt den Übenden, sich ohne plötzliche Tempowechsel sanft und fließend zu bewegen.

4 Aufwärmübungen und Vorbereitung

Ob wir nun Anfänger sind oder schon jahrelang praktizieren, regelmäßige Übung ist für alle gleichermaßen wichtig. Eine Übungsstunde kann jedoch wertlos sein, wenn der Körper nicht richtig vorbereitet ist, um mit der aufzunehmenden Energie umzugehen. Aus diesem Grund möchte ich hier zusätzlich vorbereitende Übungen vorstellen. *Aufwärmen* bedeutet, den Fluß von Chi und Blut anzuregen und ihren Kreislauf im Organismus zu beleben. Aufwärmübungen sind besonders wichtig für Körperzonen, die wie die Wirbelsäule und das Kreuzbein nur selten gestreckt werden. Selbst wenn man Gymnastik und Aerobic übt, ist man noch nicht richtig vorbereitet, um mit größeren Mengen an Energie umzugehen. Ohne geeignetes Aufwärmen vor dem Training sind die Muskeln vielleicht noch zu steif, zu verspannt und zu wenig durchblutet, um den plötzlichen Anforderungen durch anstrengende Aktivitäten gerecht zu werden. Dies ist einer der Hauptgründe für Sportverletzungen.

In diesem Kapitel wird eine Reihe von besonderen Übungen vorgestellt, welche die Aufnahmefähigkeit des Körpers und die Wachheit des Geistes für das Tai Chi-Training verbessern. Diese sanften und doch wirksamen Aufwärmübungen des Heilenden Tao sind leicht zu erlernen und auch einfach auszuführen, wie Sie bald merken werden.

Bei der Ausführung der verschiedenen Übungen sollten wir auf die Botschaften des Körpers hören. Schmerzen sind ein Warnsignal des Körpers, um uns mitzuteilen, daß wir es vielleicht übertreiben. Das Ziel besteht nicht darin, sich extrem zu dehnen oder kräftige Muskeln zu entwikkeln, sondern die Gelenke zu lockern und die Muskeln zu entspannen, damit Chi und Blut ungehindert fließen können. Versuchen Sie nicht, mit Gewalt an Ihre Grenzen zu gehen; vor allem am Anfang ist weniger mehr. Wenn Sie bei irgendwelchen Übungen Gelenkschmerzen oder Unbehagen verspüren, sollten Sie aussetzen, bis Sie sich wieder gut anfühlen. Wenn Sie nach einer Weile immer noch Schmerz oder Spannung spüren, ist es besser, ganz mit dieser Übung aufzuhören.

Seien Sie besonders vorsichtig, wenn Sie unter Verletzungen, chronischen Beschwerden oder körperlichen Einschränkungen leiden. Wenn Sie mit Ihrem Körper freundlich und sanft umgehen, wird er von selbst beginnen, zu entspannen und Ihnen zu vertrauen. Sie werden merken, daß Sie auf einer tieferen Ebene lockerer werden, ohne etwas zu erzwingen. Dann wird Ihre Entwicklung auf natürliche, geregelte und sichere Weise voranschreiten.

Beim Tai Chi werden Sie lernen, Ihre Bewegungsmuster neu zu gestalten. Vor allem werden Sie entdecken, wie Sie alle Bewegungen vom Zentrum aus koordinieren und die Kraft der Hüften und des Unteren Tan Tien einsetzen können, um sich auf kraftvolle, stabile und harmonische Art und Weise zu bewegen. Aus diesem Grund sind viele der Aufwärmübungen speziell für den Hüftbereich bestimmt.

Hüfte lockern

1. Stellen Sie die Füße parallel und etwas weiter als Schulterbreite auseinander. Die Arme hängen locker an den Seiten (*Grundstellung*).

Beginnen Sie, die Hüften hin und her zu drehen, und lassen Sie die Arme mit dem Drehmoment der Hüften natürlich und locker mitschwingen. Erkunden Sie auf diese Weise den natürlichen und angenehmen Spielraum Ihrer Hüftdrehungen. Übertreiben Sie nicht, sondern bleiben Sie in dem Bereich, indem Sie sich frei und locker bewegen können.

2. Nach 10 oder 12 Hüftdrehungen sollten Sie die Lendenwirbel lockern und der Drehung sanft folgen lassen. Die Bewegung geht immer noch von den Hüften aus, aber die Lendenwirbel sollten sich beteiligen.

3. Als nächstes können sich die mittlere Wirbelsäule, der obere Rücken und der Hals sanft mitdrehen. Lassen Sie die Schultern locker und die Arme mit der Drehung schwingen. Setzen Sie keine Kraft ein, um die Arme zu bewegen; sie bleiben völlig schlaff und folgen nur der Drehung des Körpers.

Beim Drehen sollten Sie gleichzeitig auf die sanfte Rotation in den Knie- und Fußgelenken achten. Drehen Sie den Körper mindestens 36mal hin und her.

Abb. 4-1

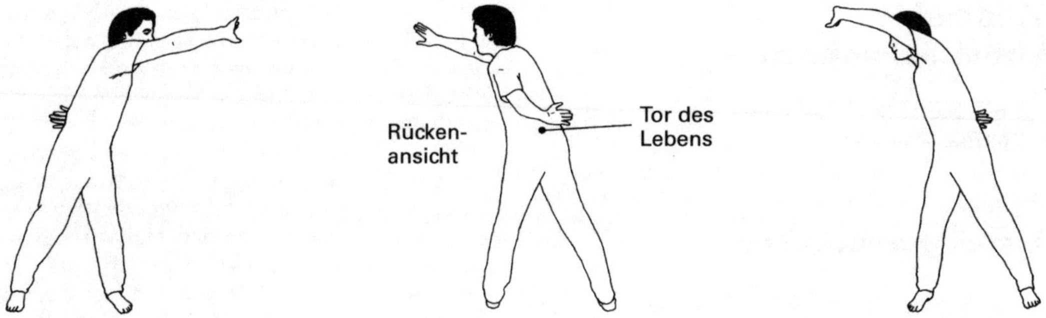

Abb. 4-2

Öffnung vom Tor des Lebens

1. Stehen Sie in der gleichen *Grundstellung* wie beim Lockern der Hüfte. Drehen Sie sich nach links wie in dieser Übung, indem Sie die Bewegung von den Hüften ausgehen lassen. Lassen Sie den rechten Arm mit der Handfläche nach außen gedreht über die Vorderseite des Rumpfs bis auf Kopfhöhe schwingen. Gleichzeitig lassen Sie den linken Arm nach hinten schwingen und legen den linken Handrücken auf das *Tor des Lebens* (auf der Wirbelsäule gegenüber dem Nabel).

2. Wenn Sie die volle Streckung erreicht haben, entspannen Sie und strecken den Arm noch weiter, indem Sie den unteren Rücken lockern. Spüren Sie die sanfte und verlängerte Streckung in ihrer ganzen Länge vom *Tor des Lebens* und nicht von den Schultern aus. Strecken Sie sich auf diese Weise zwei- oder dreimal.

3. Drehen Sie sich nach rechts, und wiederholen Sie die obigen Schritte auf der rechten Seite. Wiederholen Sie das Ganze neunmal auf jeder Seite.

> *«Achte stets auf die Hüfte, und sei völlig entspannt. Dann wird Chi aus dem Tan Tien strömen und ungehindert durch den ganzen Körper kreisen.»*
>
> aus dem «Lied der Dreizehn Bewegungsformen»

Windmühle: Wirbelsäule öffnen

(Führen Sie jede Phase dieser Übung langsam und aufmerksam aus.)

Dehnung rückwärts

1-3. Beginnen Sie in der Grundstellung wie oben. Führen Sie die Hände zusammen, und verschränken Sie die beiden Daumen. Atmen Sie ein, führen Sie die Hände nah am Rumpf entlang nach oben, und heben Sie die Arme hoch, bis sie mit den Fingerspitzen nach oben über den Kopf gestreckt sind. Strecken Sie sich sanft in dieser Stellung, indem Sie die Wirbelsäule leicht nach hinten dehnen. Sie können dabei auch «Ahhhhh» sagen, wie Sie das vielleicht tun, wenn Sie sich am Morgen strecken.

4-5. Atmen Sie langsam aus, und beugen Sie sich nach vorn; dabei strecken Sie den Oberkörper möglichst weit nach vorn und halten den Kopf zwischen den Armen. Versuchen Sie, jeden einzelnen Wirbelkörper zu spüren, indem Sie einen nach dem anderen in einer wellenartigen Bewegung lockern. Beugen Sie sich zuerst von den Lendenwirbeln aus, dann von den Brustwirbeln aus und zuletzt von den Halswirbeln aus. Zuletzt sind Sie ganz nach vorn gebeugt.

6-9. Richten Sie sich langsam auf, und spüren Sie dabei wieder, wie sich jeder Wirbelkörper öffnet, vom Kreuzbein aus über die Lenden-, Brust- und Halswirbel.

Lassen Sie die Arme und den Kopf schwer hängen, bis Sie wieder die Ausgangsstellung erreicht haben. Wiederholen Sie alles drei- bis fünfmal. Zum Abschluß stehen Sie mit den Armen über dem Kopf auf wie am Ende von Schritt 3.

Abb. 4-3

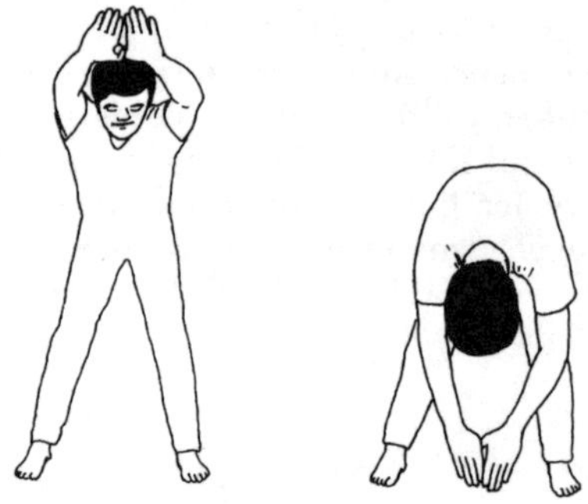

Abb. 4-4

Abb. 4-5

Dehnung vorwärts

1-3. Führen Sie diese Übung nun in umgekehrter Reihenfolge aus. Die Fingerspitzen zeigen nach unten, die Arme werden gesenkt, die Hände bleiben dabei in Nähe des Rumpfs. Wenn die Arme ganz nach unten gesenkt sind, beginnen Sie sich nach vorn zu beugen: Lassen Sie den Kopf, die Halswirbel, die Brustwirbel und die Lendenwirbel sinken, bis Sie ganz nach vorn gebeugt stehen (wie am Ende von Schritt 5 in der vorhergehenden Übung). Spüren Sie, wie sich jeder Wirbel öffnet.

4-5. Richten Sie sich langsam auf, und halten Sie dabei den Kopf zwischen den Armen. Beim allmählichen Aufrichten sind die Arme nach vorn gestreckt. Wenn Sie sich ganz aufgerichtet haben, sind die Arme über ihren Kopf nach oben gestreckt. Wiederholen Sie das Ganze drei- bis fünfmal.

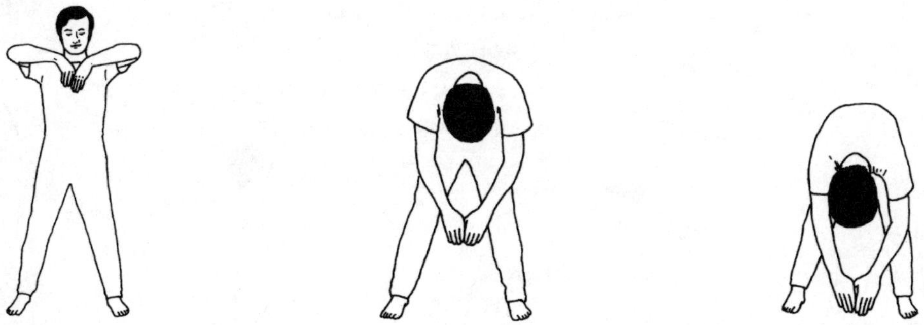

Abb. 4-6

Abb. 4-7

Dehnung nach links

1. Mit dem Kopf zwischen den nach oben gestreckten Armen drehen Sie sich nach links und beugen sich langsam nach unten. Dabei spüren Sie eine sanfte Dehnung auf der rechten Körperseite. Strecken Sie sich weiter nach links unten, bis Sie ganz nach unten gebeugt sind.

2. Dann kreisen Sie unten nach rechts und richten sich langsam auf, bis Sie wieder in der Ausgangsstellung stehen. Wiederholen Sie das Ganze drei- bis fünfmal.

Dehnung nach rechts

Wiederholen Sie die Beugung zur Seite drei- bis fünfmal, aber seitenverkehrt (nach rechts).

Abschluß

Zum Abschluß trennen Sie die Daumen und führen die Arme langsam auf beiden Seiten nach unten.

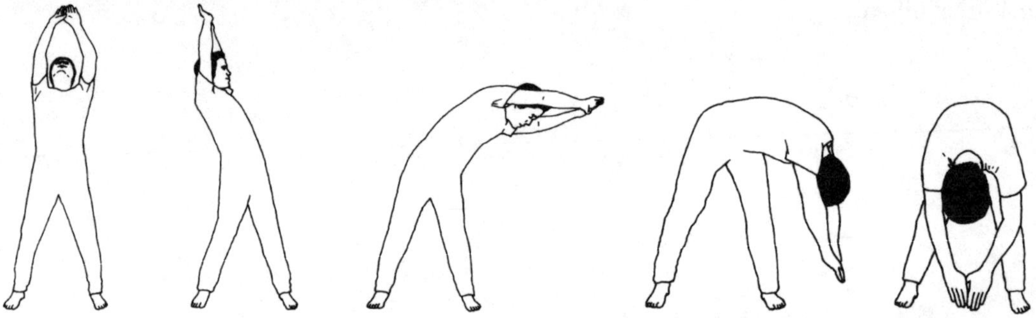

Abb. 4-8

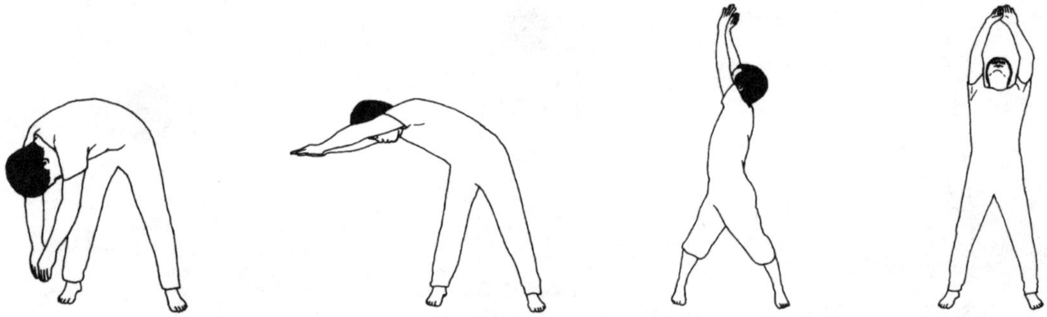

Abb. 4-9

Abb. 4-10

Sehnen drehen

Bei diesen Übungen werden die Sehnen von Handgelenk, Ellbogen und Schulter gestreckt und gedreht, um ihre Beweglichkeit und Kraft zu erhöhen. Die Bewegungen sind so auszuführen, als würden Sie eine Schraube in eine Wand drehen.

Kleine Sehnendrehung

1. Zu Beginn strecken Sie die Arme nach vorn und drehen dabei beide Handflächen in einer schraubenden Kreisbewegung nach außen. Dann drehen Sie die Hände in einem kleinen Kreis ganz nach außen und gehen dann wieder zurück in die Ausgangsposition. Dabei sollten die Handgelenke und Ellbogen so stark gedreht werden, daß Sie bei aufmerksamem Hinhören tatsächlich das «Knarren» der gedehnten Sehnen hören können. Die Schultern sind dabei entspannt und gerundet. Drei- bis neunmal wiederholen.

2. Führen Sie diese Übung nach vorn, nach oben, zu beiden Seiten und dann nach unten vor dem Körper durch.

3. Wiederholen Sie die Schritte 1 und 2, aber drehen Sie die Sehnen anders herum.

Abb. 4-11

Abb. 4-12

Große Sehnendrehung

1. Diese Übung entspricht der kleinen Sehnendrehung, wird aber in einem großen Kreis ausgeführt. Sie sollte nur nach vorn geübt werden. Drei- bis neunmal wiederholen.

2. Wiederholen Sie Schritt 1, aber drehen Sie die Sehnen und öffnen Sie die Gelenke in umgekehrter Richtung.

Abb. 4-13

Abb. 4-14

Sanftes Kreisen

Kopf kreisen lassen und den Nacken öffnen

1. Lassen Sie den Kopf nach vorn rollen. Ganz entspannt spüren Sie, wie das Gewicht des Kopfes den Nacken sanft dehnt. Allein das Gewicht des Kopfes sollte die Kraft erzeugen, um den Nacken zu lockern und zu dehnen. Dies ermöglicht Ihnen, tief zu entspannen und loszulassen, und dadurch vermeiden Sie das Risiko einer Verletzung durch Überbelastung.

2. Lassen Sie den Kopf nach rechts rollen, und spüren Sie die Dehnung auf der linken Nackenseite.

3. Lassen Sie den Kopf wieder sanft in die Mitte zurückrollen, spüren Sie sein Gewicht und die Dehnung im Nacken.

4. Lassen Sie den Kopf nach links rollen, und spüren Sie die Dehnung auf der rechten Nakkenseite.

5. Wiederholen Sie die Schritte 1–4 noch zweimal und dann das Ganze dreimal in umgekehrter Richtung.

Abb. 4-15

Schultergelenk kreisen lassen und öffnen

Diese Übung stärkt die Kraft der Schulterblätter. Bei vielen Menschen entwickeln sich knotenförmige Verspannungen in den Schultern, besonders wenn sie kräftige Rückenmuskeln haben. Durch diese Übung werden die Schulterblätter gelockert und gerundet und eine solche Art von Kraft in den Schulterblättern entwikkelt, wie sie von Tigern und anderen Großkatzen eingesetzt wird.

1. Beginnen Sie in der Grundstellung wie bisher. Lockern Sie den ganzen Körper, und achten Sie dabei besonders auf die Entspannung von Schultern, Schulterblättern und Rücken. Halten Sie während der ganzen Übung die Handflächen locker vor den Oberschenkeln.
2. Heben Sie die Schultern gerade hoch.
3. Strecken Sie die Schultern nach vorn.
4. Senken Sie die Schultern nach unten.
5. Ziehen Sie die Schultern zurück.
6. Wiederholen Sie das Ganze noch achtmal.
7. Nun kehren Sie die Richtung um: Schultern heben, nach hinten ziehen, senken und nach vorn bringen. Neunmal wiederholen.

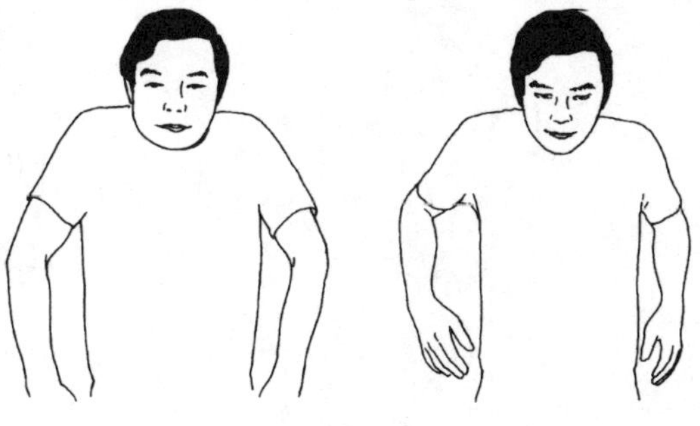

Abb. 4-16

Hüftkreisen

1. Stehen Sie in Grundstellung, und legen Sie die Hände seitlich auf die Hüften. Beim Hüftkreisen sollten Sie den Kopf über den Füßen halten. Rotieren Sie langsam und locker, und atmen Sie dabei tief und kontinuierlich.
2. Bringen Sie die Hüften nach vorn.
3. Drehen Sie die Hüften in einem großen Kreis nach rechts.
4. Drehen Sie die Hüften im Kreis nach hinten.
5. Drehen sie die Hüften nach links.
6. Wiederholen Sie die Schritte 2–5 noch achtmal.
7. Wiederholen Sie das Ganze neunmal in umgekehrter Richtung.

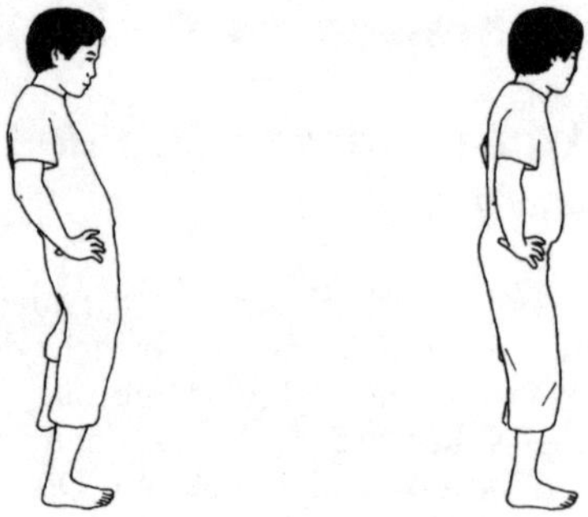

Abb. 4-17

Kniekreisen

1. Bringen Sie die Füße zusammen, beugen Sie die Knie, und legen Sie die Handflächen locker auf die Kniescheiben.
2. Drehen Sie die Knie langsam und sanft nach links.
3. Kreisen Sie mit den Knien nach hinten.
4. Kreisen Sie nach rechts.
5. Wiederholen Sie die Schritte 1–4 noch achtmal.
6. Wiederholen Sie das Ganze neunmal in umgekehrter Richtung.

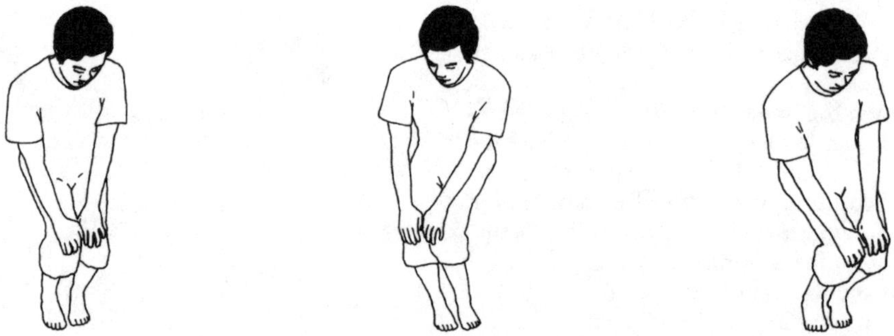

Abb. 4-18

Kreisen mit Knöchel, Knie und Hüfte zur Öffnung der Gelenke

Offene Gelenke sind sehr wichtig, denn dadurch wird es möglich, Energie richtig zu speichern und so für die Knochen zur Verfügung zu stellen. Durch diese Übung werden die Gelenke besser geöffnet und die Sehnen gedehnt, so daß sie beim Tai Chi-Training nicht überbeansprucht werden.

1. Heben Sie das rechte Bein, legen Sie die Hände auf die Hüften, und beginnen Sie mit dem rechten Fußgelenk 9–36mal im Uhrzeigersinn zu kreisen. Danach kreisen Sie genau so oft im Gegenuhrzeigersinn.
2. Lassen Sie das Bein angehoben, und kreisen Sie nun mit dem Unterschenkel vom Kniegelenk aus 9–36mal im Uhrzeigersinn und dann genau so oft im Gegenuhrzeigersinn.
3. Nun lassen Sie das ganze Bein vom Hüftgelenk aus 9–36mal im Uhrzeigersinn kreisen und danach genausooft im Gegenuhrzeigersinn.
4. Zuletzt machen Sie einen Fußstoß vorwärts, indem Sie das Bein am Knie beugen und dann schnell nach vorn und möglichst weit nach oben treten. Seien Sie dabei zunächst vorsichtig, und arbeiten Sie sich langsam höher, um dabei nicht aus Versehen die Sehne auf der Rückseite des Beins zu verletzen.
5. Wiederholen Sie das Ganze mit dem linken Bein.

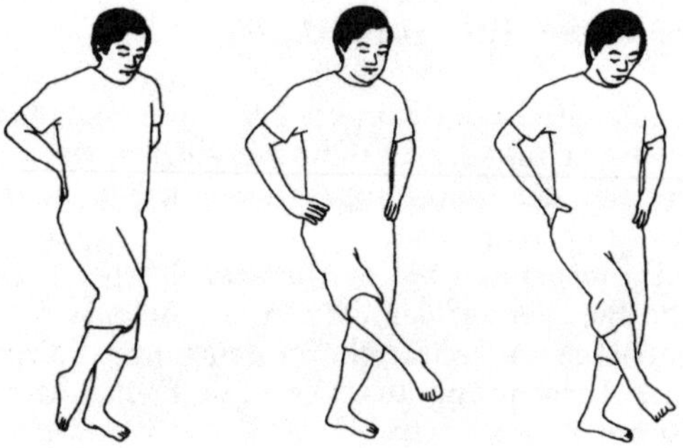

Abb. 4-19

Tan Tien klopfen

Da das *Tan Tien* der Hauptspeicher für die Energie des ganzen Körpers ist, sollte dieser Bereich vor dem Tai Chi-Training aktiviert werden.

1. Lassen Sie die total entspannten Arme in freiem Fall lässig von links nach rechts schwingen. Dabei schwingt die rechte Hand nach vorn, um zuletzt mit der Handfläche auf den Nabelbereich zu klopfen. Im gleichen Moment trifft der linke Handrücken auf das *Tor des Lebens.*
2. Wenn Sie dann nach rechts schwingen, kommt die linke Hand nach vorn, und ihre Handfläche trifft auf den Nabel, während gleichzeitig der rechte Handrücken auf das Tor des Lebens klopft.
3. 36mal in beiden Richtungen wiederholen.

Abb. 4-20

Gelenke ausschütteln

Das Schütteln des Körpers kann mit einer kurzen Fahrt mit der U-Bahn verglichen werden. Wer mit der Bahn zur Arbeit fährt, kann das auch unterwegs üben.

1. Entspannen Sie den ganzen Körper, während Sie sich auf das Öffnen der Gelenke konzentrieren, und schütteln Sie den ganzen Körper ohne Anspannung aus. Die Füße bleiben dabei fest am Boden.

2. Dabei sollte sich die Schwingung von den Fersen durch das gesamte Knochengerüst nach oben ausbreiten: von den Beinen zur Wirbelsäule, zum Hals und zum Schädel. Schultern und Arme hängen locker an den Körperseiten und folgen den Schwingungen. Zur Unterstützung können Sie einen Vokal summen, damit Sie hören können, wie die Schwingung auch den Vokal vibrieren läßt.

3. Machen Sie eine Pause, und spüren Sie, wie Chi in die Gelenke fließt.

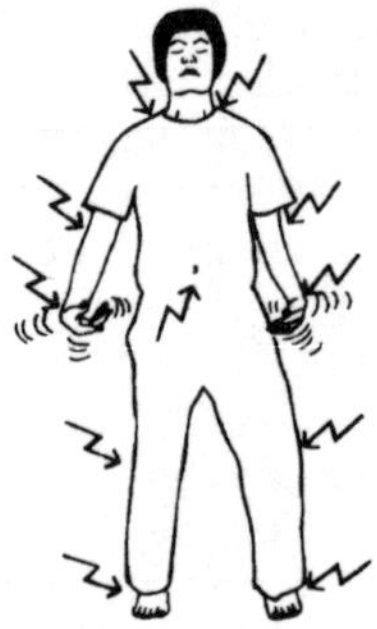

Abb. 4-21: Schütteln Sie, bis alle Gelenke offen sind. Wenn Sie dann ruhen, spüren Sie, wie Chi in die Gelenke strömt.

Energieverbindungen

Wenn wir sagen, daß wir das Sammeln, Leiten und Speichern von Energie praktizieren wollen, wird der normale Sterbliche, der nicht mit Tai Chi vertraut ist, vielleicht als erstes fragen: «Welche Energie?» Hier folgt eine Reihe von Übungen, die den Körper nicht nur darauf vorbereiten, sich mit der Energie in Verbindung zu setzen, sondern auch die Verbindung mit dem *«I»-Bewußtsein* stärken.

Den Körper mit Himmlischer Energie und Erdenergie waschen

1. Nehmen Sie die Stellung der ersten Eisenhemd-Übung *Baum umarmen* ein (*Reiterstand*). Die Füße sollten dabei eineinhalb Schulterbreiten auseinander stehen und die neun Punkte der Fußsohle fest auf den Boden drücken. Die Knie sind gebeugt und leicht nach außen gedreht, mit einer entsprechenden Drehung in den Fußgelenken und Hüften. Dies bewirkt, daß der Körper in den Boden geschraubt und die Verbindung mit der Erde hergestellt wird. Richten Sie die Wirbelsäule auf, indem Sie das Kreuzbein leicht einziehen, um die Verbindung zur Erde zu stärken. Ziehen Sie auch das Kinn nach hinten, um die Verbindung zur Himmlischen Kraft herzustellen.

Abb. 4-22

Abb. 4-23

2. Greifen Sie mit hohlen Handflächen nach vorn und unten, und schöpfen Sie langsam Erdenergie hoch in den Körper. Benutzen Sie dabei zuerst Ihre Vorstellungskraft, bis Sie für die Energie sensibel geworden sind.

Gleichzeitig spüren Sie, wie ein kühles, blaues, wasserähnliches, heilendes Gefühl mit der Bewegung Ihrer Hände durch den Körper aufsteigt, während Sie die Hände nach oben führen, bis sie über den Kopf ausgestreckt sind.

3. Drehen Sie die Handflächen nach oben, und verbinden Sie sich mit der Himmlischen Energie.

4. Lassen Sie die Arme auf beiden Seiten langsam nach unten sinken. Spüren Sie dabei gleichzeitig, wie die Himmlische Energie auf Höhe der Hände durch den Körper nach unten fließt. Die Himmlische Energie kann uns ein heißes, weißes, feuerähnliches, expansives Gefühl vermitteln, das den Körper bis zum Boden durchläuft. Zugleich kehren die Hände in ihre Ausgangsstellung zurück.

5. Wiederholen Sie diese Übung 9–36mal, bis Sie mit beiden Energieformen vollständig gesättigt sind.

Verbindung von Drittem Auge und Kosmischer Energie

1. Beginnen Sie wieder in der Stellung *Baum umarmen*, diesmal aber der Sonne oder dem Mond zugewandt. Wenn Sie in die Sonne schauen, sollten Sie diese Übung nur bei Sonnenaufgang oder -untergang durchführen, denn dann ist das Sonnenlicht sanfter und wird Ihre Augen nicht schädigen. Schließen und schonen Sie die Augen, wenn das Licht zu intensiv wirkt.

2. Heben Sie die nach außen gedrehten Handflächen langsam vor dem Körper hoch; die Ellbogen sind dabei leicht nach außen gebeugt. Heben Sie die Hände etwas über Augenhöhe, und bilden Sie vor dem Dritten Auge (auf der Stirnmitte zwischen den Augenbrauen) ein Dreieck aus Daumen und Zeigefingern, in dessen Mitte sich entweder die Sonne oder der Mond befinden.

3. Verharren Sie in dieser Position, und nehmen Sie die Yang-Energie der Sonne oder die Yin-Energie des Mondes durch das Dritte Auge auf.

4. Sammeln Sie etwas Speichel im Mund, und mischen Sie die aufgenommene Energie mit dem Speichel, um im Mund einen Chi-Ball zu bilden. Dies erhöht den Speichelfluß.

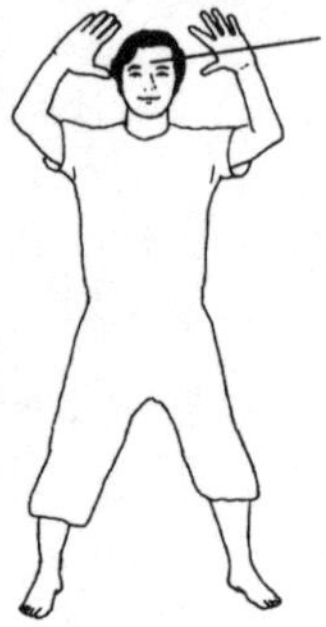

Abb. 4-24

5. Dehnen Sie den Nacken ganz leicht, schlucken Sie den Speichel kraftvoll hinunter, und leiten Sie ihn mit Ihrer Vorstellung zum Nabel. Spüren Sie, wie sich der Nabel beim Eintreffen dieser neuen Energie erwärmt.

6. Wiederholen Sie diese Schritte 9–36mal. Dann beenden Sie die Übung, indem Sie die Arme langsam zum Nabel senken und dort die linke Hand auf die rechte legen. Sammeln Sie die Energie dort durch spiralförmiges Kreisen um den Nabel ein (siehe dazu die ausführliche Erklärung am Ende dieses Kapitels).

> *«Kannst du, wenn des Himmels Pforten sich öffnen und schließen, wie eine Vogelmutter sein?»*
>
> Tao Te Ching, 10. Lehrsatz

Verbindung von Handfläche und Nabel

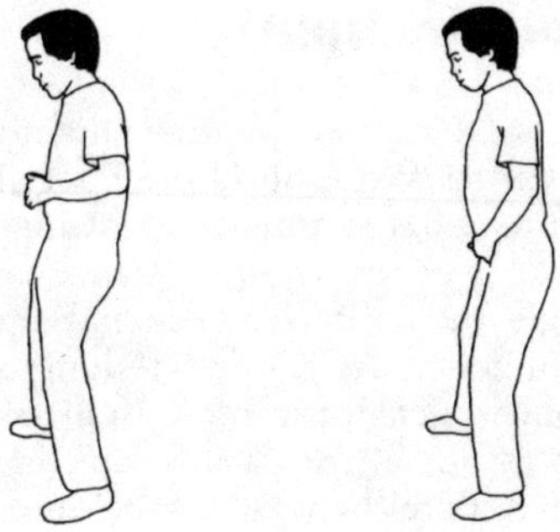

Abb. 4-25

1. Halten Sie beide Handflächen etwa fünf Zentimeter vor den Nabel.

2. Atmen Sie langsam ein, bis die Lungen ganz mit Luft gefüllt sind und der Unterleib sich ausgedehnt hat. Gleichzeitig ziehen Sie mit den Energiezentren in der Handmitte einen «Lichtfaden» vom Nabel weg.

3. Dann atmen Sie langsam aus und führen den Lichtfaden in den Nabel zurück.

4. Neunmal wiederholen und zuletzt die Energie im Nabel einsammeln.

Verbindung mit einem Baum

1. Suchen Sie einen Baum, der eine positive Energie ausstrahlt. Das ist wichtig, denn es gibt auch Bäume mit negativer Energie.

2. Gehen Sie dann vor dem Baum in die Tai Chi-Stellung *Zurückweichen;* beginnen Sie mit dem rechten Bein in vorderer Position. Die Finger zeigen auf den Baum.

3. Pressen Sie nun den linken Fuß in den Boden, und verlagern Sie das Gewicht zum Stoßen nach vorn. Dabei spüren Sie eine Verbindung, während die Energie aus den Fingerspitzen schießt und sich mit der positiven Energie des Baumes vereint. Projizieren Sie jede Form kranker und negativer Energie in den Baum, damit sie geheilt und durch die Erde wieder aufbereitet werden kann.

4. Lehnen Sie sich dann zurück, und nehmen Sie die frische positive Energie in sich auf.

5. Wiederholen Sie diese Yin- und Yang-Aktion 9-, 18- oder 36mal. Diese Übung ist besonders wirksam, um sich für die Energie in der Tai Chi-Form zu sensibilisieren.

Abb. 4-26

Strukturübungen

Die folgende Reihe von Übungen dient dazu, die Struktur zu stärken. Sobald die Energie einmal fließt, sollte auf eine gute Ausrichtung der Körperstruktur geachtet werden. Denn dann kann die Energie in die verschiedenen Bahnen und Stellen, an denen der Körper Heilung und Stärkung braucht, geleitet werden. In diesen Übungen geht es vor allem darum, die Struktur in bestimmten Bereichen zu öffnen und zu entwickeln, damit die Energie richtig fließen kann.

Mit erhobenem Arm auf einem Bein stehen

Die Vereinigung von Himmlischer Kraft und Erdkraft im menschlichen Körper ist für die Tai Chi-Praxis von größter Wichtigkeit. Diese Kräfte können nur dann fließen, wenn die Energiekanäle geöffnet sind. Um zu gewährleisten, daß die eine Körperseite nicht offener als die andere ist, und um ein Gleichgewicht zwischen der linken Yin-Seite und der rechten Yang-Seite herzustellen, ermöglicht es diese Übung der Himmlischen Kraft, in die eine Hand auf einer Körperseite einzuströmen und dann durch die andere Hand zur Erde weiterzufließen. Diese Übung erzeugt ein Gleichgewicht und öffnet die Energiebahnen, indem sie die gegenüberliegenden Gliedmaßen vorübergehend entlastet. Dadurch wird die Kraft, die gewöhnlich zwischen den Gliedmaßen aufgeteilt ist, auf einer Seite verdoppelt.

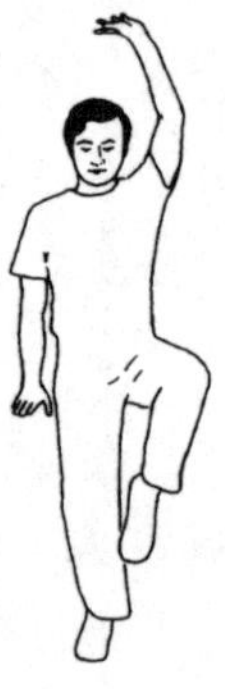

Abb. 4-27

1. Stehen Sie zuerst auf dem rechten Bein, mit gehobenem und gebeugtem linken Bein, damit nichts hindurchfließen kann. Strecken Sie auch den linken Arm mit nach oben gedrehter Handfläche zum Himmel, und lassen Sie den rechten Arm locker hängen.

2. Halten Sie das Gleichgewicht so lange wie möglich, ziehen Sie die Himmlische Kraft in Ihre linke Handfläche, und spüren Sie dann, wie sie durch den Körper aus dem rechten Bein in die Erde fließt. Bleiben Sie möglichst lange in dieser Stellung, und versuchen Sie, nach und nach auf drei Minuten zu kommen.

3. Wechseln Sie die Seite, und wiederholen Sie die Übung auf dem rechten Bein. Üben Sie auf beiden Seiten möglichst gleich lang, um für einen harmonischen Energiefluß zu sorgen.

Der Hund hält die Beine: Wirbelsäule öffnen

Natürlich werden an dieser Stelle nicht alle Eisenhemd-Übungen vorgestellt, aber Leser, welche die *Schildkröte* kennen, können sie beim Tai Chi einsetzen.

1. Wie bei der *Schildkröte* führen Sie den rechten Unterarm in die rechte Kniekehle und den linken Arm so zwischen den Beinen hindurch, daß er den rechten Unterarm fassen kann.

2. Dann ziehen Sie langsam nach oben, runden den Rücken und spüren, wie der Energiestrom von der Wirbelsäule durch die Beine in die Erde fließt.

3. Wiederholen Sie das auf der linken Seite.

4. Zuletzt beugen Sie die Knie etwas mehr, schließen die Arme um beide Knie und fassen den rechten Unterarm mit der linken Hand. Dann ziehen Sie wieder nach oben, als wollten Sie sich hochziehen, und runden den Rücken, um eine starke Energie durch das Knochengerüst fließen zu lassen.

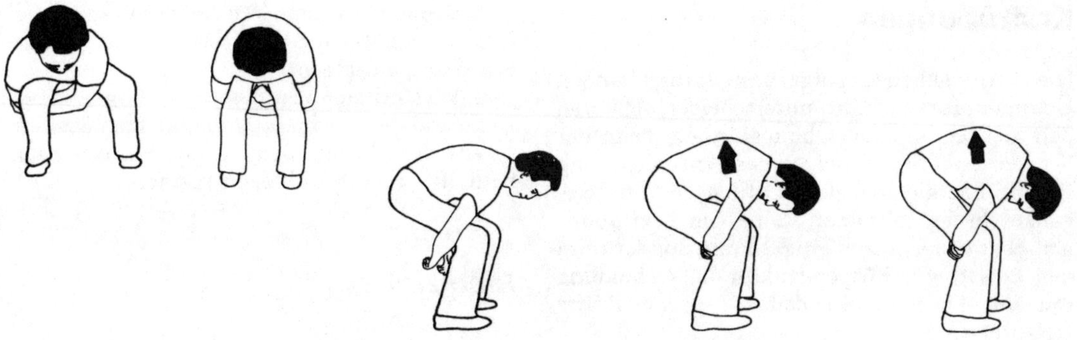

Abb. 4-28

Leisten öffnen

Das Öffnen der Leisten hat viel mit dem Psoasmuskel zu tun (siehe Abb. 3-27). Bei dieser Übung sollten Sie darauf achten, die Psoasmuskeln im unteren Rücken tief zu entspannen und zu dehnen.

1. Stehen Sie schulterbreit, und legen Sie eine Hand auf die Leistenfalte.

2. Runden Sie den Rücken etwas, indem Sie das Kreuzbein leicht nach hinten kippen. Dann ziehen Sie das Kreuzbein leicht nach vorn und lassen das Becken sinken, als ob Sie sich auf einen Stuhl setzen wollten, ohne die Knie zu beugen. Die Hand wird dabei spüren, wie die Leistenfalte tiefer wird. Richten Sie Ihre Aufmerksamkeit auf die Bewegung des Hüftgelenks. Wenn sich das Gelenk öffnet, werden Sie ein Gefühl haben, als würde es sich innen aufblähen, während es sich mit Chi füllt.

3. Spüren Sie, wie die Kraft nach unten zur Ferse übertragen wird. Während Sie die Knie nach außen rotieren lassen, werden Sie spüren, daß die Gelenke sich öffnen und mit Chi füllen.

4. Leiten Sie die Kraft zu den Fersen, und spüren Sie, wie sie sich öffnen und mit Chi füllen.

5. Spüren Sie, wie die Kraft sanft von der Erde durch die Fersen hoch zum Kreuzbein zurückfließt und wie sich der Bereich zwischen dem Kreuzbein und den Lenden dehnt und mit Chi füllt. Wenn Chi in die Wirbelsäule strömt, spüren Sie, wie die Kraft nach oben zum Tor des Lebens steigt und sich die ganze Wirbelsäule dehnt.

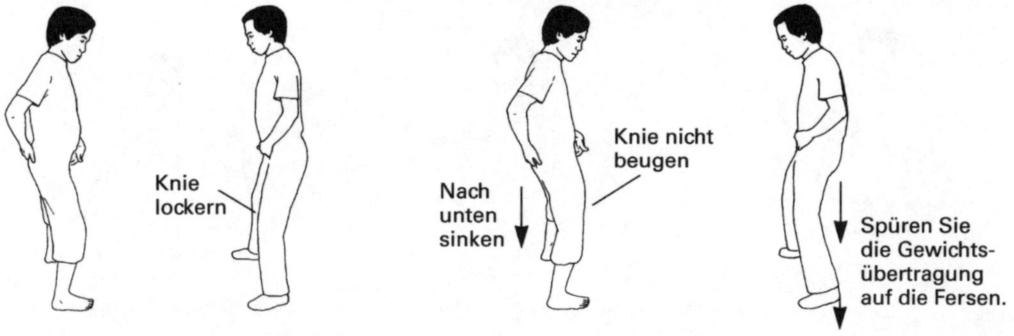

Abb. 4-29

Kraftübungen

Die vorhergehende Folge von vorbereitenden Übungen für Tai Chi unterscheidet sich von den meisten anderen Übungsformen, denn der Schwerpunkt liegt dabei auf der Sensibilisierung für die Energie und dem Öffnen der Energiekanäle. In der folgenden Reihe von Kraftübungen geht es nicht um Muskelkraft, sondern um den Einsatz der Körperstruktur in Verbindung mit der Energie, um dadurch große Kräfte freizusetzen.

Kranich

Bei dieser Übung geht es darum, die Achillessehnen zu kräftigen, die Beine zu stärken und das Gleichgewichtsgefühl zu verbessern.

1. Stehen Sie zuerst auf dem rechten Bein wie ein Kranich, mit angezogenem und gebeugtem linken Bein.

2. Nun beugen Sie langsam Ihr rechtes Bein; dabei sind die Arme ganz gestreckt, und die Handflächen zeigen nach unten. Senken Sie den ganzen Körper bis zu dem Punkt, wo Ihre Handflächen den Boden berühren. Wenn Sie am Anfang nicht so weit kommen, gehen Sie so tief wie möglich. Der Oberkörper hat dabei aufrecht zu bleiben, und die Muskeln sind entspannt. Sinken Sie zuerst im Leistenbereich, bevor Sie das Knie beugen.

3. Bringen Sie dann den Körper wieder in die Höhe, indem Sie die Kraft des rechten Beins zur Streckung einsetzen.

4. Wiederholen Sie diese Übung 9- oder 18mal auf dem rechten Bein, und dann das Ganze auf dem linken Bein, wobei Sie das rechte Bein auf einen Stuhl legen können.

Medizinball

Es gibt ein paar ältere Tai Chi-Übungen, bei denen zusätzlich auch Geräte eingesetzt werden. Bei einer davon benutzt man einen großen, schweren Medizinball, der bei der Praxis der Tan Tien-Bewegung zusätzlichen Widerstand bieten soll. Das bewirkt eine zusätzliche Kräftigung des Unterleibs.

Schwerer Stock

Ein weiteres Gerät, das bei diesen Übungen benutzt wird, ist ein schwerer Stock. Wenn Sie Tai Chi mit einem schweren Holz- oder Eisenstab über den Schultern üben, stärken Sie Beine und Hüften.

Abb. 4-30

Abb. 4-31

Chi-Gewichtheben

Schließlich leisten auch die Techniken des Chi-Gewichthebens einen wichtigen Beitrag zu den höheren Stufen der taoistischen Meditation und der Tai Chi-Form. Da die Einzelheiten dieser Übungen in dem Buch über *Knochenmark Nei Kung* ausführlich beschrieben sind, brauche ich hier nicht näher darauf einzugehen.

Sohlen- und Fersendruck

1. Nehmen Sie den *Bogenschritt (Vorwärtsstellung)* rechts ein, mit leicht gebeugtem vorderem (rechten) Bein und mit 45° nach außen gedrehtem hinteren (linken) Fuß.

2. Beugen Sie das linke Knie, verlagern Sie das Gewicht nach hinten, und drücken Sie vom Fußballen bis zur Ferse des hinteren Fußes, um die Energie des Körpers und der Erde nach vorn schnellen zu lassen. Obwohl Sie die Schnellkraft wie ein springendes Pferd spüren, ist es wichtig, diese Bewegung langsam auszuführen, damit die Kraft sich entfalten kann, während das Körpergewicht vom hinteren auf den vorderen Fuß verlagert wird.

3. Üben Sie das 18- bis 36mal, um Ihre Vorwärtsbewegung mit Kraft zu erfüllen.

4. Wiederholen Sie das Ganze im Bogenschritt links.

5. Nun benutzen Sie den Druck des vorderen Fußballens, um den Körper in einer kontrollierten Rückwärtsbewegung nach hinten sinken zu lassen. Auch hierbei wird die Bewegung von der Energie der Fußsohle und des Ballens in Gang gesetzt und die weitere Bewegung durch langsame Gewichtsverlagerung vom vorderen auf das hintere Bein gesteuert.

6. Wiederholen Sie das Ganze 18- bis 36mal. Dann wiederholen Sie das Ganze auf der anderen Körperseite.

7. Nun kombinieren Sie Vorwärts- und Rückwärtsbewegung miteinander und üben das Ganze 18- bis 36mal auf der rechten und der linken Seite.

Tiefe Tai Chi-Stellung

Wenn Sie die obigen Kraftübungen beherrschen, ist es wichtig, diese Kraft in der Tai Chi-Übung zu optimieren.

Das wird durch Ausführung der Tai Chi Chi Kung-Form in tieferer Stellung erreicht. Indem Sie die Knie beugen, weitere Beinstellungen einnehmen und den Schwerpunkt senken, verbessert diese Art von Tai Chi-Training die Fähigkeit, die Form in praktischen Situationen und zur Selbstverteidigung anzuwenden. Die vermehrte Kraft in den Sehnen der Knöchel und der Knie verleiht Ihnen noch mehr Stärke.

Achten Sie bei den tiefen Stellungen darauf, daß der Oberkörper ausgerichtet bleibt und das vordere Knie in der Vorwärtsstellung nicht über die Zehen hinausragt.

Energetische Vorbereitungen für Tai Chi Chi Kung

Um Tai Chi Chi Kung zu beherrschen, sollten Sie auch die grundlegenden taoistischen Energietechniken beherrschen. Dazu gehören *das Innere Lächeln, der Kleine Kreislauf, die Sechs Heilenden Laute* und die erste Stellung des *Eisenhemd-Chi Kung* sowie das abschließende *Einsammeln der Energie.*

An dieser Stelle bringen wir eine vereinfachte Version dieser Praktiken. Wer mehr darüber wissen möchte, sollte sich von einem autorisierten Lehrer des Heilenden Tao unterweisen lassen. Weitere Informationen können die Leser in unseren Büchern und auf Video- und Tonkassetten finden.

Zunächst könnte es so aussehen, als ob es eine solche Fülle von Übungen gibt, daß der Tag nicht lang genug ist, um sie alle zu üben. Aber sobald Sie die einzelnen Übungen gut beherrschen, werden Sie herausfinden, daß Sie die Übungen sehr schnell ausführen können und doch ausgezeichnete Ergebnisse erzielen. Dann können Sie alles in Ihr tägliches Tai Chi-Trainingsprogramm integrieren.

Es ist nicht immer nötig, vor Ihrem Tai Chi-Training alle vorbereitenden Energietechniken zu üben. Sie können Ihre Übung über den ganzen Tag verteilen. Es steht jedoch außer Frage, daß Sie beim Tai Chi eine tiefere Stufe erreichen können, wenn Sie Ihr Training mit einer Runde Heilende Laute, Inneres Lächeln, Kleiner Kreislauf und «Baum umarmen» einleiten.

Manche Leute ziehen es vor, die sitzende Meditation des Inneren Lächelns und des Kleinen Kreislaufs im Anschluß an ihr Tai Chi-Training zu üben. Sie finden, daß Aufwärmübungen, Meditation im Stehen und Tai Chi ihren Körper offener und geschmeidiger machen, so daß es für sie dann einfacher ist, zu entspannen und in tiefere Meditation zu gehen. Es gehört zum Weg des Tao, den eigenen Rhythmus zu finden und zu entdecken, was am besten wirkt.

Die Sechs Heilenden Laute

Zu den Grundlagen des Heilenden Tao gehören die Sechs Heilenden Laute, deren genaue Beschreibung und Ausführung Sie in meinem Buch *Tao Yoga des Heilens* beschrieben finden. Hier folgt eine kurze Beschreibung:

Mit den Sechs Heilenden Lauten können Sie die gesunde Schwingung der Organe unterstützen. Sie haben eine heilende Wirkung auf die Organe und harmonisieren den gesamten Körper. Sie können die Laute in jeder Position praktizieren, am besten allerdings im Sitzen (am Stuhlrand in aufrechter Haltung mit den Handrücken auf den Oberschenkeln). Machen Sie sich vorher mit den Organen und den ihnen zugeordneten Lauten vertraut. Es ist außerdem wichtig, daß Sie eventuelle negative Emotionen erspüren, um sie in positive Lebenskraft transformieren zu können.

Der Heilende Laut für die Lunge. Heben Sie Ihre Arme beim Einatmen langsam vor dem Körper nach oben. In Augenhöhe drehen Sie die Handflächen langsam zur Decke und führen die Arme bis über den Kopf. Sie legen Ihre Zunge hinter die geschlossenen Zähne und geben beim langsamen Ausatmen einen *SSSSS*-Laut von sich. Beim Einatmen, der Ruhephase, lächeln Sie Ihrer Lunge zu, führen die Hände langsam hinunter auf Ihre Oberschenkel und stellen sich vor, daß Ihre Lunge von weißem Licht umgeben ist. Konzentrieren Sie sich auf die positive Emotion des Mutes, die mit der Lungenenergie in Verbindung steht, um die positiven Energien zu stärken.

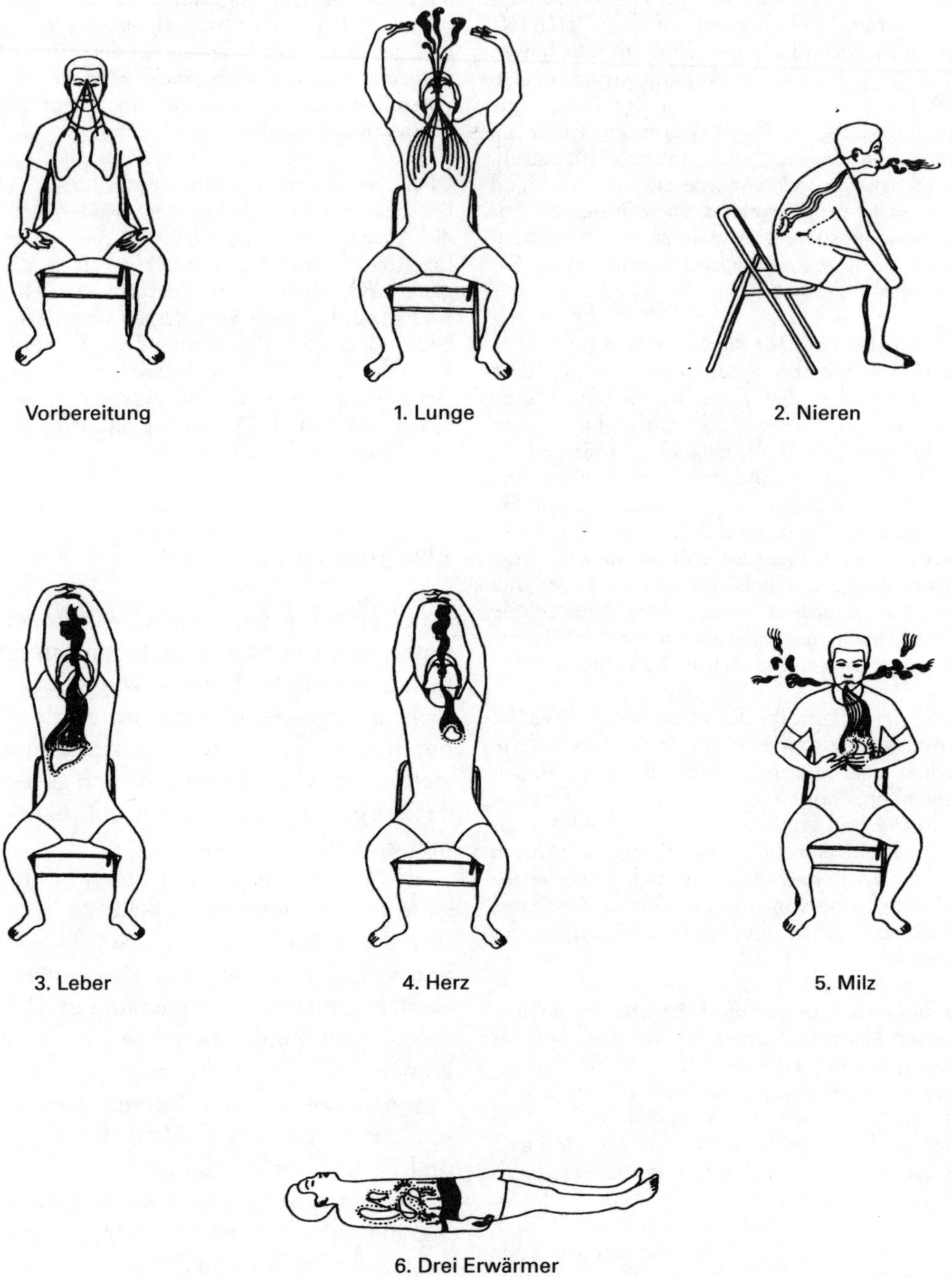

Abb. 4-32: Die Übung der Sechs Heilenden Laute

Der Heilende Laut für die Nieren. Ihre Lippen bilden ein ‹O›, so als wollten Sie eine Kerze ausblasen. Atmen Sie langsam auf den *HUUUU*-Laut aus, während Sie Ihre Knie umfaßt halten und die Nieren nach hinten herausdrücken, also Ihren Rücken rund machen und den Bauch einziehen. Lächeln Sie Ihren Nieren zu, wenn Sie wieder einatmen und sich aufrecht hinsetzen, und stellen Sie sich vor, wie sie von strahlend blauer Farbe umgeben sind. Die mit den Nieren assoziierte positive Emotion ist die Sanftheit. Spüren Sie diese Energie in sich, und stärken Sie damit Ihre Nieren.

Der Heilende Laut für die Leber. Atmen Sie ein, und führen Sie Ihre Arme seitlich neben dem Körper bis über den Kopf, wo Sie die Hände verschränken. Pressen Sie mit dem rechten Handballen etwas fester nach oben, während Sie zur Decke schauen und den Laut machen. Die Zunge befindet sich nahe am Gaumen, wenn Sie auf einen langgezogenen *SCHHHH*-Laut ausatmen. In der Ruhephase richten Sie Ihre Aufmerksamkeit und ein Lächeln in die Leber und lassen sie in grüner Farbe baden. Spüren Sie Freundlichkeit, die positive Energie der Leber, und geben Sie ihr dadurch mehr Lebenskraft.

Der Heilende Laut für das Herz. Hier führen Sie die Arme genauso wie beim Leberlaut nach oben, drücken aber diesmal mehr mit dem linken Handballen. Atmen Sie mit weit geöffnetem Mund tief und langsam auf den *HHAAA*-Laut aus, und schenken Sie in der Ruhephase Ihrem Herz ein Lächeln. Stellen Sie sich seine leuchtend rote Farbe vor, und empfinden Sie Liebe, Freude und Glück, die positiven Energien des Herzens.

Der Heilende Laut für die Milz. Die Zunge liegt nahe am Gaumen. Atmen Sie langsam aus der Kehle (guttural) auf den *HHROO*-Laut aus – dieser Laut ist kehliger als der Nieren-Laut –, während Sie mit den Fingerspitzen leicht in die Magengrube unter dem linken Rippenbogen drücken und sich etwas nach vorn beugen. Nach dem Ausatmen setzen Sie sich wieder aufrecht hin, senden Ihrer Milz ein Lächeln und hüllen sie in ein strahlendes Gelb. Die mit der Milz verbundenen positiven Energien sind Fairneß, Offenheit und Güte. Nehmen Sie diese Emotionen wahr, und stärken Sie damit die Milz.

Der Dreifache Erwärmer. Dieser Laut läßt sich am besten im Liegen praktizieren. Der Mund ist offen, und die Mundwinkel werden zur Seite gezogen, wenn Sie langsam auf den *HHIII*-Laut ausatmen. In der Ruhephase können Sie sich vorstellen, wie alle Energien in Ihrem Körper harmonisiert werden.

Wenn Sie vollständig ausgeatmet haben, gehen Sie (bei den ersten fünf Lauten) wieder zurück in die Ausgangsstellung. Während Sie wieder ruhig sitzen, atmen Sie normal, lächeln in die Organe und spüren den Energieaustausch. Die Sechs Laute können Sie jederzeit üben. Zur Vorbeugung und zur Bewahrung der Gesundheit ist jeder der sechs Laute je dreimal in der angegebenen Reihenfolge (der Jahreszeiten) zu wiederholen. Bei Bedarf können Sie natürlich einzelnen Lauten mehr Zeit widmen.

Das Innere Lächeln

Das Innere Lächeln ist eine wirkungsvolle Entspannungs- und Selbstheilungstechnik, bei der man die Energie von Glück und Liebe als Sprache einsetzt, um mit den inneren Organen des Körpers zu kommunizieren. Ein echtes Lächeln überträgt liebende Energie, die zu beruhigen, auszugleichen und zu heilen vermag.

Wenn Sie lernen, nach innen in die Organe und Drüsen zu lächeln, so gibt das Ihrem ganzen Körper das Gefühl, geliebt und geschätzt zu werden. Das Innere Lächeln beginnt in den Augen und im Dritten Auge, dem Punkt zwischen den Augenbrauen. Die Augen stehen in Verbindung mit dem autonomen Nervensystem, das seinerseits mit allen Muskeln, Organen und Drüsen verbunden ist.

Als eines der ersten Körperorgane, das Signale aufnehmen kann, veranlassen die Augen die Organe und Drüsen, ihre Aktivität in Zeiten von Streß und Gefahr zu beschleunigen oder sie zu verlangsamen, wenn eine Krise vorüber ist. Wenn die Augen entspannen, aktivieren sie den Parasympathikus und veranlassen den Rest des Körpers, sich zu entspannen.

Wenn Sie liebende Energie aktivieren, werden Sie spüren, wie die Energie des Inneren Lächelns wie ein Wasserfall von oben nach unten durch den ganzen Körper fließt. Dies ist ein sehr kraftvolles und wirksames Mittel gegen Streß und Anspannung.

Praktische Ausführung des Inneren Lächelns

Jede Phase des Inneren Lächelns hat drei wesentliche Aspekte:

a. Richten Sie die Aufmerksamkeit auf einen bestimmten Körperteil.

b. Lächeln Sie in diesen Körperteil, und schikken Sie ihm ein echtes Gefühl der Liebe, Dankbarkeit und Anerkennung für die Arbeit, die er leistet, um für das reibungslose Funktionieren und die gute Gesundheit des Organismus zu sorgen.

c. Spüren Sie, wie dieser Körperteil entspannt und zu Ihnen zurücklächelt.

1. Stehen Sie im *Wu Chi-Stand* (siehe Anfang von Kap. 5) oder setzen Sie sich auf den Stuhlrand, mit den Händen bequem im Schoß zusammengelegt.

Schließen Sie die Augen, und atmen Sie normal. Beobachten Sie den Atem, bis er reibungslos, ruhig, tief, gleichmäßig, still und sanft wird.

2. Entspannen Sie die Stirn. Stellen Sie sich vor, Sie befänden sich an einem Ihrer Lieblingsorte in der Welt. Rufen Sie sich den Anblick, die Geräusche und die Gefühle an jenem Ort ins Gedächtnis, bis sie lebhaft vor Ihrem geistigen Auge erscheinen. Dann stellen Sie sich vor, Sie würden plötzlich einen geliebten Menschen treffen, der Ihnen liebevoll und strahlend zulächelte. Spüren Sie, wie Sie sich in den wärmenden Strahlen dieses Lächelns sonnen, und ziehen Sie es in Ihre Augen hinein. Spüren Sie, wie die Augen entspannen und mit ihrem eigenen Lächeln antworten.

3. Malen Sie sich im Geist das heilende Chi der Natur aus – die frische Energie von Wasserfällen, Bergen und Meeren –, das in Form einer goldenen Wolke von wohltuender, liebender Energie vor Ihnen schwebt. Die Taoisten nennen dies die *Energie der Menschlichen Ebene*, das vereinigte Chi von Himmel und Erde oder die *Kraft der Kosmischen Partikeln*. Richten Sie die lächelnde Energie Ihrer Augen auf die Energie der Kosmischen Partikeln um Sie herum, und nehmen Sie sie durch das Dritte Auge auf. Spüren Sie, wie die Stirn sich entspannt und weitet. Lassen Sie diese Energie im Dritten Auge in Spiralen kreisen, und spüren Sie, wie sie die Kraft Ihres Lächelns verstärkt.

4. Lassen Sie Ihr lächelndes Bewußtsein nach unten fließen: über die Wangen, durch Kiefermuskeln und Zunge, weiter durch Hals und Nakken. Spüren Sie, wie das Lächeln auf seinem Weg alles besänftigt und entspannt.

5. Lächeln Sie nach unten in die Thymusdrüse und das Herz. Spüren Sie, wie diese sich wie Blumen in der Morgensonne öffnen und Liebe, Freude und Glück verströmen.

6. Lächeln Sie weiter zu den übrigen inneren Organen: Lungen, Leber, Bauchspeicheldrüse, Milz, Nieren, Sexualorgane und Fortpflanzungssystem. Danken Sie jedem Organ dafür, daß es Sie vital und gesund erhält.

Damit endet das *Innere Lächeln durch die vordere Körperlinie.*

7. Richten Sie Ihre Aufmerksamkeit zurück in die Augen, und laden Sie die Energie Ihres Lächelns wieder auf. Dann absorbieren Sie noch mehr goldenes Licht aus der Kraft der Kosmischen Partikeln.

8. Bewegen Sie die Zunge im Mund hin und her, bis sich etwas Speichel gesammelt hat. Lächeln Sie in den Speichel, und füllen Sie den Speichel mit der lächelnden Energie und dem goldenen Licht, um ihn in einen heilenden Nektar umzuwandeln.

9. Schlucken Sie den Speichel in zwei oder drei kräftigen Schlucken hinunter. Folgen Sie ihm mit Ihrer Aufmerksamkeit und Ihrem Lächeln auf seinem Weg durch die Speiseröhre, und spüren Sie, wie der heilende Nektar die Speiseröhre angenehm erfrischt. Lächeln Sie weiter durch den restlichen Verdauungstrakt: Magen, Dünndarm, Gallenblase, Dickdarm,

Mastdarm, After, Blase und Harnleiter. Danken Sie diesen Organen für die Energie, die sie Ihnen durch Aufnahme, Verdauung, Resorption und Ausscheidung der Nahrung schenken.

Damit endet das *Innere Lächeln durch die mittlere Körperlinie.*

10. Richten Sie Ihre Aufmerksamkeit wieder in die Augen, und laden Sie die Energie Ihres Lächelns wieder auf. Dann verbinden Sie sich wieder mit dem goldenen Licht der Kosmischen Kraft.

11. Lächeln Sie ins Gehirn, in die linke und rechte Gehirnhälfte, und in die Hypophyse, den Thalamus und die Zirbeldrüse. Dann lächeln Sie Wirbel für Wirbel durch die Wirbelsäule nach unten; dabei danken Sie jedem Wirbel dafür, daß er das Rückenmark schützt und das Knochengerüst tragen hilft.

Damit endet das *Innere Lächeln durch die hintere Körperlinie.*

12. Richten Sie Ihre Aufmerksamkeit ein letztes Mal in die Augen, und laden Sie die Energie Ihres Lächelns wieder auf.

13. Lächeln Sie nach unten durch den ganzen Körper, besonders in alle Stellen, die sich müde, wund, schmerzhaft, schwach, leer oder angespannt anfühlen. Überschütten Sie diese Stellen mit dem heilenden Nektar Ihrer lächelnden Bewußtheit.

14. Zuletzt lächeln Sie in den Nabel und sammeln die Energie dort ein.

Die Meditation des Kleinen Energiekreislaufs

Bei der Meditation des Kleinen Energiekreislaufs wird Chi auf zwei Energiebahnen (Meridianen) angeregt, zum Kreisen gebracht und gelenkt. Diese beiden Meridiane sind das *Lenker-Gefäß* (LG), das von der Basis der Wirbelsäule aus zum Scheitelpunkt aufsteigt, und das *Diener-Gefäß* (DG), das auf der Vorderseite nach unten verläuft. Durch engagiertes Üben dieser alten taoistischen Methode kann man Streß und nervöse Spannungen beseitigen, die inneren Organe aufladen, die Gesundheit geschädigter Gewebe wiederherstellen und ein friedliches Gefühl des Wohlbefindens genießen.

Die Meditation des Kleinen Energiekreislaufs stärkt auch das Ursprüngliche Chi und macht Sie mit den Grundlagen des Energiekreislaufs vertraut. Dadurch öffnen sich die Handflächen, die Fußsohlen, das Dritte Auge und der Scheitelpunkt. An diesen Stellen befinden sich wichtige Energiezentren, an denen Energie absorbiert, verdichtet und in neue Lebenskraft umgewandelt werden kann.

Praktische Ausführung des Kleinen Kreislaufs

In den Tai Chi-Klassikern heißt es: «*Der Geist lenkt, und Chi folgt.*» Das bedeutet, daß Sie automatisch Chi an denjenigen Körperstellen aktivieren, auf die Sie Ihre Aufmerksamkeit richten. Durch den bloßen Akt der Aufmerksamkeit schaffen Sie eine bewußte Verbindung zwischen dem Gehirn und den lokalen Sinnesrezeptoren. Das Nervensystem sorgt dann seinerseits für lokale Veränderungen im Kapillarkreislauf, in der Muskelaktivität und im Lymphfluß.

Alle Reaktionen in diesen Systemen verbrauchen Energie, die wir als Chi bezeichnen. Die Empfindungen bei diesen energetischen Veränderungen können subtil oder dramatisch sein. Sie lassen sich durch Gefühle von Wärme, Kribbeln, Pulsieren, Vibrieren oder Aufbrausen charakterisieren. Je nach Ihrer Sensibilität und Erfahrung mit Meditation und Chi Kung können Sie eine oder mehrere Empfindungen wahrnehmen. Sie sollten nicht beunruhigt

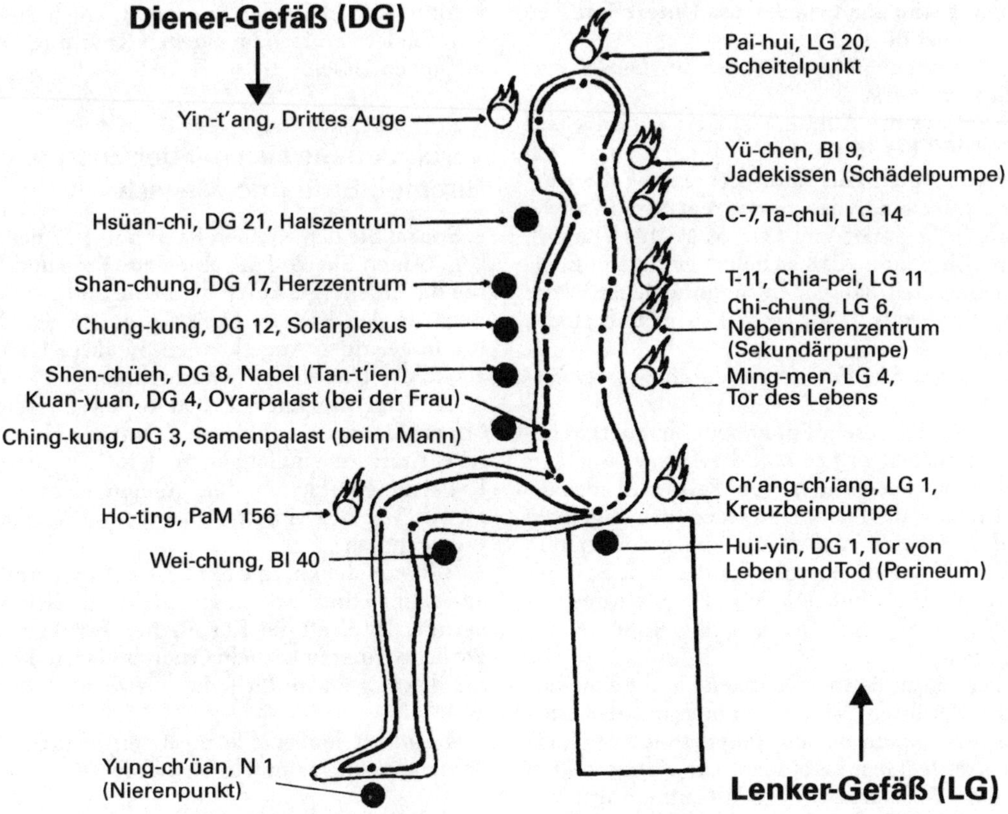

Abb. 4-33: Die Stationen des Kleinen Energiekreislaufs

sein, wenn Sie anfangs wenig oder nichts spüren. Richten Sie einfach Ihre Aufmerksamkeit auf jeden einzelnen Punkt, und ob Sie es spüren oder nicht, Ihr Chi wird fließen. Wenn Sie regelmäßig üben, werden Sie merken, wie Ihr Chi sich lebhafter bewegt.

1. Beginnen Sie mit dem Inneren Lächeln:
Wie beim Inneren Lächeln stehen Sie im *Wu Chi-Stand* (siehe Kap. 5), oder setzen Sie sich auf den Stuhlrand, mit den Händen bequem im Schoß zusammengelegt. Schließen Sie die Augen, und atmen Sie normal. Beobachten Sie den Atem, bis er reibungslos, ruhig, tief, gleichmäßig, still und sanft wird.

Lächeln Sie nach unten durch die vordere, die mittlere und die hintere Körperlinie, um Körper, Atem und Geist zu entspannen und zu harmonisieren. Zuletzt lächeln Sie ins Untere Tan Tien, aber sammeln Sie dort noch keine Energie ein.

2. Aktivieren Sie das Ursprüngliche Chi (die Urkraft) im Unteren Tan Tien:
Richten Sie Ihre Aufmerksamkeit aufs Untere Tan Tien, und atmen Sie natürlich mit dem Unterbauch (Tiefatmung). Erzeugen Sie dort mit Hilfe der Vorstellung ein Gefühl der Wärme. Empfinden Sie es als Reservoir für Ihr Ursprüngliches Chi, als Batterie für Ihr gesamtes Energiesystem. Stellen Sie sich vor, die Atmung würde wie ein Blasebalg arbeiten, der das Feuer im Unteren Tan Tien anfacht. Halten Sie die Aufmerksamkeit so lange auf diese Stelle ge-

richtet, bis Sie merken, daß das Untere Tan Tien mit Chi gefüllt ist.

3. *Beginnen Sie die Energie in das Diener-Gefäß zu schicken:*
Richten Sie die Aufmerksamkeit so lange auf den Nabel, bis Sie merken, daß die Energie sich dort gesammelt hat. Dann richten Sie die Aufmerksamkeit auf das Sexualzentrum (Samenpalast für Männer und Ovarpalast für Frauen). Wenn Sie spüren, daß sich dort genügend Energie gesammelt hat, gehen Sie in gleicher Weise zum Perineum («Tor von Leben und Tod») weiter.

4. *Lenken Sie die Energie durch das Lenker-Gefäß:*
Wenn Sie an diesem Punkt spürbar Energie gesammelt haben, bringen Sie die Aufmerksamkeit an den folgenden Punkt. Vom Perineum aus fahren Sie fort, die Energie an jedem der folgenden Punkte auf der Wirbelsäule zu konzentrieren: Steißbein, Kreuzbeinspalt, Tor des Lebens, T-11, Jadekissen, Scheitelpunkt und Drittes Auge.

5. *Verbinden Sie die beiden Gefäße (Meridiane):*
Lenken Sie die Aufmerksamkeit auf die Zungenspitze. Berühren Sie den Gaumen mit der Zungenspitze, um die beiden Hauptbahnen des Kleinen Kreislaufs zu verbinden. Die Zunge sollten Sie dort 9- bis 36mal an den Gaumen drücken und wieder loslassen. Dadurch aktivieren Sie den Gaumenpunkt und ermöglichen es der Energie, nach unten ins Diener-Gefäß weiterzufließen.

6. *Schließen Sie den Kreis im Diener-Gefäß:*
Richten Sie die Aufmerksamkeit auf jeden Punkt auf dem Diener-Gefäß: Kehlzentrum, Herzzentrum, Solarplexus und wieder Nabel. Damit haben Sie eine Runde des Kleinen Kreislaufs beendet. Die Empfindungen im Diener-Gefäß sind möglicherweise schwächer, weil dort sieben parallele Bahnen verlaufen, auf denen die Energie nach unten fließen kann, und der Energiefluß dadurch diffuser wird.

7. *Lassen Sie die Energie weiter durch den Kleinen Kreislauf fließen:*
Lassen Sie die Energie mindestens neun- bis zehnmal durch den ganzen Kreislauf fließen. Mit zunehmender Übung und Erfahrung können Sie diese Zahl auf 36, 72, 108 oder 360 Runden erhöhen.

Irgendwann können Sie vielleicht spüren, daß die Energie sich von selbst zu bewegen beginnt. Das ist ein gutes Zeichen, und wenn es dazu kommt, sollten Sie den Energiefluß nicht bremsen, sondern einfach im eigenen Rhythmus weiterfließen lassen.

Verbinden Sie sich mit der Energie von Himmel, Erde und Mensch

1. Sobald Sie den Kleinen Kreislauf geöffnet haben, öffnen Sie die Fußsohlen zur Erde und lassen die Erdenergie durch die Beine und das Perineum in den Kleinen Kreislauf aufsteigen. Mit Ihrem geistigen Auge können Sie diese Energie als kühles blaues Licht wahrnehmen.

2. Wenn die Energie den Scheitel erreicht, öffnen Sie den Scheitelpunkt, um die Himmlische Kraft zu empfangen und in den Kleinen Kreislauf einzuleiten. Sie können diese Energie als warmes violettes Licht vom Polarstern wahrnehmen.

3. Wenn die Energie das Dritte Auge erreicht, entspannen Sie die Stirn und verbinden sich wieder mit der Kraft der Kosmischen Partikeln, die Sie beim Inneren Lächeln erfahren haben. Leiten Sie dieses goldene Licht in den Kleinen Kreislauf.

4. Zuletzt lenken Sie die Energie zurück in den Nabel und sammeln sie wieder ein.

Sie sollten mindestens ein bis zwei Wochen darauf verwenden, den Kleinen Kreislauf zu vollenden, bevor Sie mit der Tai Chi-Form beginnen. Lesen Sie dabei auch die beiden Bücher *TAO YOGA – Praktisches Lehrbuch zur Erweckung der heilenden Urkraft Chi* und *DAS HEILENDE TAO – Erwecke das Heilende Licht des Tao,* besonders die Abschnitte mit Fragen und Antworten. Die darin vorgestellten Erkenntnisse können für Ihr ganzes Leben von großem Nutzen sein.

Schwierigkeiten beim Kleinen Kreislauf überwinden

Bei manchen Leuten dauert es länger, bis sie den Kleinen Kreislauf vollenden können. Das hängt davon ab, wieviel Energie sie haben, wie gut ihr Gesundheitszustand ist, wie viele Hindernisse sich in den Energiebahnen befinden und wie lange es dauert, die einzelnen Hindernisse zu beseitigen.

1. Wenn Sie den gesamten Kleinen Kreislauf nicht erfolgreich vollendet haben, sollten Sie den Energiefluß umkehren und vom zuletzt erreichten Zentrum aus zurückgehen. Dabei nehmen Sie sich jeweils ein Zentrum auf einmal vor.

2. Verweilen Sie länger am *Tor des Lebens* (LG 4).

3. Nun bringen Sie die Energie nach unten zum Perineum und über die Hinterseite der Beine zu den Nierenpunkten (N 1) auf den Fußsohlen.

4. Dann lassen Sie die Energie auf der Innenseite der Beine wieder zum Perineum aufsteigen.

5. Danach lenken Sie Chi weiter nach oben zum Sexualzentrum, zum Nabel und zum Solarplexus. Konzentrieren Sie sich eine Woche lang auf das Solarplexus-Zentrum.

6. Anschließend gehen Sie weiter zum Herzzentrum und verweilen eine Woche dort.

7. Dann gehen Sie hoch zum Kehlzentrum und verweilen eine Woche dort.

Auf diese Weise werden Sie das Diener-Gefäß öffnen. Sobald Ihnen das gelungen ist, leiten Sie die Energie zur Zungenspitze und verbinden dadurch diesen Meridian mit dem Lenker-Gefäß. Nun sollte Ihre Energie richtig durch den Kleinen Kreislauf zirkulieren. Wenn das nicht der Fall ist, sollten Sie sich jeweils eine Woche lang auf diejenigen Punkte auf der Wirbelsäule, an denen Sie Blockaden spüren, konzentrieren, und das sollte Ihnen den Erfolg garantieren.

Eisenhemd-Chi Kung-Meditation im Stehen

Eisenhemd-Chi Kung gehört zu den Kampfkunst-Techniken innerhalb des Systems des Heilenden Tao. Es bildet eine wichtige Grundlage sowohl für die heilende als auch für die spirituelle Arbeit. Mit Hilfe einfacher Übungen, die Chi aufbauen und speichern, entwickelt man beim Eisenhemd-Chi Kung innere Kraft und einen durchtrainierten Körper. Diese Techniken fördern auch die Verwurzelung mit der Erdenergie, die für die Zentrierung und Ausbalancierung des Körpers sorgt.

Das Training des Eisenhemd-Chi Kung hat viele Aspekte, von denen hier nur die Grundlagen, die Sie für Ihre Praxis des Tai Chi Chi Kung benötigen, vorgestellt werden. Um Eisenhemd-Chi Kung vollständig zu beherrschen, müssen Sie es von einem qualifizierten Lehrer des Heilenden Tao lernen. Sie können dabei auch die Bücher *Eisenhemd Chi Kung* und *Knochenmark Nei Kung* benutzen.

Grundübung des Eisenhemd-Chi Kung: «Baum umarmen»

Siehe dazu auch Abb. 2 und Abb. 3-32

1. Stehen Sie mit parallelen Füßen, die eine Unterschenkellänge auseinander sein sollten. Beugen Sie die Knie leicht, als wollten Sie sich bükken. Drehen Sie die Beine sanft nach außen, als ob Sie sich in den Boden schrauben wollten. Kippen Sie Kreuzbein und Steißbein nach vorn, bis Sie spüren, daß die Füße fest auf den Boden drücken. Runden Sie die Schulterblätter, entspannen Sie die Brust, und halten Sie den Kopf aufrecht. Halten Sie die Arme mit «hängenden Ellbogen» nach vorn, als ob Sie einen Baum umarmten. Die Daumen zeigen nach oben; der Rest der Finger zeigt auf die entsprechenden Finger der anderen Hand; die Finger werden sanft auseinandergespreizt, bis die Sehnen straff, aber nicht angespannt sind. Halten Sie das Gewicht ausbalanciert über den *Sprudelnden Quellen* (N 1) auf den Fußsohlen. Spüren Sie, daß das ganze Knochengerüst perfekt an der Schwerkraft ausgerichtet ist.

2. Um sich für die aufsteigende Erdenergie zu öffnen, können Sie leicht von vorn nach hinten und von links nach rechts schaukeln.

3. Benutzen Sie die *Blasebalg-Atmung*: Beim Einatmen drücken Sie das Zwerchfell nach unten und dehnen den Unterbauch, die Flanken und den Rücken auf Höhe der Taille aus. Beim Ausatmen heben Sie das Zwerchfell an und ziehen den Bauch ein. Jeder vollständige Atemzug (ein- und ausatmen) sollte nur ungefähr eine Sekunde dauern. Wiederholen Sie das 18- bis 36mal.

4. Üben Sie alle Etappen des Kleinen Kreislaufs in dieser Stellung. Wenn die Arme müde werden, können Sie sie senken, aber ohne ihre kreisförmige Haltung aufzugeben.

5. Üben Sie *Knochenatmung* und die *Knochenmarkswaschung*, wie in Kapitel 13 (oder den beiden Chi Kung-Büchern) erklärt.

6. Schließen Sie die Übung ab, indem Sie die Energie am Nabel einsammeln.

Energie einsammeln

Chi im Nabelzentrum einsammeln für Männer

Vom Zentrum des Nabels ausgehend, lassen Sie die Energie in einer spiralförmigen Bewegung 36mal im Uhrzeigersinn nach außen kreisen. Achten Sie darauf, den äußeren Durchmesser der Spirale nicht größer als eine Grapefruit zu machen: Denn durch Kreisen auf dem Zwerchfell kann zu viel Energie ins Herz fließen und dort zu viele Emotionen aufrühren, während durch Kreisen unterhalb des Schambeins zu viel Energie in die Fortpflanzungsorgane fließt, wo sie durch Ejakulation oder Menstruation verloren gehen kann.

Wenn man das Kreisen nach außen beendet hat, kreist man in der Gegenrichtung 24mal nach innen und beendet diese Spirale wieder im Zentrum des Nabels.

Chi im Nabelzentrum einsammeln für Frauen

Frauen sammeln die Energie ebenfalls mit spiralförmigem Kreisen wie die Männer ein, aber die Spiralbewegung beginnt vom Nabel aus im Gegenuhrzeigersinn nach außen und kehrt im Uhrzeigersinn ins Zentrum zurück.

Nachdem Sie die *Aufwärmübungen* und die grundlegenden *Vorbereitungsübungen* gelernt haben, sind Sie nun bereit, mit der *Form des Tai Chi Chi Kung* zu beginnen.

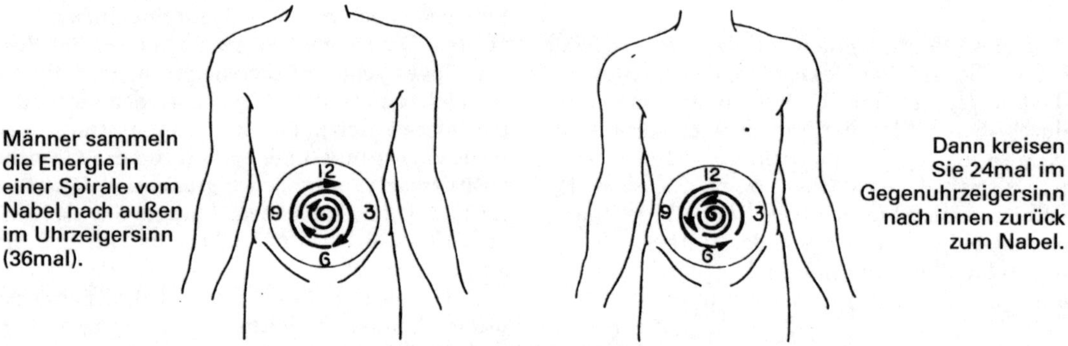

Abb. 4-34

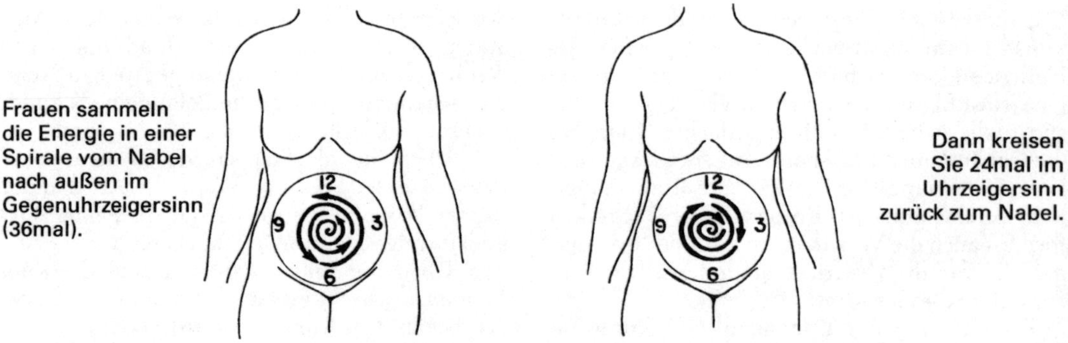

Abb. 4-35

5 Die Dreizehn Bewegungsformen des Tai Chi Chi Kung

Anfänger und ältere Menschen üben die Dreizehn Bewegungsformen (vgl. dazu den Anfang von Kap. 15) des Tai Chi Chi Kung gewöhnlich in einer höheren Beinstellung. Um ihre Kräfte zu mehren, können fortgeschrittenere Schüler in einer Stellung von mittlerer Tiefe, in der der Körper dem Boden näher ist, üben. Wenn man Tai Chi als Kampfkunst praktiziert, geht man allerdings im allgemeinen in eine tiefe Beinstellung.

Vorbereitung

Wu Chi-Stand

Zu Beginn der Tai Chi-Form steht man still und nach *Norden* gewandt. Diese Position entspricht dem ursprünglichen, unmanifestierten Zustand *Wu Chi*. Die Füße sind geschlossen, ohne daß sich die Knöchel berühren. Alle neun Punkte der Fußsohle haben festen Kontakt mit dem Boden. Das ist

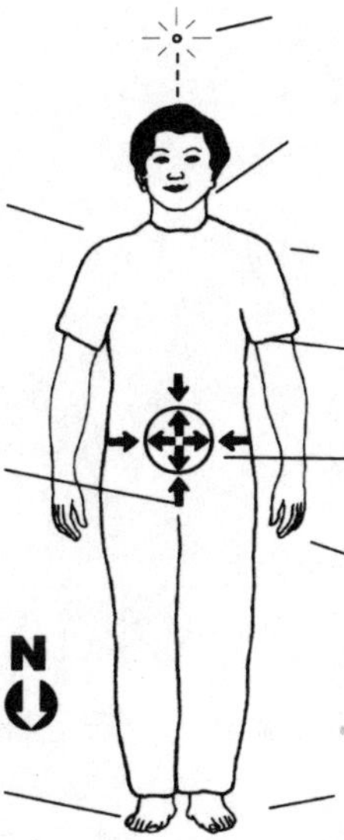

Abb. 5-1

die Wurzel, die Verbindungsstelle mit der Erdkraft.

Die Knie sind gestreckt, aber nicht fixiert. Der Rücken ist aufrecht und entspannt. Im Kreuz sollten Sie keinerlei Druck, Spannung oder Schmerz fühlen. Die Schultern hängen entspannt, und der Kopf wird am Scheitelpunkt nach oben gezogen. Dies ist der Himmlische Zug, durch den die Erdenergie durch die Füße nach oben gezogen wird.

Spüren Sie den Himmlischen Zug nach oben, so als ob Sie ein Chi-Ball über Ihrem Kopf nach oben zöge. Dieser Zug dehnt auch die Wirbelsäule und ermöglicht es der Energie, ungehindert zu kreisen. Gleichzeitig spüren Sie, wie Chi in das Steißbein fließt und die Wirbelsäule streckt.

Die Augen sind ohne Anspannung geöffnet, und der Blick geht geradeaus zum Horizont. Das Kinn ist leicht nach hinten angezogen. Diese subtile Rückwärtsbewegung öffnet die Schädelbasis, damit die Energie ungehindert hoch zum Scheitelpunkt und auf der Vorderseite nach unten fließen kann.

Die Zungenspitze liegt leicht am Gaumen; dadurch wird die Speichelbildung angeregt.

Der Kiefer ist entspannt, und die Zähne berühren sich leicht. Wenn die Kiefermuskeln verspannt sind, führt das auch zu Spannungen an den Kopfseiten und im Hals.

Die Kehle ist entspannt. Das Schlucken von etwas Speichel und sanftes Ausatmen lockern die Nackenmuskeln.

Der Brustkorb ist entspannt und leicht eingesunken. Das Einsinken wird durch ein leichtes Runden der Schulterblätter auf dem Rücken bewirkt. Wenn die Brust angespannt ist, kann sie gelockert werden, indem wir sanft und lautlos einatmen und dann genauso leise durch die geöffneten Lippen ausatmen.

Der Atem geht tief und gleichmäßig und dehnt den Unterbauch aus. Die Aufmerksamkeit ist auf das *Tan Tien* gerichtet, einen Punkt in der Körpermitte in der Nähe der Nieren. Der Atem füllt das Tan Tien und erzeugt das Gefühl eines wachsenden Energieballs.

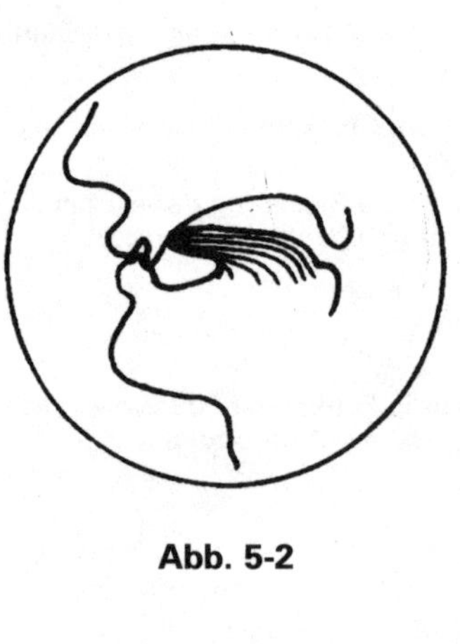

Abb. 5-2

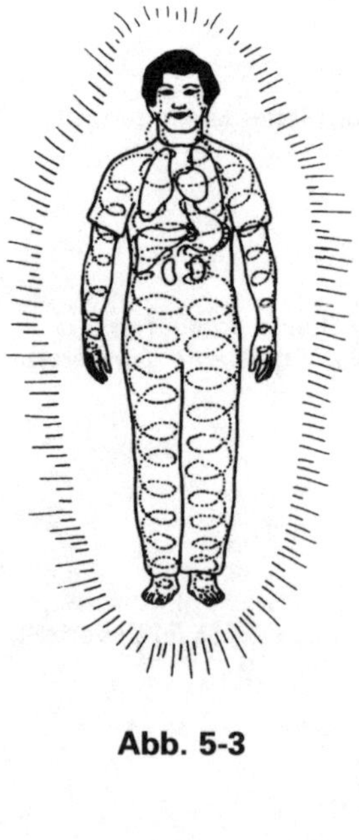

Abb. 5-3

Die Arme hängen locker herunter, ohne den Körper zu berühren; die Achselhöhlen sind so weit geöffnet, daß ein Tischtennisball hineinpaßt. Beide Hände hängen entspannt, und die Finger sind locker und gerade. Die Zeigefinger werden ganz leicht angehoben, so daß die Energie bis in die Fingerspitzen sprudelt.

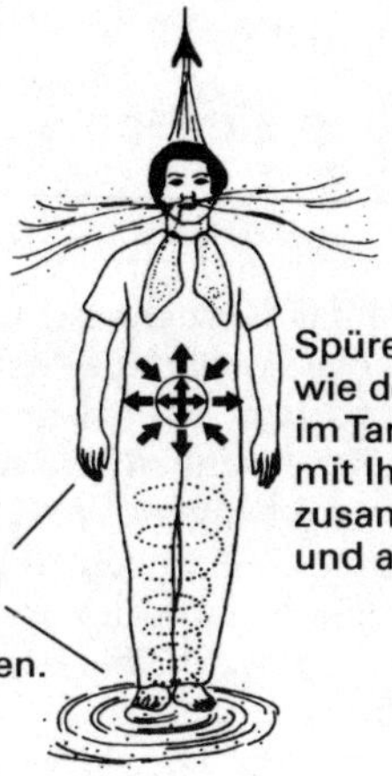

Abb. 5-4

Lächeln

Lächeln Sie nach unten in die Thymusdrüse unterhalb des Brustbeins. Lassen Sie dieses Lächeln zum Herzen und allen anderen Organen strömen. Lächeln Sie in den Nabel.

Lauschen Sie auf Ihr Herz, und folgen Sie dem Pulsschlag vom Herzen durch Brust, Schultern, Oberarme, Ellbogen, Unterarme, Handgelenke, Hände und Finger. Spüren Sie das Pulsieren im Zeigefinger und im kleinen Finger.

Atmung

Werden Sie sich der Erdenergie an den Fußsohlen, des Himmlischen Zugs am Scheitelpunkt und der Kosmischen Energie um sich herum bewußt. Atmen Sie sanft und geräuschlos ein, und ziehen Sie die Kosmische Energie ins Dritte Auge (auf der Stirnmitte zwischen den Augenbrauen). Spüren Sie, wie die Kosmische Energie tief in die Lungen eindringt, sich zu allen Organen ausbreitet und die Fußsohlen erfüllt.

Wenn das Einatmen beendet ist, halten Sie den Atem einen Augenblick lang an, ohne sich anzuspannen, und beginnen dann sanft und lautlos auszuatmen. Ein Stück Papier vor Ihren Nasenlöchern würde von der ausgeatmeten Luft nicht bewegt werden.

Tai Chi öffnen

Grundstellung einnehmen (Anfang)

1. Mit dem Ausatmen beginnen Sie nach unten zu sinken und das Gewicht auf das rechte Bein zu verlagern. Die Abwärtsbewegung sollte von den Hüften und dem Kreuzbein ausgehen, indem Sie die Leisten senken und falten, ohne die Knie besonders zu beugen. Spüren Sie, wie sich das Gewicht über die Kniekehlen nach unten auf die Fersen verlagert. Einfach nach unten zu sinken, indem man nur die Knie beugt, belastet sie übermäßig, und das kann zu Schwellungen und Verletzungen führen. Die Arme entfernen sich etwas von den Körperseiten, indem Sie den Brustkorb weiter senken und die Schulterblätter etwas stärker runden. Drehen Sie die Handflächen nach hinten. Die Energie fließt durch die Arme nach unten zu den Handflächen und Fingerspitzen.

Wenn der Brustkorb einsinkt, bewegt sich das Brustbein nach innen und massiert so die Thymusdrüse.

Der Scheitel bleibt auf die Himmlische Kraft ausgerichtet, damit sich der Körper nicht neigt, wenn er auf das rechte Bein sinkt.

Wenn das Gewicht ganz auf dem rechten Fuß ruht, atmen Sie ein und heben die linke Ferse, lassen dabei aber die linke große Zehe auf dem Boden.

2. Trennen Sie die Beine, und öffnen Sie den Schritt nach links; dabei fährt die linke große Zehe leicht über den Boden, als ob sie eine Linie ziehen wollte. Setzen Sie den linken Fuß in einem Abstand von etwa einer Schulterbreite wieder auf. Das ist die Grundstellung. Wenn der Abstand weniger als eine Schulterbreite beträgt, ist das Fundament schmaler als die Spitze, und das macht die Struktur kopflastig. In diesem Tai Chi-Stil stehen die Füße in Grundstellung nicht weiter als eine Schulterbreite auseinander.

Atmen Sie aus, während Sie den linken Fuß mit allen neun Punkten fest auf den Boden aufsetzen, und verteilen Sie das Gewicht wieder gleichmäßig auf beide Füße.

Die Knie bleiben etwas gebeugt, sollen aber nicht über die Zehenspitzen nach vorn hinausragen.

Der Beckenbereich ist offen, und der Chi-Ball befindet sich in der Nabelgegend.

Die Wirbelsäule wird durch die Himmlische Kraft nach oben gestreckt, das Kreuzbein durch die Erdkraft nach unten gezogen.

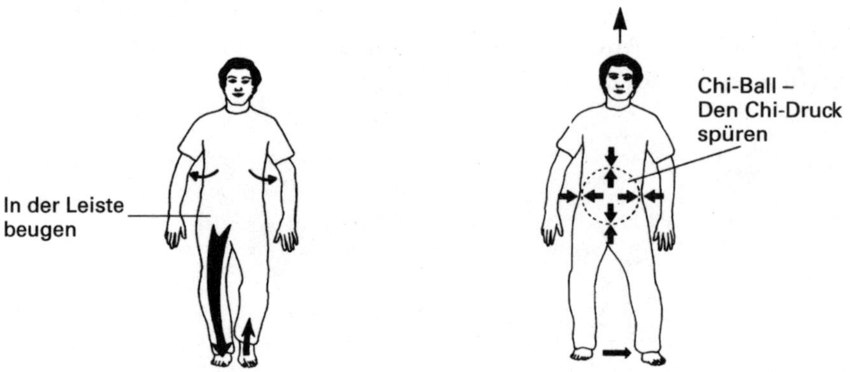

Abb. 5-5

Chi wecken (Arme heben)

1. Schwanken Sie zuerst fast unmerklich ein wenig nach vorn. Die neun Punkte auf dem Fuß haften immer noch am Boden. Schwanken Sie zurück, und senken Sie dann das Steißbein, bis Ihre Füße noch fester mit dem Boden verbunden sind. Lassen Sie den Impuls der Erdkraft zu den Schulterblättern aufsteigen, um die Arme anzuheben. Atmen Sie ein, wenn Sie die Arme heben.

Beim Heben bleiben die Arme in den Ellbogen gebeugt und Handflächen und Finger entspannt. In den Zeigefingern sollten Sie etwas mehr Energie verspüren. Die Handgelenke sind gerade und entspannt, so daß die Energie besser in die Hände fließen kann. Die Ellbogen hängen nach unten und nicht zur Seite. Der Abstand zwischen den Armen beträgt eine Schulterbreite. Achten Sie darauf, daß der Abstand zwischen den Armen nicht zu weit oder zu eng wird.

Die Arme werden hauptsächlich durch die in den Schulterblättern erzeugte innere Kraft gehoben. Die Arme werden nicht höher als die Schultern angehoben.

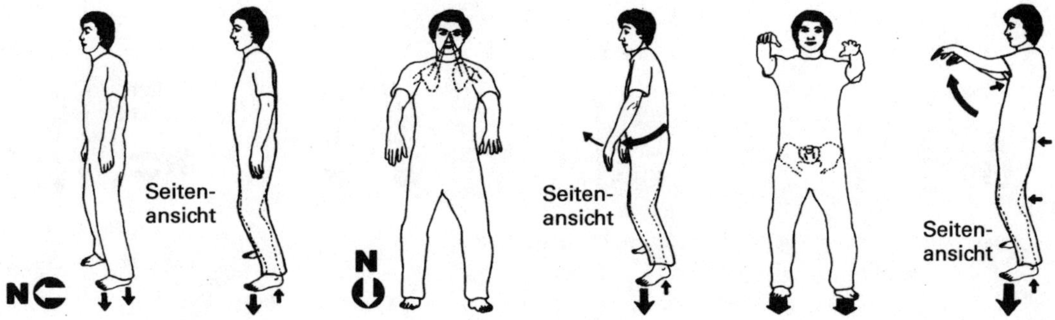

Abb. 5-6

Stoßen mit beiden Händen

1-2. Wenn die Arme knapp unter Schulterhöhe angekommen sind, atmen Sie langsam aus, während Sie gleichzeitig die Ellbogen beugen und die Handgelenke senken, so daß die Handflächen nach vorn zeigen. Dies erfolgt durch das Senken von Brust und Schultern. Dann kippen Sie das Kreuzbein und senken wieder das Steißbein, bis Sie die neun Punkte am Fuß fest mit dem Boden verbunden fühlen.

3. Spüren Sie, wie die Erdkraft durch Beine und Wirbelsäule aufsteigt.

4. Nun runden Sie die Schulterblätter, kippen das Kreuzbein leicht nach innen, strecken die Arme, lassen den Brustkorb etwas einsinken und ziehen das Kinn an. Achten Sie darauf, daß die Ellbogen leicht gebeugt und die Schultern gesenkt bleiben. Spüren Sie, wie die aufsteigende Energie die Wirbelsäule streckt.

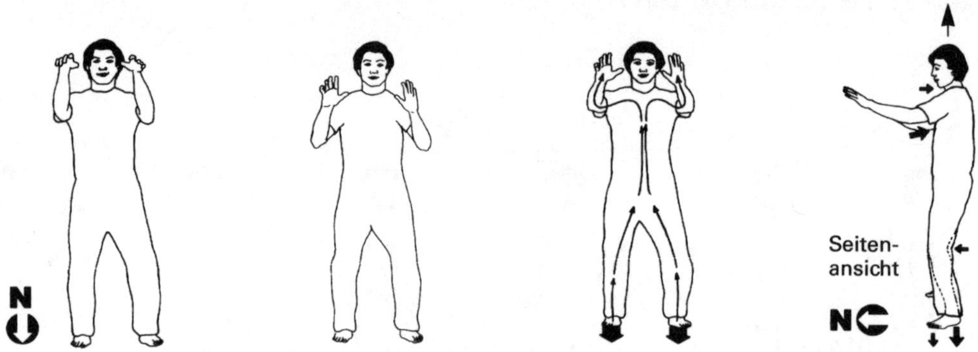

Abb. 5-7

Arme senken

1-2. Die Arme werden mit Hilfe der inneren Kraft gesenkt, indem die Kraft der Schulterblätter und Sehnen, welche die Arme hochgehalten haben, losgelassen wird. Die Handgelenke sind entspannt, und die Hände kehren in die horizontale Position zurück. Die Ellbogen bleiben gebeugt und führen die Abwärtsbewegung, als ob die Handgelenke an Fäden aufgehängt wären. In den Armen haben Sie dabei ein Gefühl, als würden Sie im Wasser schweben oder schwimmen.

3. Die Hände kehren in die Ausgangsstellung an den Hüften zurück, und die nächste Bewegung kann beginnen.

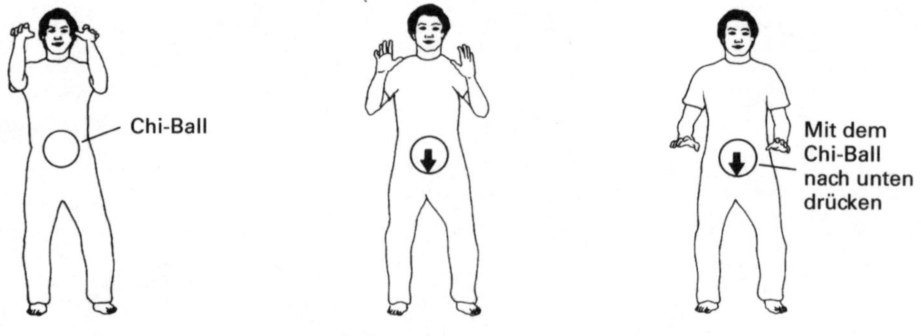

Abb. 5-8

Kernform links

Die nächste Bewegungsfolge («Tai Chi-Set» aus *Vogelschwanz* und *Peitsche*) bildet den zentralen Teil der Tai Chi-Form, der insgesamt sechsmal in verschiedenen Richtungen wiederholt wird. Die Bewegungen beginnen auf der linken Seite und gehen nach dem dritten «Tai Chi-Set» über auf die rechte Seite in die *rechtshändige Form*. Die ganze Form des *Tai Chi Chi Kung* wird zuletzt mit einer Folge abschließender Bewegungen beendet.

Die erste Hälfte des Tai Chi Chi Kung wird auch als *linkshändige Form* bezeichnet, weil die linke Hand die Bewegungen führt und der Körper nach jedem «Tai Chi-Set» um 90° nach links gedreht steht. Genaugenommen dreht man nach dem *Vogelschwanz* um 180° nach links in die *Peitsche* und aus der *Peitsche* um 90° nach rechts in den nächsten Vogelschwanz.

Vogelschwanz nach Norden

Erste Abwehr: Chi-Ball halten

[engl. *ward off* – chin. *peng*]

1. Während Sie einatmen und sich entspannen, verlagern Sie fast das ganze Gewicht auf das rechte Bein.

Lassen Sie die Drehung nach links (*Westen*) von der Lebenskraft im Tan Tien führen. Auf keinen Fall sollten Sie zuerst Kopf und Schultern drehen. Während Bauch und Hüften nach links drehen, heben Sie einfach die linken Zehen hoch und drehen den linken Fuß auf der Ferse nach außen.

2. Während der Drehung heben Sie die linke Hand im Gegenuhrzeigersinn etwa auf Herzhöhe. Der Ellbogen hängt nach unten. Die rechte Handfläche dreht sich wie zum Schöpfen nach oben und geht in eine Position unterhalb des Nabels. Handgelenke und Finger in beiden Händen sind gerade und doch entspannt.

Der Abstand der Arme vom Körper wird durch das Einsinken der Brust und die Rundung der Schultern bestimmt. Das beste Maß dafür liefert die Armstellung im *Baum umarmen*:

Wenn wir nämlich in dieser Tai Chi-Stellung die linke Handfläche nach innen drehen, sollten Höhe und Abstand vom Körper genau der Stellung in der ersten Eisenhemd-Übung entsprechen.

Drehen Sie sich so weit, bis Sie nach Westen schauen. Die linke Fußspitze zeigt nach der Drehung ebenfalls nach Westen.

Atmen Sie aus, und verlagern Sie dabei etwa 60 Prozent des Gewichts auf den linken Fuß.

Die Körperachse vom Scheitelpunkt zum Perineum steht nun über dem linken Fuß. Dadurch bewahren Sie das Gleichgewicht für die nächste Bewegung. Wenn das Lot nicht über dem linken Fuß steht, ist die nächste Bewegung nicht zentriert und nicht im Gleichgewicht.

Abb. 5-9

Zweite Abwehr: Chi-Ball halten

1. Atmen Sie ein, und leiten Sie mit Hilfe des Geistes die Tan Tien-Energie nach rechts, und lassen Sie die Hüften folgen. Der Oberkörper folgt, bis die Hüften nach *Nordwesten* zeigen. Gleichzeitig verlagern Sie das ganze Gewicht auf den linken Fuß und heben die rechte Ferse. Halten Sie die rechten Zehen am Boden, bis Sie in festem Gleichgewicht auf dem linken Fuß stehen und das rechte Bein mühelos vom Boden abheben können, ohne das Gleichgewicht zu verlieren.

2. Der unbelastete rechte Fuß macht nun einen großen Schritt nach *Norden;* gleichzeitig sinken Sie dabei etwas tiefer auf den linken Fuß. Die Schrittlänge wird dadurch bestimmt, wie lang Ihre Beine sind und wie weit Sie ausschreiten können, ohne aus dem Lot zu kommen.

Setzen Sie den rechten Fuß so auf, daß die Füße (von links nach rechts gesehen) schulterbreit auseinanderstehen.

3. Nachdem die rechte Ferse den Boden berührt hat, beginnen Sie auszuatmen, während Sie den ganzen rechten Fuß aufsetzen; die Zehen zeigen dabei genau nach vorn (*Norden*). Bringen Sie etwa 50 Prozent des Gewichts auf den rechten Fuß. Gleichzeitig mit dieser Gewichtsverlagerung geht der rechte Arm von unten hoch auf Herzhöhe; die Handfläche zeigt dabei nach innen zur Brust. Höhe, Stellung und Winkel der Hand entsprechen der Eisenhemd-Übung *Baum umarmen.*

Der linke Ellbogen wird so weit gesenkt, daß die linke Handfläche der rechten Handfläche gegenübersteht und die linken Finger nach oben zeigen. Beide Hände halten nun einen Chi-Ball von der Größe einer kleinen Wassermelone: die rechte Hand von vorn, die linke von hinten.

Die Brust bleibt leicht eingesunken.

Der Schwerpunkt befindet sich nun in der Mitte zwischen beiden Füßen.

Sie stehen nun in Richtung *Nordwesten;* dabei zeigen der linke Fuß nach Westen und der rechte nach Norden.

4. Halten Sie das Steißbein gesenkt, und beginnen Sie einzuatmen, während Sie die linke Ferse fest auf den Boden drücken und das linke Bein nach innen drehen. Der linke Fuß dreht (um 45° nach *Nordwesten*) mit festem Bodenkontakt.

5. Lenken Sie die Tan Tien-Energie in eine Rechtsdrehung. Während sich die Hüften nach *Norden* drehen, rotiert das rechte Knie nach rechts außen. Das erzeugt eine spiralförmige, schraubende Bewegung, die für eine feste Verwurzelung sorgt. Wenn das linke Fußgelenk sich nach außen zu drehen beginnt, entsteht eine Spiralbewegung, welche die Energie durch das Bein hochsteigen läßt.

6. Während die Hüfte nach vorn gedreht wird, kippen Sie das Kreuzbein nach innen, bis Sie eine feste Verbindung zum Boden spüren. Zusätzlich zum Druck nach unten und zur Energiespirale beginnt das linke Bein nun nach vorn zu drücken. Dieser Druck ermöglicht es der Spiralkraft, weiter hoch zu den Hüften und in die Wirbelsäule zu steigen.

Während das linke Bein nach vorn drückt, atmen Sie aus und verlagern das Gewicht zu etwa 70 Prozent nach vorn auf den rechten Fuß.

Abb. 5-10

Die Arme bleiben in ihrer Position, bis die Spiral- und Vorwärtsbewegung im linken Bein beendet ist. Die Hüften zeigen nun nach *Norden*. Die Spiralkraft wird durch die Aktivität der *Kreuzbein- und der T-11-Pumpe** nach oben befördert. Diese Kraft ist nun in C-7 angekommen.

Sobald die Energie C-7 erreicht, lassen Sie die Brust sinken und runden die Schulterblätter. Die Ellbogen bleiben leicht gebeugt. Die Spiralkraft fließt dabei von den Schulterblättern über C-7 und die Arme zu den Händen.

Gleichzeitig mit dem Senken der Brust wird das Kinn in einer Art zurückfedernder Bewegung leicht nach hinten angezogen. Diese Bewegung fügt die Energie der *Schädelpumpe** hinzu und verhindert, daß eine allzu heftige Energieentladung durch die Hände auf den Nacken zurückschlagen könnte. Sie sorgt auch dafür, daß die Körperachse durch das Perineum zum rechten Bein verläuft.

Achten Sie darauf, daß das rechte Knie nicht über die rechten Zehen hinausragt und der Oberkörper sich nach vorn neigt und so aus dem Lot fällt. Bleiben Sie ganz entspannt.

Abb. 5-11

Zurückrollen

[engl. *rollback* – chin. *lü*]

1-3. Atmen Sie ein, und spüren Sie, wie die Erdkraft das Kreuzbein nach unten zieht. Sinken Sie dabei tiefer auf das rechte Bein. Die Himmlische Kraft erzeugt einen entsprechenden Gegenzug nach oben. Das rechte Bein beginnt dann in die Erde zu sinken, das linke Knie wird gebeugt, und der ganze Körper bewegt sich nach hinten.

Die Füße bleiben genau in ihrer Stellung. Das rechte Handgelenk wird nun gestreckt und die Finger nach vorn gerichtet, so daß die Handfläche nach links zeigt (und nicht mehr nach innen zum Körper). Drehen Sie die linke Handfläche nach oben. Während Sie zurücksinken, bringen Sie die linke Hand unter die rechte und führen Sie an der Unterseite des rechten Arms entlang (ohne ihn zu berühren), bis sie genau unter dem rechten Ellbogen steht.

Achten Sie darauf, daß die Brust eingesunken und die Arme gerundet bleiben. Lassen Sie den rechten Arm nicht schlaff werden, damit er seinen Abstand vom Körper bewahrt.

4-6. Mit dem Ausatmen lenken Sie die Tan Tien-Energie nach links. Dabei dreht die Hüfte leicht nach rechts, während Tan Tien und Bauch nach links drehen: Dadurch entsteht ein leichtes Drehmoment. Die Stellung der oberen Wirbelsäule und der Arme bleibt völlig unverändert. Während der Drehung lassen Sie die Spiralkraft in den rechten Arm fließen, so daß sich die rechte Handfläche zum Gesicht dreht.

Der häufigste Fehler beim Zurückrollen besteht darin, zuerst den Kopf und die Augen zu drehen, denen dann die Schultern und zuletzt die Hüfte folgen. Dadurch würde man die Wirbelsäule verdrehen.

* Nach taoistischer Auffassung können verschiedene Abschnitte der Wirbelsäule und der Schädel als *Pumpen* eingesetzt werden, um die Rückenmarks- und Gehirnflüssigkeit und die Energie zum Fließen zu bringen. Die beiden wichtigsten *Pumpen* sind die Kreuzbeinpumpe am unteren Ende der Wirbelsäule und die Schädelpumpe am oberen Ende der Wirbelsäule. Diese beiden Pumpen werden ausführlich erklärt in meinem Buch *Tao Yoga der Liebe – Der geheime Weg zur unvergänglichen Lebenskraft*.

Pressen (mit beiden Händen)

[engl. *press* – chin. *chi*]

1. Wenn die Drehung der Hüfte etwa 60 Prozent ihrer Reichweite (ohne die Wirbelsäule zu verdrehen) erreicht hat, beginnt die Bewegung des linken Arms.

Während Sie einatmen, beschreibt der linke Arm eine schöpfende Kreisbewegung mit der Handfläche nach oben. Dabei geht die linke Hand nicht über Ohrhöhe hinaus.

2-3. Während die linke Hand die obere Kreishälfte beschreibt, beginnt das Tan Tien-Chi die Hüften zurück nach vorn (*Norden*) zu lenken. Diese beiden Bewegungen verlaufen synchron: Die linke Handwurzel beendet den Kreis und drückt zuletzt auf die rechte Handwurzel, während die Hüften im gleichen Moment ihre Drehung nach Norden vollenden. Die linke Hand soll das rechte Handgelenk stützen, um die Verletzungsgefahr bei einem kraftvollen Stoß auf den Gegner zu verringern.

4-6. Bei den vorhergehenden Bewegungen ruht der größte Teil des Gewichts auf dem linken Fuß. Sobald sich die Hände berühren und die Hüften nach Norden zeigen, lassen Sie die Spiralkraft kreisen und die Energie zur Entladung durch die Arme nach vorn fließen.

Ein häufiger Fehler beim Pressen besteht darin, das Gewicht auf den rechten Fuß zu verlagern, bevor die Hüften ganz nach vorn ausgerichtet sind. Dadurch zerstreut sich die Spiralenergie, bevor sie die Hände erreicht, und das macht diese Technik völlig unwirksam.

Die Spiralbewegung der Energie beginnt, während Sie ausatmen und den linken Fuß in den Boden drücken. Das linke Knie rotiert dabei nach außen auf die linke Seite. Während das linke Bein nach vorn drückt, rotiert das rechte Knie nach rechts außen. Wenn die Spiralenergie das Kreuzbein erreicht, richten Sie sich aus und aktivieren die Schädelpumpe, indem Sie das Kinn leicht einziehen. Während das linke Bein weiter nach vorn stößt und die Spiralenergie T-11 erreicht, fügen Sie ihr die Kraft der T-11-Pumpe hinzu, indem Sie an dieser Stelle den Rücken etwas krümmen und herausdrükken. Zuletzt erreicht die Kraft C-7, wo die dortige Pumpe aktiviert wird, indem die Brust gesenkt und die Schulterblätter gerundet werden.

Wenn die Kraft durch die Arme übertragen wird und die Hände erreicht, dreht sich die rechte Hand im Uhrzeigersinn, während die linke Hand im Gegenuhrzeigersinn rotiert, als wollte man ein Schraubglas öffnen. Zuletzt ziehen Sie das Kinn zurück, um die Schädelpumpe zu aktivieren.

Etwa 70 Prozent des Gewichts ruhen nun auf dem rechten Fuß.

Achten Sie darauf, daß das rechte Knie nicht über die rechten Zehen hinausragt.

Abb. 5-12

> *«Es ist von äußerster Wichtigkeit, zwischen ‹leer› und ‹voll› deutlich zu unterscheiden.»*
>
> aus den Tai Chi-Klassikern

Stoßen (mit beiden Händen)

[engl. *push* – chin. *an*]

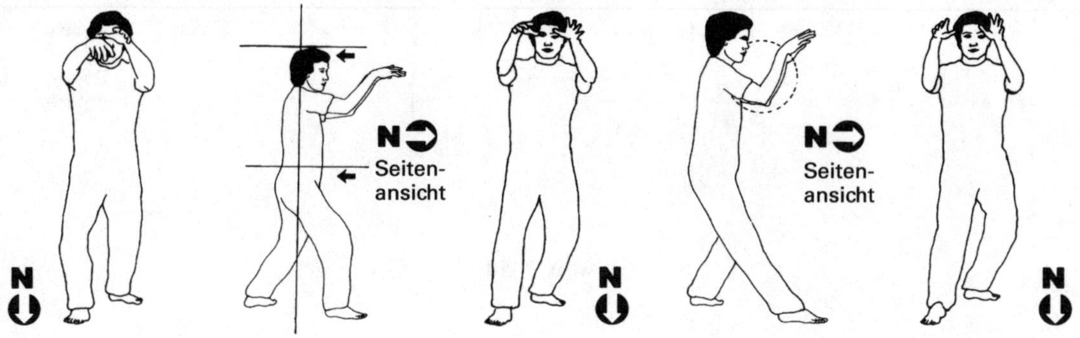

Abb. 5-13

1-5. Atmen Sie ein, entspannen Sie, und sinken Sie zurück auf den linken Fuß. Das Kreuzbein wird dabei wieder nach unten gezogen, und der Himmlische Zug streckt die Wirbelsäule nach oben. Das rechte vordere Bein beginnt in die Erde zu drücken und schiebt so den Körper nach hinten.

Achten Sie darauf, dabei nicht hochzufedern; der Schwerpunkt bleibt dabei auf gleicher Höhe über dem Boden.

Ohne sich zu trennen, drehen sich beide Handflächen nach unten. Beginnen Sie die Hände zu trennen, indem Sie die linke Hand leicht über die rechte ziehen. Setzen Sie diese trennende Bewegung fort, bis beide Hände schulterbreit auseinander sind. Senken Sie die Ellbogen, halten Sie die Hände in gerader Linie mit den Unterarmen, so daß die Handflächen nach vorne zeigen.

Form und Position der Hand werden in dieser Bewegung und in der ganzen Form als *Schöne-Damen-Hand* bezeichnet. In dieser Handhaltung mischen sich Yin und Yang in perfekter Weise: Die Finger sind gerade, aber nicht zu sehr gestreckt; locker, aber nicht schlaff; getrennt, aber nicht zu weit auseinander. Die Handgelenke sind weder nach vorn noch nach hinten gebeugt, in wahrhaft königlicher und eleganter Haltung.

Obwohl es so aussehen könnte, als würden die Ellbogen näher zum Körper zurückgezogen, ist dies nicht der Fall. Die Brust bleibt eingesunken, und die Schulterblätter bleiben gerundet. Zuletzt befinden sich Hände ungefähr auf Ohrhöhe; und das nennt man «den Kopf beschützen».

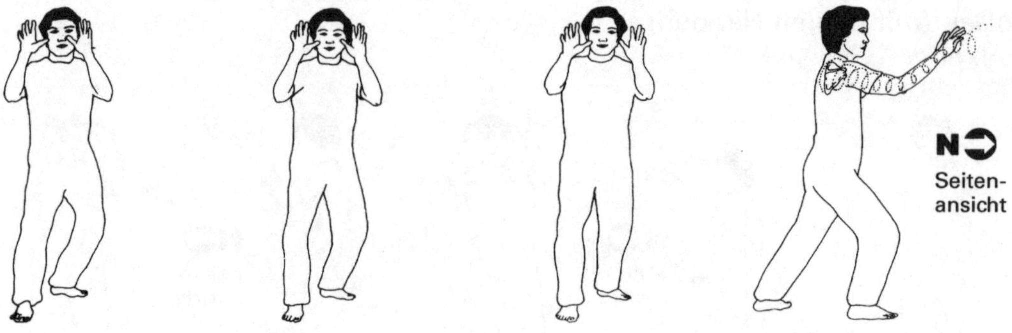

Abb. 5-14

6-9. Auf das Zurückweichen folgt das Vorwärtsstoßen. Auch hier beginnen Sie wieder auszuatmen, während der linke Fuß in die Erde sinkt. Wenn die Spiralkraft nach oben steigt, aktivieren Sie die Pumpen in Kreuzbein, T-11 und C-7 (wie bereits erklärt). Dabei haben Sie ein Gefühl, als ob der Körper nach vorn springen wollte.

Wenn die Energie C-7 erreicht und in die Arme strömt, sollte das Stoßen auf keinen Fall von den Ellbogen ausgehen, sondern die Kraft vor allem aus den Schulterblättern kommen. Fügen Sie zuletzt die Energie aus der Schädelpumpe hinzu, indem Sie das Kinn anziehen.

Wenn die Energie die Handflächen erreicht und in die Finger strömt, streckt die Sehnenkraft die Finger, aber die Mitte der Handflächen bleibt entspannt. Achten Sie darauf, daß die Mitte der Handfläche nicht nach vorn gedrückt wird und die Finger sich so nach hinten beugen.

Die Handgelenke bleiben in gerader Linie mit dem Unterarm. Ein häufiger Fehler besteht darin, die Handgelenke nach hinten zu beugen. In einer Kampfsituation wäre diese Haltung gefährlich und könnte zu Handgelenksverletzungen führen, denn sie ermöglicht es dem Gegner, die Hände ganz nach hinten zu verdrehen. Der linke Arm und die linke Hand drehen sich im Uhrzeigersinn und der rechte Arm im Gegenuhrzeigersinn.

«Chi wurzelt in den Füßen, entfaltet sich in den Beinen, folgt den Befehlen des Zentrums und zeigt sich in Händen und Fingern. Von den Füßen über Beine und Zentrum erfolgt die Bewegung in vollkommener Einheit.»

aus den Tai Chi-Klassikern

Peitsche nach Süden

[engl. *single whip* – chin. *tan pien*]

Yin-Yang-Fisch

Erste Drehung (Gewicht verlagern und eindrehen)

1-3. Atmen Sie ein, und sinken Sie zurück auf das linke Bein. Die Ellbogen strecken sich etwas, so daß die Handflächen zum Boden zeigen. Die Arme sind parallel zum Boden. Lassen Sie beim Tai Chi Ellbogen und Knie stets leicht gebeugt, damit Chi durch die Gelenke fließen kann.

4. Beginnen Sie auszuatmen, während Ihr Geist das Tan Tien-Chi in eine Linksdrehung lenkt. Die Hüfte folgt der Bewegung des Chi. Wirbelsäule, Schultern und Kopf drehen sich nicht selbständig, sondern folgen der Hüftdrehung.

5-6. Während der Hüftdrehung wird das vordere rechte Bein von der Hüftdrehung mitgeführt. Heben Sie einfach die rechten Zehen, und drehen Sie den rechten Fuß auf der Ferse mit. Drehen Sie die Hüfte so weit wie möglich (um etwa 90° nach *Westen*). Gleichzeitig dreht auch der rechte Fuß, bis die Zehen nach Westen zeigen, und wird dann wieder aufgesetzt. Es ist wichtig, bei der Drehung fest auf dem linken Bein zu stehen. Lassen Sie bei der Drehung das linke Hüftgelenk so weit wie möglich nach links rotieren und schließen.

7-8. Dann lockern Sie den unteren Rücken und drehen die Taille unabhängig von den Hüften, indem Sie die Lendenwirbel drehen, bis die Arme nach *Südwesten* zeigen. Üben Sie mit den Hüften eine leichte Gegendrehung nach rechts aus, um sie in ihrer Position zu halten, während Sie Taille und Oberkörper nach links drehen. Setzen Sie die Linksdrehung mit der oberen Wirbelsäule und den Schultern fort, bis die Arme nach *Süden* zeigen. Ein häufiger Fehler besteht darin, Kopf, Schultern und Augen weiterzudrehen, nachdem die Hüfte ihre Drehung beendet hat; das führt dazu, daß die Wirbelsäule verdreht wird.

Abb. 5-15

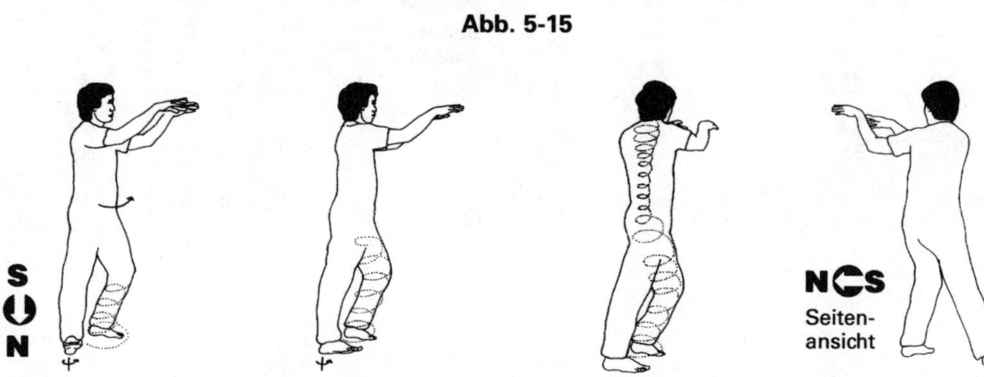

Abb. 5-16

Durch die Drehung der Taille wird im linken Bein eine Art von Spiralkraft erzeugt, die etwa so wirkt, wie wenn man ein Gummiband in einer Richtung um einen Stock wickelt. Wenn das Gummiband am Ende des umwickelten Stocks befestigt ist und man den Stock losläßt, beginnt er zu rotieren, während die Energie aus der Wicklung des Gummibands freigesetzt wird. In dieser Tai Chi-Stellung entspricht das linke Bein dem Gummiband und die Arme dem Stock an seinem Ende. Die Drehung wickelt die Kraft im linken Bein auf und setzt sie durch das Bein, die Wirbelsäule und die Arme frei.

Zweite Drehung: Schnabel bilden

1-2. Wenn Sie sich so weit wie möglich nach links gedreht haben, atmen Sie ein, drücken das linke Bein auf den Boden und verlagern das Gewicht nach rechts. Dabei beugen Sie den Ellbogen ganz leicht.

3. Sobald Sie das Gewicht nach rechts verlagert haben, atmen Sie aus und drehen die Hüften nach rechts. Die Spiralenergie im linken Bein wird so in das rechte Bein übertragen.

4. Während sich die Hüften nach rechts drehen, wird der rechte Arm im Ellbogen gebeugt, und die rechte Hand bildet einen Schnabel. Dabei berühren sich Daumen und kleiner Finger; die anderen Fingerspitzen sind fest auf diese beiden Finger gepreßt. Der Schnabel ist eine Angriffswaffe, die zum kräftigen «Picken» oder zum Festhalten eingesetzt wird. Wenn der kleine Finger dabei nicht von den anderen Fingern geschützt wird, kann er leicht gebrochen werden.

5-7. Während der rechte Arm angezogen und der Schnabel gebildet wird, kommt gleichzeitig die linke Hand in einer schöpfenden Bewegung unter den rechten Ellbogen. Ein häufiger Fehler besteht an dieser Stelle darin, den rechten Arm dicht an den Körper zu bringen und den linken Arm dann fast an den Unterleib anzulegen. Das führt dazu, daß die Brust nicht mehr eingesunken ist und die Kreisform der Arme verlorengeht. Die Übertragung der Spiralkraft aus dem rechten Bein wird dann in den Schulterblättern unterbrochen.

Das Handgelenk der rechten Schnabelhand steht auf einer Höhe zwischen der Schulter und dem unteren Ende des Ohrs.

Abb. 5-17

Abb. 5-18

Dritte Drehung: Schnabel befreien

1-2. Atmen Sie ein, und beginnen Sie, die Spiralenergie im rechten Bein loszulassen, indem Sie die Hüfte unter Einsatz des Tan Tien-Chi nach links drehen. Während die Energie aufsteigt und die Hüfte sich dreht, rotiert der linke Fuß auf der großen Zehe. Das ganze Gewicht ruht dabei fest auf dem rechten Bein.

3. Die freigesetzte Spiralkraft steigt durch die Wirbelsäule hoch und wird durch den rechten Arm und den Schnabel entladen.

Der Schnabel wird nach *Westen* gedreht, doch am Ende dieser Bewegung bleibt der Ellbogen leicht gebeugt.

Würde man den Ellbogen ganz strecken oder fixieren, wäre es schwierig, den Arm zurückzuziehen, falls er gepackt würde, und der Ellbogen könnte auch leicht ausgerenkt werden.

Abb. 5-19

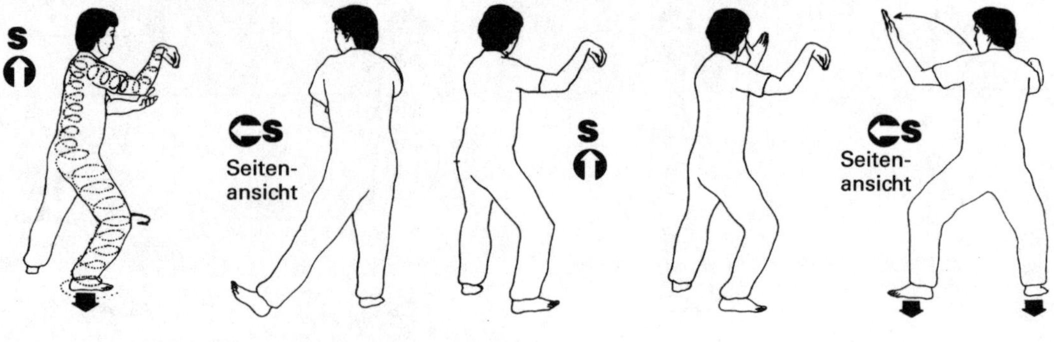

Abb. 5-20

Hand zum Himmel ausstrecken

1-2. Sobald die Spiralkraft durch den rechten Arm entladen ist und das Gewicht ganz auf dem rechten Fuß ruht, kann das linke Bein einen weiten Schritt machen.

Die Körperachse vom Scheitel durch das Perineum sollte dabei direkt zum rechten Fuß verlaufen, damit Sie völlig stabil auf dem rechten Bein stehen und mit dem linken Bein ruhig und sicher ausschreiten können. Denn sonst müssen Sie sich beim Schritt beeilen, um nicht zu fallen.

Vom rechten Fuß aus gesehen strebt der linke Fuß einen Winkel von 45° nach links an. Wenn wir in einem Raum übten, würden wir die Ferse zur Ecke hin plazieren, aber den Fuß bzw. die Zehen zur Wand (*Süden*) gedreht absetzen.

Setzen Sie zuerst mit der linken Ferse auf. Von oben gesehen, stehen die Füße im rechten Winkel zueinander.

Der rechte Fuß zeigt immer noch nach *Westen* und der linke Fuß nach *Süden*.

3. Atmen Sie aus, und verteilen Sie das Gewicht gleichmäßig auf beide Füße.

Mit der Gewichtsverlagerung setzen Sie gleichzeitig die linken Zehen in Richtung Süden auf den Boden und bringen so die restlichen acht Punkte der Fußsohle in festen Kontakt mit dem Boden.

4-5. Zusammen mit der Gewichtsverlagerung beschreibt der linke Arm mit der Handfläche zum Körper gedreht einen Bogen; die linke Hand steigt auf Gesichtshöhe und ist ungefähr eine Unterarmlänge vom Gesicht entfernt. Achten Sie darauf, daß beide Schultern locker bleiben und die Ellbogen zum Boden zeigen. Die linke Hand öffnet sich nach oben (zum Himmel), und die rechte Hand bleibt in Schnabelform.

Wenn das Gewicht gleichmäßig auf beiden Füßen ruht, stehen der rechte Arm über dem rechten Bein und der linke Arm über dem linken Bein. Die Leisten sind offen und die Hüften nach *Südwesten* gedreht.

> *«Alle Gelenke des ganzen Körpers müssen ohne die kleinste Trennung wie Perlen auf einer Kette zusammenhängen.»*
>
> aus den Tai Chi-Klassikern

Abb. 5-21

Stoßen (mit einer Hand)

1-2. Atmen Sie ein, und drehen Sie den rechten Fuß auf der Ferse in einem Winkel von 45° nach Südwesten. Dann lenkt der Geist das Tan Tien-Chi nach links, und die Hüften folgen.

3-4. Atmen Sie aus, drücken Sie dabei den rechten Fuß in den Boden, und lassen Sie die Spiralkraft durch das rechte Bein aufsteigen.

5-6. Das rechte Bein beginnt in den Boden zu sinken. Dabei wird die Hüfte nach Süden gedreht, und die Spiralkraft kann in die Hüften und die Wirbelsäule aufsteigen. Die Pumpen in Kreuzbein, T-11 und C-7 werden aktiviert, während die Energie nach oben fließt. Die Brust bleibt leicht eingesunken und die Schulterblätter gerundet, damit die Kraft in den linken Arm übertragen werden kann. Zuletzt kommt noch die Kraft aus der Schädelpumpe hinzu, wenn das Kinn nach hinten angezogen wird.

Der linke Ellbogen ist leicht gebeugt, und das linke Handgelenk bleibt gerade. Achten Sie darauf, daß das Gewicht zu 70 Prozent auf dem vorderen linken Bein ruht. Öffnen Sie die vordere linke Leistenseite; das vordere Bein sollte in seinem Innern eine stärkere Verbindung zum Boden haben.

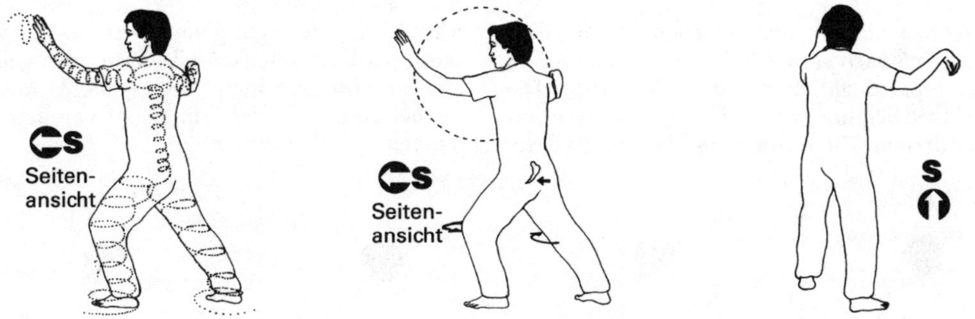

Abb. 5-22

Damit sind wir am Ende der *Kernform des Tai Chi Chi Kung I* angelangt. Die Bewegungsfolge *Vogelschwanz und Peitsche* wird anschließend noch fünfmal wiederholt. Bei den beiden nächsten Wiederholungen steht man jeweils um 90° im Gegenuhrzeigersinn (nach links) gedreht.

Vogelschwanz nach Westen

Nun werden *Vogelschwanz und Peitsche* noch zweimal wiederholt, bis die erste Hälfte der Tai Chi Chi Kung-Form mit der *Peitsche nach Süden* endet.

Übergang: Tiger umarmen (Zurückweichen und die Brust schützen)

1-3. Atmen Sie ein, und sitzen Sie zurück auf das rechte Bein. Gleichzeitig drehen Sie das linke Handgelenk so, daß die Handfläche zum Körper zeigt. Richten Sie sich dabei nach der Armstellung im *Baum umarmen*. Gleichzeitig sinkt der rechte Arm nach unten an die Seite des Oberschenkels, und die Finger werden gelockert.

Die Brust bleibt eingesunken, und die Schulterblätter sind gerundet.

Abb. 5-23

Erste Abwehr: Chi-Ball halten

1-4. Atmen Sie aus, und schieben Sie mit dem rechten Fuß nach vorn, bis das Gewicht ungefähr zu 60 Prozent auf dem linken Bein ruht. Die linke Hand beginnt mit der Handfläche nach unten zu drehen. Die rechte Hand kommt in einer schöpfenden Bewegung von unten hoch. Gleichzeitig wird das Tan Tien-Chi nach links gelenkt, und die Hüften folgen. Achten Sie darauf, daß Wirbelsäule, Schultern und Kopf von den Hüften aus gedreht werden.

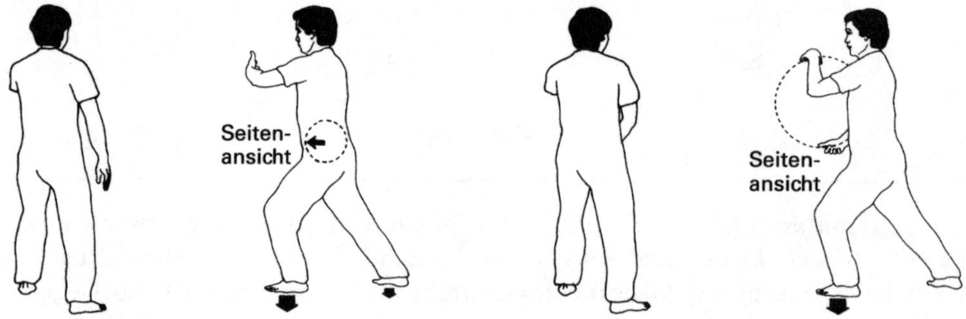

Abb. 5-24

Zweite Abwehr: Chi-Ball halten

Von hier an wird alles genau wiederholt, aber mit Orientierung in eine neue Richtung. Die weiteren Bewegungen des *Vogelschwanzes* werden nun in Richtung *Westen* ausgeführt, gefolgt von der *Peitsche* in Richtung *Osten*.

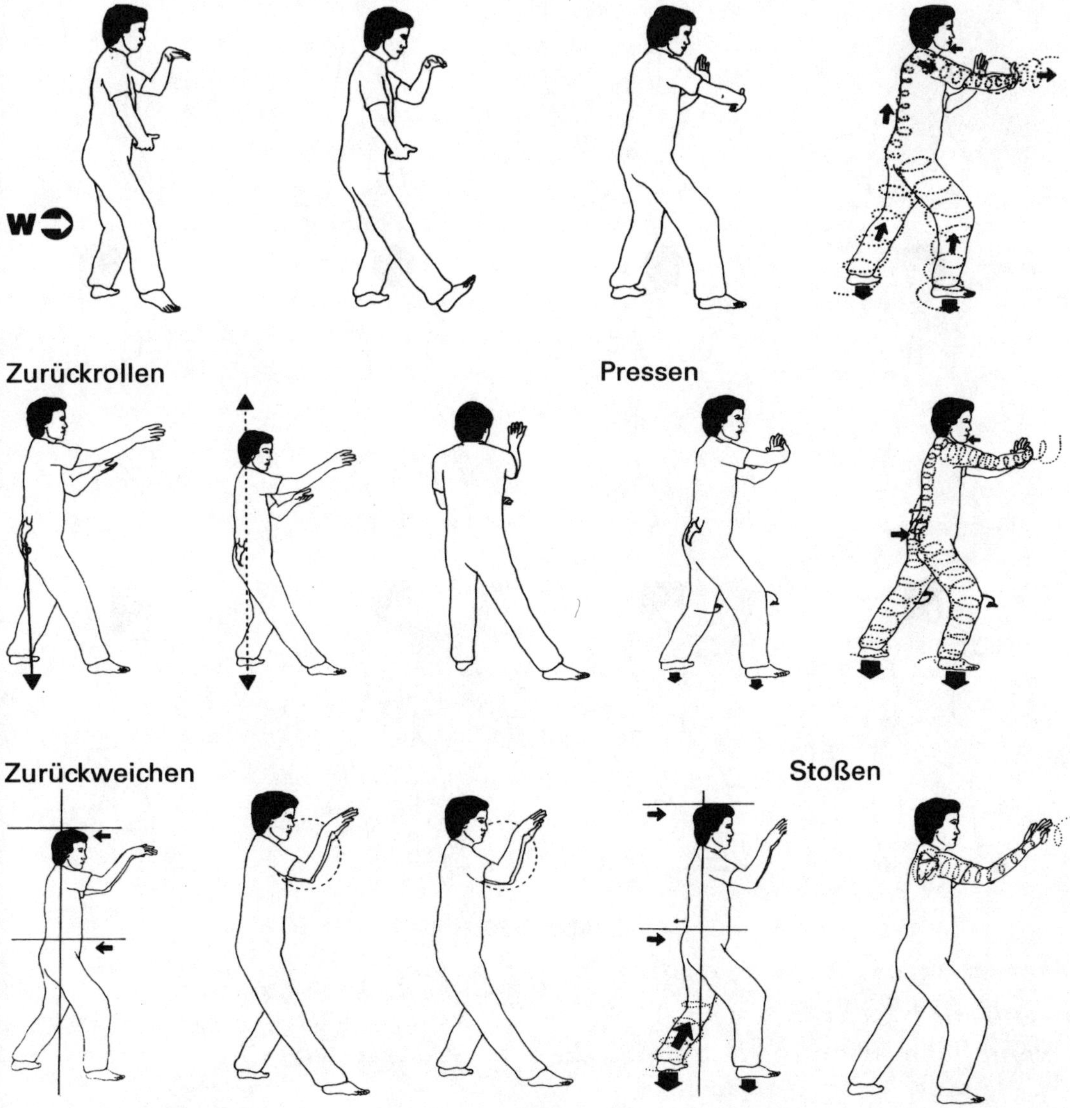

Abb. 5-25

Peitsche nach Osten

Abb. 5-26

«Äußerlich gleichst du dem Adler, der über dem Kaninchen kreist und gleich herabstößt, innerlich einer Katze, die einer Maus auflauert.»

aus den Tai Chi-Klassikern

Vogelschwanz nach Süden

Wiederholen Sie die Kernform ein weiteres Mal, und zwar mit dem Vogelschwanz nach Süden und der Peitsche nach Norden.

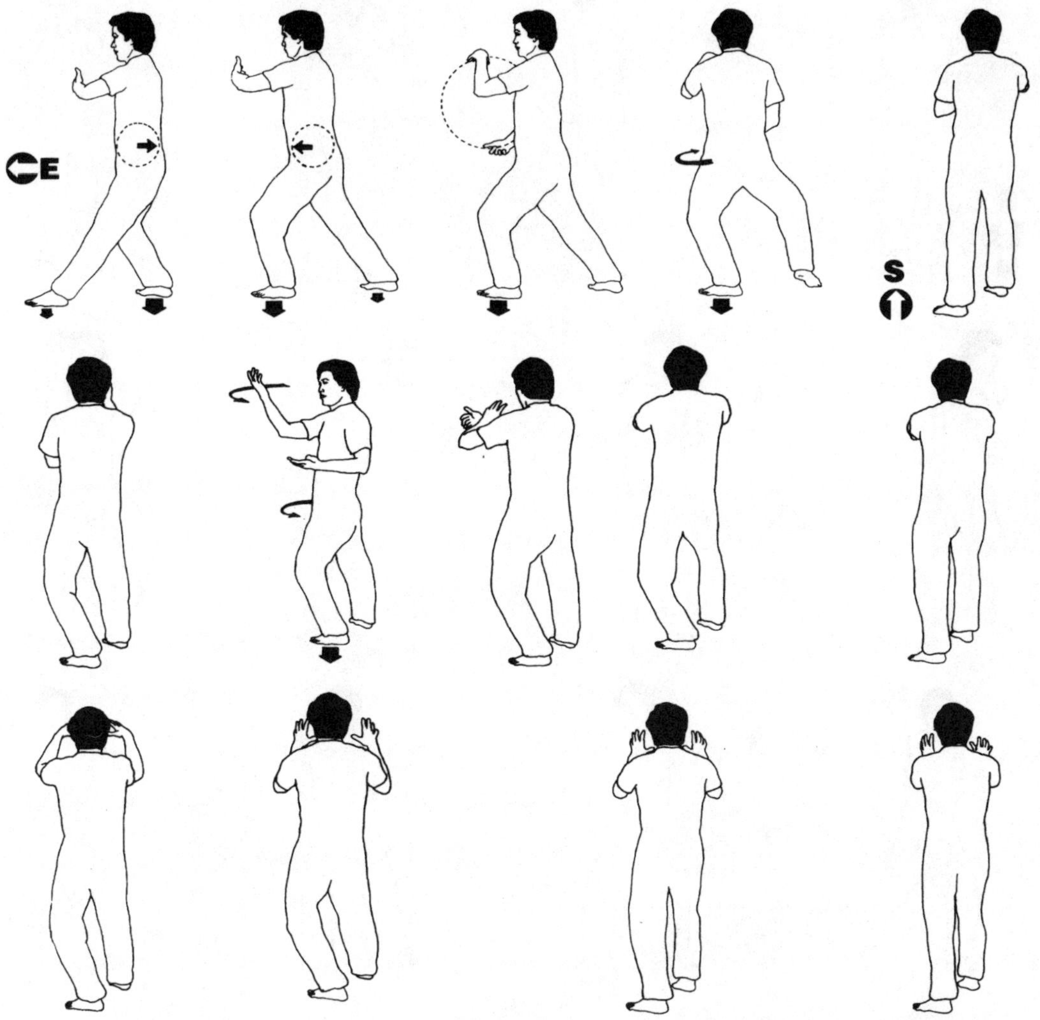

Abb. 5-27

«Suche den geraden Weg aus der Kreisbewegung. Sammle die Energie erst, bevor du sie einsetzt... Zurückweichen ist auch Angreifen, Angreifen ist auch Zurückweichen.»

aus den Tai Chi-Klassikern

Peitsche nach Norden

Abb. 5-28

Damit ist die erste Hälfte, der linkshändige Teil der Tai Chi Chi Kung-Form, abgeschlossen.

Kernform rechts

In der ersten Hälfte der Form wurden die 180°-Drehungen in die *Peitsche* nach links ausgeführt. Nach dem Richtungswechsel erfolgen diese Drehungen nach rechts.

Richtungswechsel zur rechtshändigen Form: Kind halten

1-2. Beide Arme werden gesenkt, während das Tan Tien-Chi die Hüfte nach rechts (*Nordosten*) dreht. Beide Handflächen zeigen nach oben.

Abb. 5-29

Vogelschwanz nach Norden

Zweite Abwehr: Chi-Ball halten

Beim Übergang zur rechtshändigen Form entfällt die *erste Abwehr* (wie ganz am Anfang der Form). Bei den folgenden Wiederholungen des *Vogelschwanzes* beginnen Sie mit der *ersten Abwehr* wie in der *linkshändigen Form,* doch sind dabei Arme und Beine seitenverkehrt.

1-3. Der rechte Arm beschreibt einen Kreis, aber nicht höher als das rechte Ohr. Der linke Arm geht hoch zur Abwehr. Das Gewicht verlagert sich dabei auf das vordere linke Bein. Die Hüften werden mit der Armbewegung nach vorn gedreht. Die Handflächen halten nun einen Chi-Ball vor dem Körper. Diese Bewegungsfolge entspricht genau der *zweiten Abwehr* in der *linkshändigen Form,* nur ist alles seitenverkehrt.

Abb. 5-30

Zurückrollen

Pressen

Stoßen mit beiden Händen

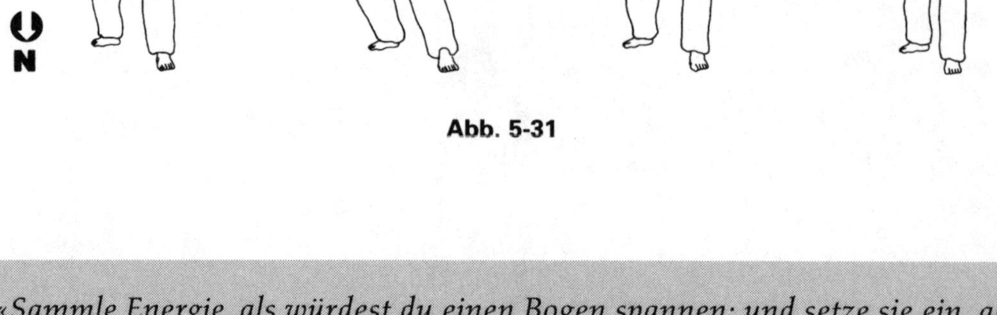

Abb. 5-31

> *«Sammle Energie, als würdest du einen Bogen spannen; und setze sie ein, als würdest du einen Pfeil abschießen.»*
>
> aus den Tai Chi-Klassikern

Peitsche nach Süden

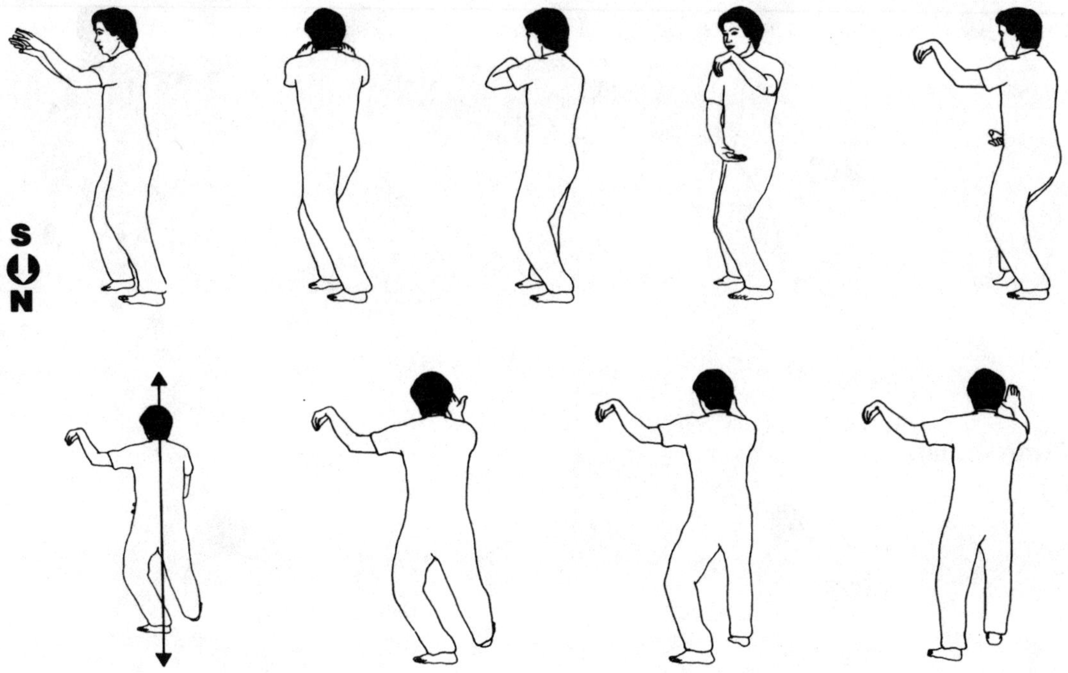

Abb. 5-32

Vogelschwanz nach Osten

Zurückweichen und die Brust schützen

Erste Abwehr

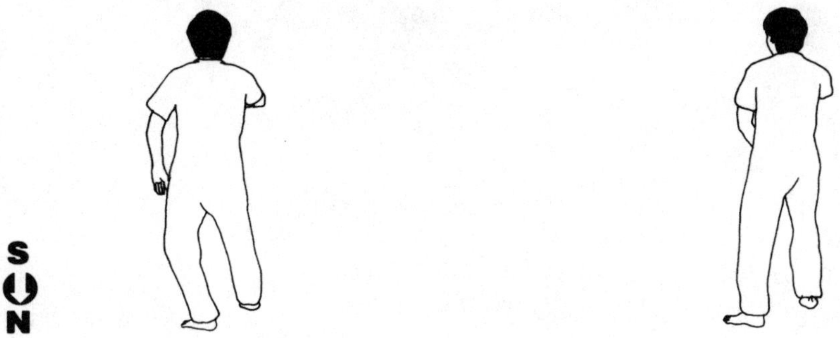

Abb. 5-33

Zweite Abwehr

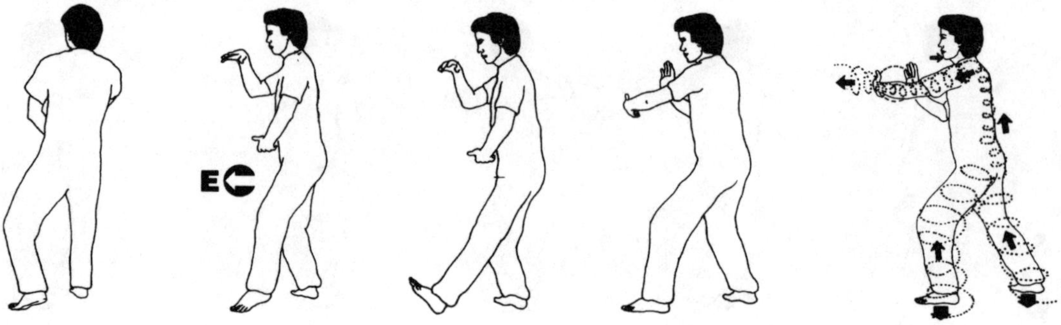

Zurückrollen

Pressen

Abb. 5-34

Zurücksitzen

Stoßen (mit beiden Händen)

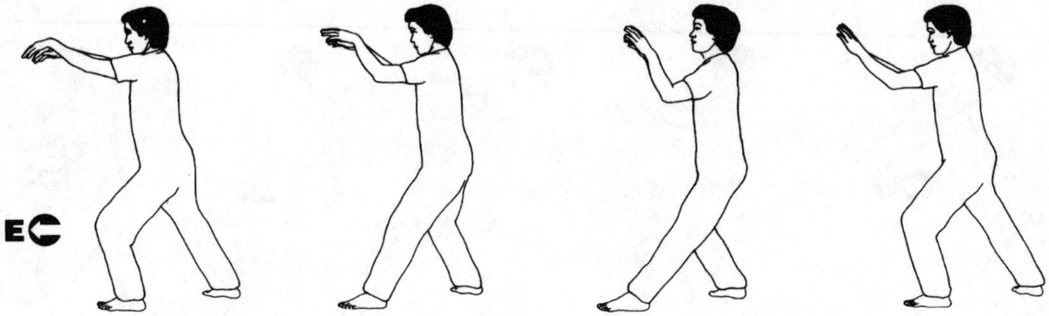

Abb. 5-35

Peitsche nach Westen

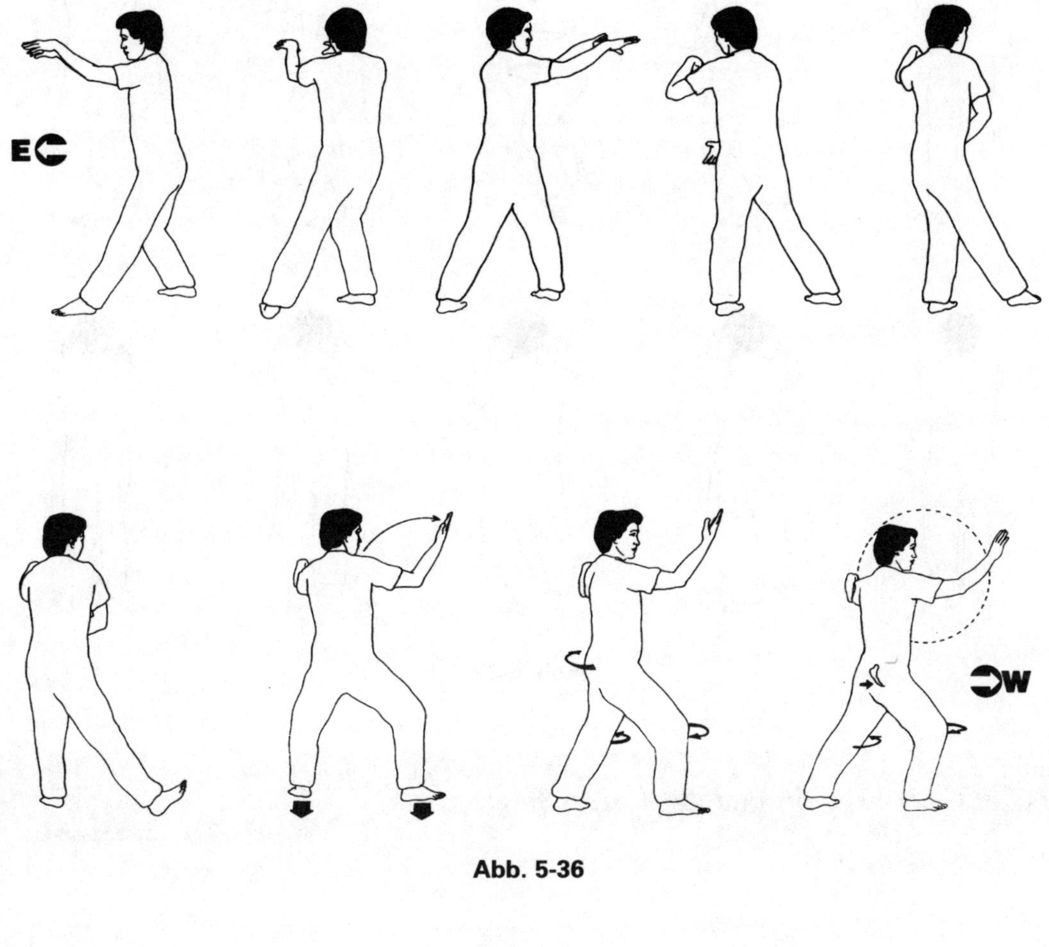

Abb. 5-36

Vogelschwanz nach Süden

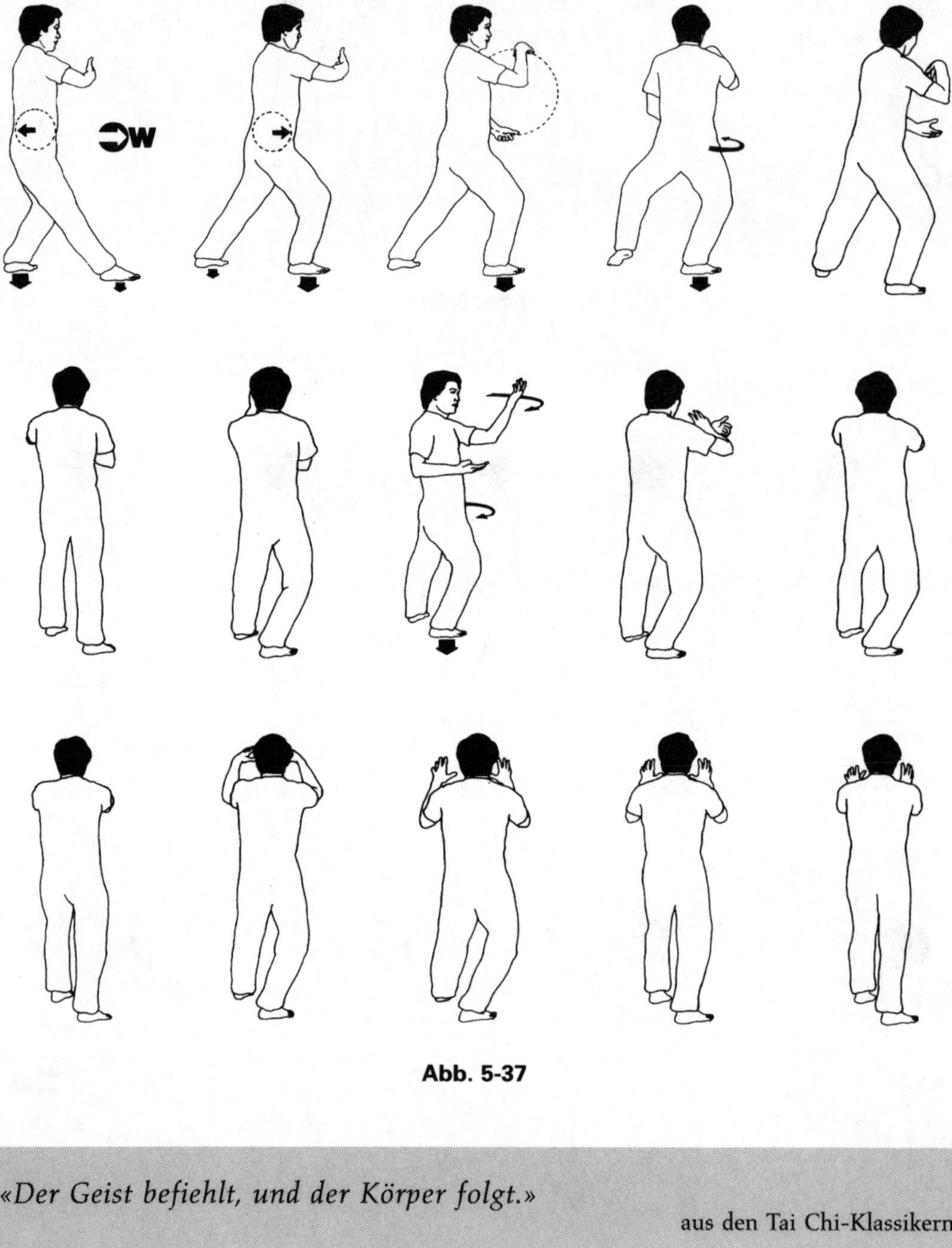

Abb. 5-37

«Der Geist befiehlt, und der Körper folgt.»

aus den Tai Chi-Klassikern

Peitsche nach Norden

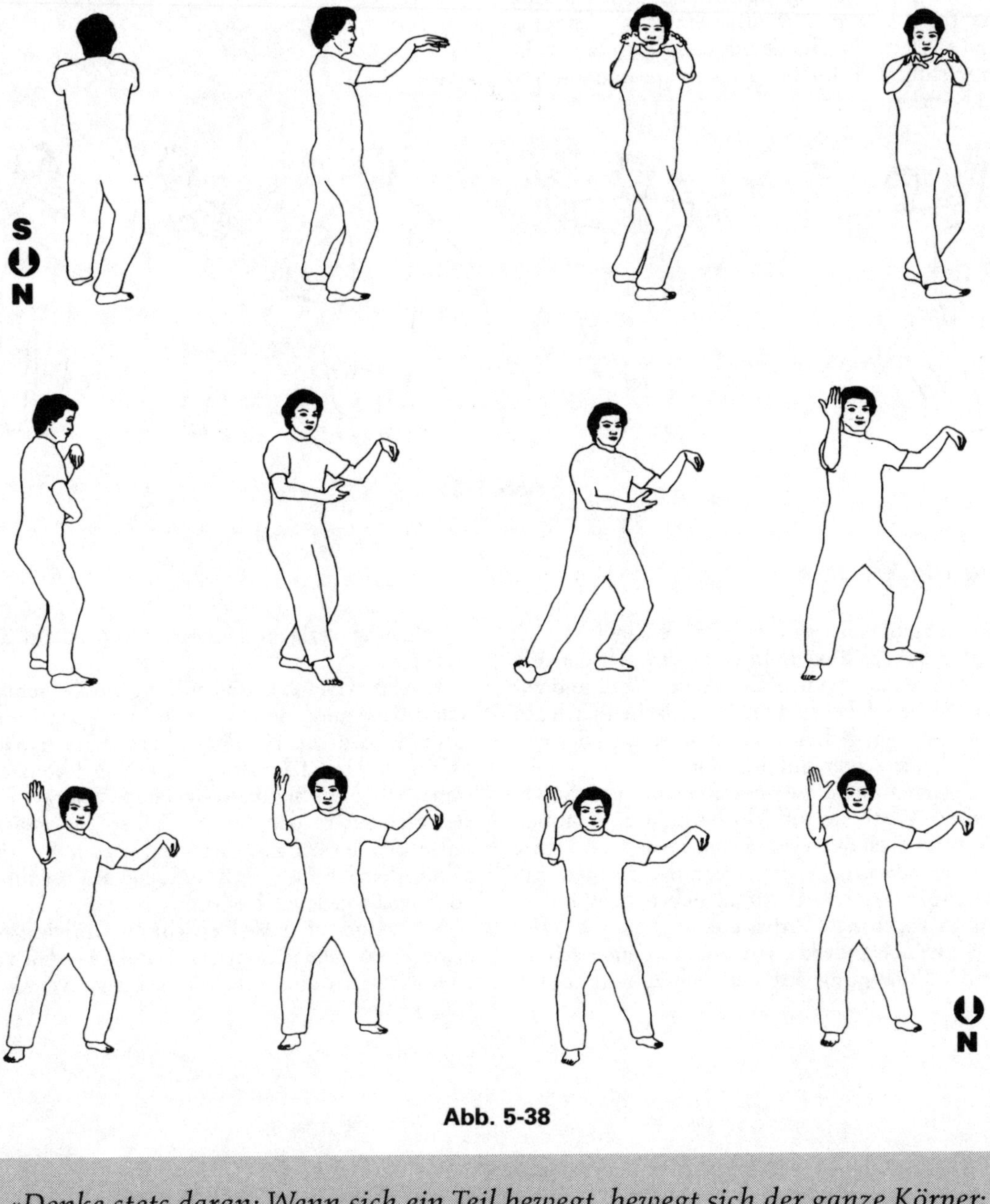

Abb. 5-38

«Denke stets daran: Wenn sich ein Teil bewegt, bewegt sich der ganze Körper; steht ein Teil still, sind alle Teile in Ruhe.»

aus den Tai Chi-Klassikern

Tai Chi schließen

Die folgenden Bewegungen bilden den Abschluß der Tai Chi-Form. Nachdem Sie Energie erzeugt und aus der Umgebung aufgenommen haben, ist es wichtig, Chi im Tan Tien einzusammeln und zu speichern.

Abb. 5-39

Hände kreuzen

1. Atmen Sie ein, während Sie das Gewicht nach hinten auf das linke Bein verlagern. Gleichzeitig heben Sie die Hände höher als den Kopf und vor den Körper; dabei sind die Handflächen nach außen und oben gedreht, die Fingerspitzen der beiden Hände zeigen aufeinander.

2. Lassen Sie die Arme zur Seite nach außen kreisen. Wenn sie auf Schulterhöhe sind, atmen Sie aus, heben die rechte Ferse, ziehen das rechte Bein gerade zurück und setzen den rechten Fuß in schulterbreitem Abstand neben dem linken Fuß in Richtung Norden auf.

3. Beide Hände kreisen weiter in einer schöpfenden Bewegung auf den Seiten nach unten Gleichzeitig verlagern Sie das Gewicht auf das rechte Bein.

4. Atmen Sie ein, und führen Sie die schöpfende Bewegung der Hände weiter nach innen fort, bis sich die Handgelenke mit nach oben gedrehten Handflächen vor dem Nabel kreuzen. Dabei schöpfen Sie die umgebende Energie mit den Händen in den Nabel. Ziehen Sie gleichzeitig den linken Fuß bei, und setzen Sie ihn neben dem rechten Fuß auf. Die Knie sollten noch leicht gebeugt bleiben.

5. Verlagern Sie das Gewicht gleichmäßig auf beide Beine. Die gekreuzten Hände werden vor dem Körper weiter angehoben, bis sie vor dem Hals stehen.

> *«Dein Körper sollte aufrecht, entspannt und in stabilem Gleichgewicht sein. Auf diese Weise kannst du jeden Angriff, aus welcher Richtung auch immer, abwehren.»*
>
> aus den Tai Chi-Klassikern

Hun Yuan-Stand (Abschluß der Tai Chi-Form)

1. Trennen Sie die beiden Hände, und führen Sie sie mit erhobenen Handflächen auf Schulterbreite auseinander.

2. Mit dem Ausatmen drehen Sie Handflächen zum Boden und senken die Arme langsam nach unten.

3. Wenn sich die Hände der Hüfte nähern, strecken Sie langsam die Beine und kehren in eine voll aufgerichtete Stellung zurück. Zuletzt lassen Sie die Arme in die Ausgangsstellung, den *Wu Chi-Stand* wie zu Beginn der Form, sinken.

Stehen Sie eine Minute lang still, und atmen Sie ganz normal. Spüren Sie die Energie, die Sie bei der Übung des Tai Chi Chi Kung erzeugt haben. Lassen Sie alle Energiekanäle offen und die Energie frei durch den ganzen Körper fließen. Spüren Sie, wie ein einziger, geschlossener Strom von Chi durch den Körper fließt, ohne daß irgendwo Hindernisse oder Blockaden auftreten. Gönnen Sie sich Zeit, um dieses Gefühl mit vollem Bewußtsein zu genießen.

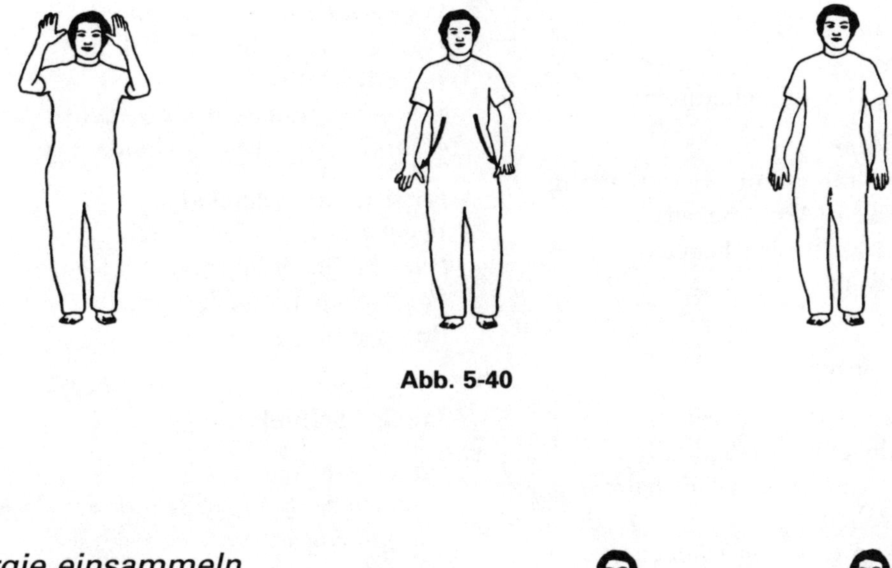

Abb. 5-40

Energie einsammeln

Wie bei allen taoistischen Disziplinen sammeln Sie am Ende die Energie im Tan Tien ein: Legen Sie dazu beide Hände auf den Nabel, und lassen Sie die Energie (in der Vorstellung) 36mal im Uhrzeigersinn auf dem Bauch nach außen kreisen, gefolgt von 24maligem Kreisen im Gegenuhrzeigersinn nach innen zum Nabel zurück. Bei Frauen sind die Drehrichtungen umgekehrt. Sie können das Kreisen auch auf je 9mal verkürzen (vgl. dazu die ausführlichen Anweisungen am Ende von Kap. 4).

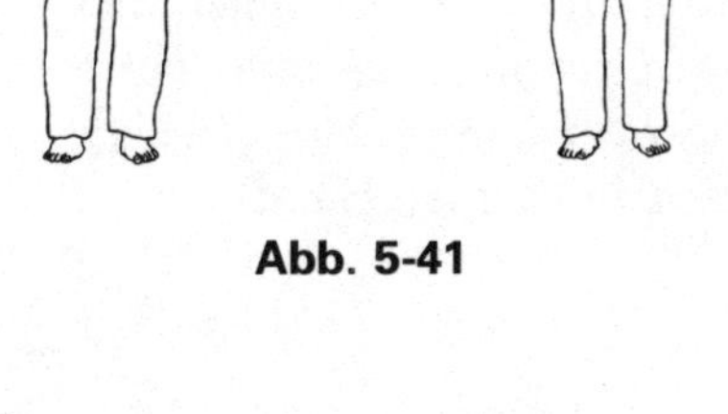

Abb. 5-41

Zusammenfassung: Bewegungsfolge in der Form des Tai Chi Chi Kung

Das Folgende ist eine Übersicht über die Abfolge der Bewegungen in der Tai Chi Chi Kung-Form. Es ist nützlich, die Namen der verschiedenen Bewegungen zu lernen, um den ganzen Ablauf besser behalten zu können.

Tai Chi Chi Kung I – Dreizehn Bewegungsformen

Vorbereitung

Wu Chi-Stand
- Lächeln
- Atmung (Energie einatmen)

Tai Chi öffnen
- Grundstellung einnehmen (Anfang)
- Chi wecken (Arme heben)
- Stoßen (mit beiden Händen)
- Arme senken

Kernform links

Vogelschwanz (nach Norden)
- Erste Abwehr: Chi-Ball halten
- Zweite Abwehr: Chi-Ball halten
- Zurückrollen
- Pressen (mit beiden Händen)
- Stoßen (mit beiden Händen)

Peitsche (nach Süden)
- Yin-Yang-Fisch
  Erste Drehung: Gewicht verlagern und eindrehen
  Zweite Drehung: Schnabel bilden
  Dritte Drehung: Schnabel befreien
  Hand zum Himmel ausstrecken
- Stoßen (mit einer Hand)

Vogelschwanz (nach Westen)
  Übergang: Tiger umarmen (Zurückweichen und Brust schützen)
  Erste Abwehr: Chi-Ball halten
  Zweite Abwehr: Chi-Ball halten
  Zurückrollen
  Pressen (mit beiden Händen)
  Stoßen (mit beiden Händen)

Peitsche (nach Osten)
Vogelschwanz (nach Süden)
Peitsche (nach Norden)

Kernform rechts

Richtungswechsel: Kind halten
Vogelschwanz (nach Norden)
- Zweite Abwehr: Chi-Ball halten
- Zurückrollen
- Pressen (mit beiden Händen)
- Stoßen (mit beiden Händen)

Peitsche (nach Süden)
Vogelschwanz (nach Osten)
Peitsche (nach Westen)
Vogelschwanz (nach Süden)
Peitsche (nach Norden)

Tai Chi schließen

Hände kreuzen
Hun Yuan-Stand (Abschluß der Form)
Energie einsammeln

Diagramm für den Bewegungsablauf der Tai Chi-Form

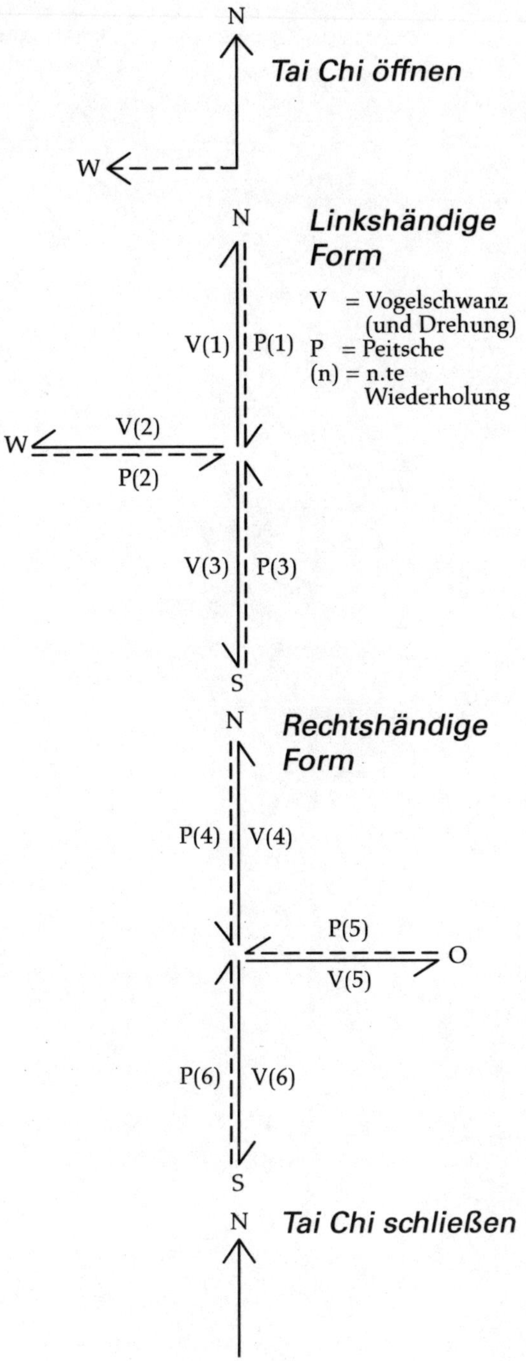

6 Übungsprogramm

Das Programm für das eigene Training ist in drei Stufen eingeteilt: Anfänger, Mittelstufe und Fortgeschrittene.

Wenn man die Grundlagen gut beherrscht, führt das zu einem besseren Verständnis der mittleren und fortgeschrittenen Stufen.

Anfänger

Meditation und Chi Kung als Vorbereitung

Tai Chi Chi Kung ist eine Fortsetzung der verschiedenen Formen taoistischer Meditation, wie des Inneren Lächelns, des Kleinen Energiekreislaufs und der Fusion der Fünf Elemente. Es ist wichtig, die Übung des Tai Chi mit regelmäßiger Meditationspraxis zu unterstützen. Da Tai Chi auch eine Fortführung des Eisenhemd-Chi Kung ist, ist es unbedingt erforderlich, die verschiedenen Eisenhemd-Übungen zu praktizieren, und darunter besonders *Baum umarmen* und *Die Goldene Schildkröte taucht ins Wasser.*

Wu Chi-Stand

Verwenden Sie etwas Zeit für das Üben der ersten Tai Chi-Position, des Wu Chi-Stands. Dabei muß man nur stillstehen und den Körper so weit wie möglich entspannen.

In dieser Position sollten Sie darauf achten, sich nicht in irgendeine Richtung zu neigen.

Der Himmlische Zug ist dafür die beste Kontrolle. Sobald man sich zur Seite neigt, nimmt der Zug von oben ab oder wird ganz abgeschnitten. Probieren Sie das aus; dann wird Sie diese Erfahrung auf die beste strukturelle Ausrichtung einstellen.

Stehen Sie ein paar Minuten still, und entspannen Sie den Körper so gut wie möglich. Sollten sich dabei Schmerzen bemerkbar machen, so ist das ein deutlicher Hinweis auf mangelhafte Ausrichtung.

Füße

Werden Sie sich der neun Punkte auf der Fußsohle und ihres Kontakts mit dem Boden bewußt, und überprüfen Sie, ob das Gewicht gleichmäßig auf beide Füße verteilt ist. Achten Sie darauf, daß die Zehen entspannt sind und nicht gekrümmt werden, als wollten sie sich am Boden festklammern.

Knie

Richten Sie die Aufmerksamkeit auf die Knie. Achten Sie darauf, daß die Knie leicht gebeugt sind. Dadurch sorgen Sie dafür, daß das Körpergewicht nicht in den Knien steckenbleibt; das könnte zum Beispiel geschehen, wenn die Knie zu sehr nach hinten in eine fixierte Position gestreckt werden. Dadurch werden sie unter dem Druck des Körpergewichts zu sehr belastet; auch der untere Rücken wird in Mitleidenschaft gezogen und ferner der Kreislauf von Chi und Blut blockiert.

Während Sie auf den Füßen von der Ferse zur Fußsohle sanft hin und her schaukeln, spüren Sie, wie das Gewicht allmählich weg von den Knien in die Füße sinkt. Damit das Gewicht etwas mehr auf die Fersen kommt, sollte die Kraft eher auf der Rückseite der Knie nach unten geleitet werden als auf der Vorderseite.

Wirbelsäule

Lenken Sie die Aufmerksamkeit von den Beinen zum Rücken, um zu überprüfen, ob der Bereich der Lendenwirbel durch ein gekipptes Becken nicht unnötig belastet ist. Achten Sie auch darauf, nicht im Hohlkreuz zu stehen.

Lenken Sie Ihre Aufmerksamkeit im Rücken weiter nach oben bis zu den Schultern. Achten Sie darauf, daß die Schultern nicht angespannt oder hochgehoben sind. Richten Sie die Aufmerksamkeit weiter nach oben zur Schädelbasis, und sorgen Sie dafür, daß das Kinn leicht nach hinten angezogen ist, um im Nacken ein Gefühl der Offenheit zu erzeugen.

Kopf

Achten Sie darauf, daß der Kopf nicht nach vorn hängt. Spüren Sie einen leichten Zug nach oben am Scheitelpunkt, während die Himmlische Kraft die Erdkraft nach oben zieht. Bleiben Sie ganz entspannt, und lassen Sie sich von der Himmlischen Kraft nach oben ziehen und die Wirbelsäule strecken.

Es mag sein, daß Sie den Neigungswinkel des Kopfes ganz langsam berichtigen müssen. Spüren Sie den verbesserten Energiefluß von den Fußsohlen bis zum Scheitel, wenn der Himmlische Zug stärker ist.

Augen

Halten Sie die Augen geöffnet und entspannt. Richten Sie den Blick direkt geradeaus, weder auf den Boden noch auf den Himmel. Dann sollten Sie spüren, wie sich die Augenwinkel durch ein sehr feines inneres Lächeln entspannen.

Kiefer

Entspannen Sie die Kiefermuskeln, und achten Sie darauf, daß Sie die Zähne nicht aufeinanderpressen. Die Zunge sollte den Gaumen so berühren, daß nicht zu viel Speichel erzeugt wird.

Mundwinkel

Durch Ihr inneres Lächeln werden die Mundwinkel leicht angehoben. Entspannen Sie die Hals- und Nackenmuskeln so gut wie möglich. Das Schlucken von etwas Speichel unterstützt die Entspannung.

Brust

Richten sie die Aufmerksamkeit auf das Brustbein. Wenn dort Spannungen sind, atmen Sie langsam ein, ohne noch mehr anzuspannen, und atmen Sie langsam durch den Mund aus, bis keine Luft mehr in der Lunge ist.

Unterbauch

Überprüfen Sie, ob die Muskeln des Unterbauchs entspannt sind und sich auf natürliche und mühelose Weise beim Einatmen ausdehnen und beim Ausatmen zusammenziehen.

After und Perineum

Richten Sie die Aufmerksamkeit auf den After, und halten Sie den Aftermuskel ganz leicht angespannt. Diese Muskelkontraktion darf auf keinen Fall gewaltsam sein, denn das würde im ganzen Rumpf Spannungen verursachen. Sie ist vielmehr das Ergebnis eines guten Muskeltonus im Perineum.

Achselhöhlen

Richten Sie die Aufmerksamkeit auf die Achselhöhlen. Lassen Sie dort so viel Raum, daß ein Tischtennisball hineinpaßt.

Handflächen

Lassen Sie die Mitte der Handflächen völlig entspannt und die Finger locker hängen.

Wichtige Punkte

Beim Üben der kompletten Tai Chi Chi Kung-Form sollten Sie auf die folgenden Punkte achten:

- Der Schwerpunkt bleibt hauptsächlich im Bereich des *Tan Tien.*
- Der Zug der Himmlischen Kraft wirkt kontinuierlich.
- Das Tempo bleibt stets gleichmäßig.
- Die Bewegungen fließen ohne ruckartige oder plötzliche Wechsel ununterbrochen weiter.
- Der Atem geht gleichmäßig und hält niemals an.
- Während der ganzen Form bleiben Sie bei natürlicher Atmung in den Unterbauch.
- Die Brust ist leicht eingesunken, und die Schulterblätter sind gerundet.
- Solange Sie keine Schritte machen, haben die neun Punkte auf der Fußsohle ständig vollen Kontakt mit dem Boden.
- *Yin* und *Yang, Leere* und *Fülle,* werden bei jedem Schritt deutlich unterschieden.
- Die Hüfte führt die Bewegungen des Rumpfes.
- Die Ausrichtung des Rückens geht nicht verloren, wenn Sie nach hinten sinken.
- Die Ellbogen zeigen immer nach unten zum Boden.

Bei jeder Runde der Form können Sie einen dieser Punkte auswählen, auf den Sie dann besonders achten. Üben Sie diesen Punkt so lange, bis Sie merken, daß Sie ihn beherrschen, und suchen Sie sich dann einen anderen Punkt aus.

Die Stellung halten

Beginnen Sie die Tai Chi-Form, und halten Sie bei jeder Stellung inne, um die folgenden Punkte zu kontrollieren:

- Wirkt der Zug am Scheitelpunkt?
- Ist die Wirbelsäule ausgerichtet?
- Stehe ich irgendwie geneigt?
- Befindet sich der Schwerpunkt im Unterbauch?
- Ragt das Knie über den Zehenrand hinaus?
- Haben die neun Punkte auf der Fußsohle Kontakt mit dem Boden?
- Ist meine Stellung stabil oder nicht?

- Blicken die Augen geradeaus?
- Ist die Atmung entspannt?

Lassen Sie sich in jeder Stellung genügend Zeit. Verlängern Sie allmählich die Zeit, die Sie in jeder Stellung verharren, von anfänglich 30 Sekunden auf fünf Minuten. Achten Sie darauf, ob sich Schmerzen oder Spannungen bemerkbar machen; sie können Hinweise auf subtile Haltungsfehler geben.

Mittelstufe

Wenn Sie alle Punkte der Anfängerstufe in Ihre Tai Chi-Form integriert haben, können Sie den Prozeß der Verfeinerung auf der Mittelstufe fortsetzen.

Spüren Sie, wie sich die Muskeln von den Knochen lösen

Erfahren Sie in der Meditation eine Tiefenentspannung bis zu dem Punkt, an dem Sie das Gefühl haben, daß sich die Muskeln von den Knochen lösen. In diesem Zustand der Entspannung fließt die Lebenskraft weitaus besser als in allen Zuständen, die Sie vorher erfahren haben. Übertragen Sie dieses Niveau der Entspannung auf die Tai Chi-Bewegungen.

Führen Sie die Tai Chi-Bewegungen mit Chi und dem «I»-Bewußtsein

Nachdem Sie gelernt haben, sich im Zustand der Tiefenentspannung zu bewegen, führen Sie die Tai Chi-Bewegungen hauptsächlich durch Geist und Chi und weniger durch die Muskelarbeit, die gewöhnlich auf der Anfängerstufe eingesetzt wird.

Üben Sie in flüssigem und gleichmäßigem Tempo

Behalten Sie die anfängliche Geschwindigkeit bei den Bewegungen bei, und versuchen Sie, die letzten Bewegungen der Form noch im gleichen Fluß auszuführen, denn es kommt hier vor allem auf die Anmut Ihrer Tai Chi-Bewegungen an.

Konzentrieren Sie sich auf die Energieentladung

Teilen Sie jede Bewegung in einzelne Phasen, und spüren Sie, wie die Energie übertragen wird. Wenn Sie mit langsamen Bewegungen üben, können Sie die genaue Position der Energie in jeder Phase spüren.

Regulieren Sie die Schrittgröße

Es ist eine gute Hilfe, die Stelle, an der Sie mit der Form begonnen haben, zu markieren. Wenn die Schritte stets gleich groß bleiben, werden Sie die Form an genau derselben Stelle beenden, an der Sie begonnen haben, oder unmittelbar daneben. Gleichmäßige Schrittlänge bringt Sie auch bei jedem Übergang in die richtige Richtung.

Das rechte Maß für Ihre Schritte hängt von der Länge Ihrer Beine ab. Wenn die Schritte zu kurz sind, führt das gewöhnlich dazu, daß die Knie über den Zehenrand hinausragen. Dadurch müssen die Knie zu viel Gewicht tragen und können schmerzen. Wenn der Schritt zu groß ist, geht dabei der Schwerpunkt verloren.

Kontrolle der aufrechten Haltung

An folgenden Zeichen können Sie merken, daß Sie nicht mehr aufrecht, sondern irgendwie geneigt stehen:

- Eine Schulter ist höher als die andere.
- Die Hände befinden sich beim Drehen oder Stoßen nicht auf gleicher Höhe.
- Der Hüftknochen und das Kreuzbein sind beim Zurückweichen seitlich gekippt.
- Beim Stoßen und bei der Abwehr lehnen Sie sich nach vorn.
- Beim Zurücksinken lehnen Sie sich nach hinten.

Fortgeschrittene

Wenn Sie alle Punkte der Anfänger- und Mittelstufe in Ihre Tai Chi-Praxis integriert haben, ohne an die einzelnen Punkte denken oder sie kontrollieren zu müssen, kann man Sie als fortgeschrittenen Tai Chi-Praktizierenden betrachten. Hier folgen die wichtigen Punkte, die auf dieser Stufe zu beachten sind:

1. Die durch Meditation kultivierte Geistesstille führt dazu, daß zufällige Gedanken verschwinden. Versuchen Sie, diesen Zustand beim Tai Chi zu bewahren.

2. Spüren Sie den Energiefluß in jeder Bewegungsphase.

Ihr Geist sollte mit Energie und Bewegung verschmelzen.

3. Atmen Sie ständig regelmäßig und ruhig. Atmen Sie in der Yin-Phase jeder Bewegung ein (z.B. beim Zurücksinken und Drehen); atmen Sie in der Yang-Phase aus (z.B. bei der Abwehr, beim Stoßen und bei der Peitsche). Zuletzt sollte das koordinierte Ein- und Ausatmen automatisch und ohne bewußte Anstrengung erfolgen.

4. Halten Sie Ihren Blick ruhig, ohne viel zu blinzeln oder umherzuschauen. Die Augen sind der Spiegel von Geist und Seele. Ihre Augen sind entspannt und doch wachsam.

5. Konzentrieren Sie sich voll und ganz auf die Bewegungen, ohne sich durch Geräusche ablenken zu lassen.

6. Sie sollten auf entspannte Muskeln und Geschmeidigkeit achten, aber trotzdem in der Lage sein, Energie augenblicklich zu entladen.

7. Bewegungen und Schritte sollten lautlos sein.

8. Bleiben Sie während der ganzen Form im Tan Tien zentriert.

Teil II Vertiefung

7 Die Yin- und Yang-Form des Inneren Lächelns (Yin-Yang-Form)

Yin und Yang im Tai Chi Chi Kung

Die Untrennbarkeit, gegenseitige Durchdringung und Dynamik von Yin und Yang finden ihren Ausdruck im Tai Chi-Symbol. Dieses Symbol stellt Bewegung dar: Yang schiebt Yin, und Yin zieht Yang. Die ursprünglichen chinesischen Schriftzeichen für Yin und Yang bildeten jeweils die dunkle und die helle Seite eines Berges ab. Ihre Eigenschaften sind gegensätzlich: Die Yang-Seite ist heiß, hell und trocken; im Gegensatz dazu ist die Yin-Seite kalt, dunkel und naß.

So tiefgründig es auch sein mag, so ist dieses Symbol doch nichts weiter als ein Symbol. Die Theorie von Yin und Yang bleibt wertlos, wenn sie nicht der unaufhörlichen Bewegung des Lebenstanzes zugeordnet werden kann.

Das Wechselspiel von Yin und Yang sorgt für das zyklische Gleichgewicht in der Natur: Die Nacht folgt auf den Tag, der Mond folgt auf die Sonne, der Winter folgt auf den Sommer. Wenn der Winter seine kälteste Phase erreicht, spüren wir, daß der Frühling naht. Wenn der Sommer am heißesten ist, wissen wir, daß der Herbst vor der Tür steht.

Abb. 7-1: Das Tai Chi-Symbol

In ähnlicher Weise findet die Polarität von Yin und Yang im Tai Chi Chi Kung konkrete Form. Tai Chi ist eine Methode, um Yin und Yang bewußt zu erfahren. Bestimmte Bewegungen haben eher Yin-Charakter, während andere eher zum Yang tendieren.

Spezifische Manifestationen von Yin und Yang auf physischer Ebene sind:

Yin	Yang
Erde	Himmel
einatmen	*ausatmen*
Energie aufnehmen	Energie entladen
nach unten sinken	hochgehen
zurückgehen	vorwärtsgehen
schließen	öffnen
senken	heben
beugen	strecken
zusammenziehen	ausdehnen
passiv	aktiv
unterstützend	beherrschend
nachgiebig	fest
unten	oben
sammeln	freisetzen
innen	außen
weich	hart
Abwehr	Angriff

Wie im Tai Chi-Symbol zu erkennen, ist jede Bewegung im Tai Chi Chi Kung eine besondere Kombination von Yin und Yang: je mehr Yang, desto weniger Yin; und umgekehrt. Der Bewegungsablauf im Tai Chi ist so gestaltet, daß die relativen Anteile von Yin und Yang ständig wechseln. Eine Situation, die zunächst hauptsächlich Yin-Charakter hat, wandelt sich im Fluß der Bewegung in eine Situation, die hauptsächlich Yang-Charakter hat, indem Yang im gleichen Maße zunimmt, wie Yin abnimmt.

Obwohl die Proportionen von Yin und Yang sich ständig verändern, ordnen wir gewöhnlich die einzelnen Bewegungen demjenigen Pol zu, auf den sie sich zubewegen. Daher könnte man den im letzten Abschnitt beschriebenen Umwandlungsvorgang wie folgt ausdrücken: Reines Yin zu Gemischtem Yin zu Gemischtem Yang zu Reinem Yang zu Gemischtem Yang zu Gemischtem Yin zu Reinem Yin. Dieser Zyklus wiederholt sich im Verlauf der Tai Chi Chi Kung-Form.

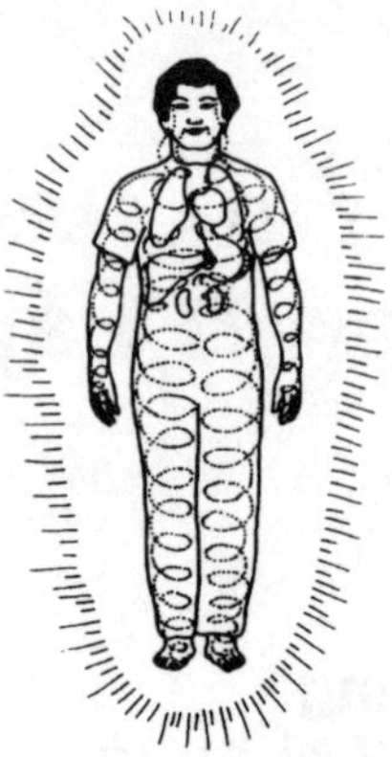

Abb. 7-2: Das Innere Lächeln

In die Gelenke zu lächeln trägt dazu bei, sie zu öffnen, so daß wir uns freier bewegen können. Durch Lächeln entspannen sich die Muskeln und lösen sich von den Knochen, so daß Chi besser fließen kann. Wenn wir in die Knochen lächeln, nehmen sie Energie auf. Das Ziel des Tai Chi Chi Kung besteht darin, den Geist zur Aufnahme, Umwandlung und Lenkung von Chi einzusetzen. Das Innere Lächeln schafft die Voraussetzungen für das Erreichen dieses Ziels.

Entspannung und Aktivität

Entspannung gilt als Schlüssel zur Unterscheidung von Yin und Yang. Entspannung ist das Fundament der Aktivität und von entscheidender Bedeutung für die Aufnahme von Chi. Lächeln, so wie es beim Inneren Lächeln geübt wird, ist eine äußerst wirkungsvolle Entspannungstechnik. Es ist wichtig, die Tai Chi Chi Kung-Form mit einem Lächeln zu beginnen und während des ganzen Ablaufs zu lächeln.

Das Lächeln beginnt in den Augen, breitet sich über das Gesicht aus und zieht die Mundwinkel etwas nach oben. Das Lächeln wird dann zu den Organen weitergeleitet, besonders zu Herz und Nieren.

Erde und Himmel

Es ist nützlich, sich zu Beginn der Tai Chi Chi Kung-Form einen Baum vorzustellen, denn er besitzt den idealen Aufbau für die Aufnahme von Energie. Die Wurzeln reichen tief in die Erde, um die Irdische Kraft aufzunehmen; der Stamm ist aufrecht und streckt sich nach oben, um die Himmlische Kraft aufzunehmen; das Blätterwerk breitet sich aus, um die Kosmische Kraft aufzunehmen.

Vor Beginn der Tai Chi Chi Kung-Form sollte man das Kreuzbein leicht einziehen, so daß sich das Steißbein an der Wirbelsäule ausrichtet und die Kraft in der Len-

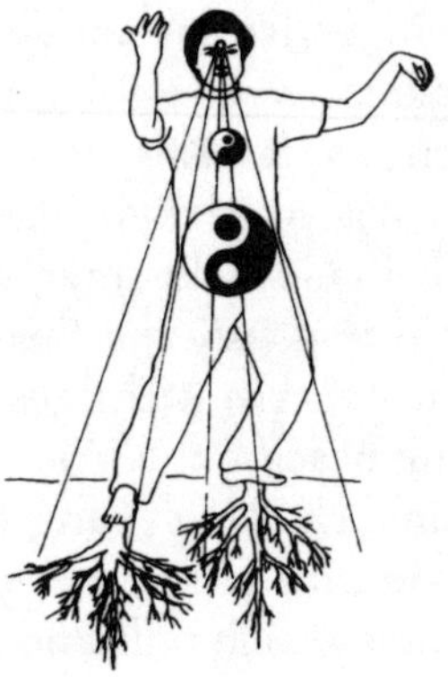

Abb. 7-3: Die Erdkraft absorbieren

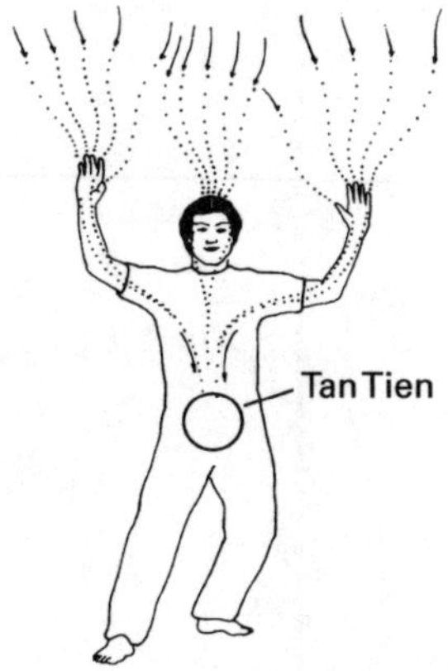

Abb. 7-4: Die Himmlische Kraft absorbieren

dengegend zu spüren ist. Durch diese subtile Bewegung werden die neun Punkte auf der Fußsohle fest auf den Boden gedrückt. Rollen Sie auf den Füßen allmählich vom Ballen zur Ferse, bis Sie spüren, wie die Kraft durch die Ferse zur Hüfte und zur Wirbelsäule aufsteigt. Spüren Sie die Aktivität an der *Sprudelnden Quelle* (N 1), während die Erdenergie durch dieses Energiezentrum in der Fußmitte hochsteigt und dann weiter durch die Beine und das Steißbein hoch in die Wirbelsäule fließt. Die Irdische Energie löst eine Art von Wellenbewegung in der Wirbelsäule aus. Sobald die Energie die Schulterblätter erreicht, werden die Arme mit Hilfe von Chi auf Schulterhöhe angehoben. Während die Brust einsinkt und das Kinn angezogen wird, fließt die Energie weiter durch die Halswirbelsäule zum Scheitel. Wenn der Scheitel nach oben gestreckt wird, entsteht eine Verbindung zur Himmlischen Kraft. Dabei wird ein Zug nach oben wirksam, und man hat das Gefühl, als sei das ganze Knochengerüst oben aufgehängt.

Während der ganzen Form sollten Sie die Verbindung zu den Drei Kräften bewahren. Fühlen Sie sich in der Erde verwurzelt und doch nach oben zum Himmel gezogen. Während Sie die Finger ausbreiten und sanft wie Blätter in einer Brise bewegen, spüren Sie die Kosmische Kraft, die uns wie ein Ozean von Chi umgibt.

Die Energie wird während der Yin-Phase einer Bewegung aufgenommen. Der Vorgang des Leerwerdens, der als Yin-Phase gilt, schafft Raum, der dann wieder gefüllt werden kann. Die Atmung ist ein Beispiel für diesen Vorgang. Das Ende des Einatmens ist außerhalb des Körpers ganz Yin. Zu diesem Zeitpunkt sind die Lungen vollständig Yang (im Innern des Körpers) und ganz gefüllt. Während man die erwärmte Luft ausstößt, wird die Außenseite des Körpers nach und nach Yang, während sich das Innere leert und so Yin wird, mit einem vergrößerten Potential für die Aufnahme von Luft. Absorbieren Sie Energie in die Handflächen und die Fußsohlen, und tun Sie das so sanft, als würden sie einen Seidenfaden vom Kokon ziehen.

Die Erdkraft ist kühl und wird durch die Füße, den Körperteil mit dem stärksten Yin-Charakter, aufgenommen. Sie gilt deshalb als Yin-Energie. Die Himmlische Kraft ist dagegen heiß und wird durch den Kopf,

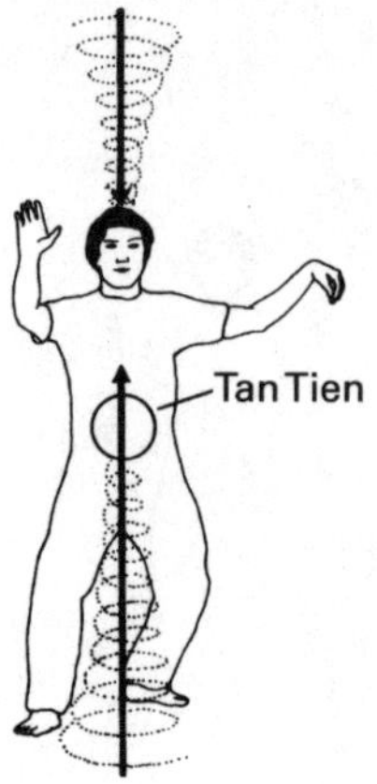

Abb. 7-5: Himmlische Kraft und Erdkraft im Tan Tien harmonisieren

den Körperteil mit dem stärksten Yang-Charakter, aufgenommen. Sie gilt deshalb als Yang-Energie. Da der Mensch zwischen diesen beiden Kräften steht, hat er die Verantwortung, sie zu harmonisieren. Wenn die Yin- und Yang-Energien aufgenommen und im Tan Tien vereinigt und vermischt werden, können sie in eine höchst nützliche Form von Chi umgewandelt werden, die das ganze Wesen nährt, wenn sie durch den Kleinen Kreislauf fließt.

Leere und Fülle in den Beinen

Eines der wichtigsten Kennzeichen von Yin und Yang in der Tai Chi Chi Kung-Form ist das Bewußtsein für *Leere* und *Fülle*. Beim Üben der Kernform verlagern Sie das Gewicht zwischen dem rechten und dem linken Bein hin und her. Das belastete Bein ist das volle Bein; es ist das aktivere Bein mit Yang-Charakter, weil es die Hauptarbeit leistet, indem es das Körpergewicht trägt. Dagegen ist das leere Bein dasjenige, das kaum oder kein Gewicht trägt; es ist lockerer, mehr Yin und frei von Spannung.

Sie sollten stets ein wichtiges Gesetz von Yin und Yang beachten: Nichts ist gänzlich Yin oder gänzlich Yang. Yang enthält immer etwas Yin und Yin immer etwas Yang. Deshalb beziehen sich *voll* und *leer* auf die dominierende Yang- oder Yin-Qualität des Beins. So ist zum Beispiel das volle Bein zwischen 51 Prozent und 99 Prozent Yang; doch während Yang dominiert, ist dieses Bein immer noch zwischen 1 Prozent und 49 Prozent Yin.

Sobald Sie mit der Tai Chi-Form beginnen, sollten Sie Yin und Yang klar unterscheiden. Das volle Bein ist das «Kraftbein», denn es entlädt die gespeicherte Energie, so wie ein Bogen einen Pfeil abschießt. Im Verlauf der Entladung wird das volle Bein leer, und das leere Yin-Bein wird Yang oder voll, während Sie das Gewicht darauf verlagern. Im *Tao Te Ching* wird dieser Vorgang in folgenden Versen ausgedrückt:

«Was man zusammendrücken will,
muß sich erst richtig ausdehnen.
Was man schwächen will,
muß erst richtig stark werden.»

Tao Te Ching, 36. Lehrsatz

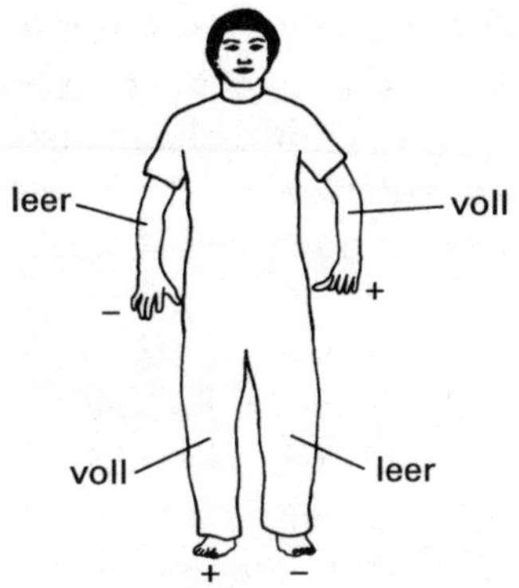

Abb. 7-6

Leere und Fülle in den Armen

Die Arme wechseln in ähnlicher Weise zwischen Leere und Fülle hin und her. Ein Arm ist immer dominierend und *voll*, während der andere unterstützend, passiv und *leer* ist. Der volle Arm ist immer auf der gegenüberliegenden Seite des vollen Beins. Wenn zum Beispiel das Gewicht überwiegend auf dem linken Bein ruht, ist der rechte Arm voll.

Funktionale Opposition

Die volle und die leere Seite wechseln sich bei jeder Bewegung ab. Zum Beispiel ist beim *Stoßen* (im linkshändigen Teil der Form) das rechte Bein anfänglich vorne und belastet. Wenn Sie das Gewicht dann auf das linke Bein zurückverlagern, wird die rechte Hand dominierend, während die linke Hand etwas entspannter sein und eine unterstützende Rolle spielen sollte. Wenn Sie dann das Gewicht wieder nach vorn verlagern, ist die rechte Hand zu Beginn des Stoßens dominierend; aber in dem Maße, wie das rechte Bein sich mit dem Körpergewicht zu füllen beginnt, sollte sich die rechte Hand entspannen, während die linke die führende Rolle übernimmt.

Diese Gesetzmäßigkeit läßt sich am Beispiel eines rechtshändigen Baseballwerfers veranschaulichen. Zuerst holt er Schwung und verlagert dabei sein Gewicht nach hinten auf das rechte Bein, um Energie zu sammeln. Dann verlagert er sein Gewicht nach vorn auf sein linkes Bein und wirft den Ball.

Ein anderes Beispiel dafür ist die Art und Weise, wie die Arme beim Gehen oder Laufen schwingen. Während das eine Bein nach vorn kommt, schwingt der entgegengesetzte Arm als Gegengewicht nach vorn. Dieses Prinzip der funktionalen Opposition gilt durch die gesamte Tai Chi Chi Kung-Form hindurch und sorgt für ein harmonisches Verhältnis von oben und unten, links und rechts. Daher ist funktionale Opposition eine wichtige Methode, um beim Tai Chi Yin und Yang im Gleichgewicht zu halten.

Doppelgewichtigkeit vermeiden

Wenn nicht klar zwischen Yin und Yang, Leere und Fülle unterschieden wird, nennt man das Doppelgewichtigkeit. Zur Doppelgewichtigkeit kann es auf verschiedene Weise kommen:

Erstens dann, wenn beide Arme gleichzeitig Yang sind oder wenn das Gewicht gleichzeitig gleichmäßig auf beide Beine verteilt ist. Im Gegensatz zur Kernform ist dies beim *Tai Chi öffnen* kein Fehler, denn in dieser Bewegung beziehen sich Yin und Yang auf oben und unten, Expansion und Kontraktion. Wenn das Gewicht zu gleichen Teilen auf beide Füße verteilt ist, wird es schwieriger, sich schnell von einer Seite auf die andere zu bewegen. Viele Leute kennen dieses Gefühl von Sportarten wie Tennis und Rakett, bei denen sie in bestimmten Situationen nicht schnell reagieren konnten, weil sie die Füße nicht vom Boden hochbrachten.

Zweitens kommt es zur Doppelgewichtigkeit, wenn auf einer Körperseite sowohl die obere als auch die untere Körperhälfte Yang oder Yin sind. Um noch einmal das Beispiel des Baseballwerfers zu benutzen, so sieht man nie, daß ein rechtshändiger Werfer beim Wurf mit dem rechten Bein vorwärtsgeht. Versuchen Sie es selbst, und Sie werden merken, wie unbeholfen das ist. Um diese Art der Doppelgewichtigkeit zu vermeiden, sollten Sie stets darauf achten, daß das Gewicht sich auf das linke Bein verlagert, wenn Sie im rechten Arm Kraft entfalten wollen, und umgekehrt. Wenn Sie dagegen wollen, daß der linke Arm leer und weich ist, bedeutet das, daß das rechte Bein ebenfalls leer sein sollte. Wenn Sie diese Regeln befolgen, werden Sie bei Ihrer Tai Chi-Praxis das Gleichgewicht von Yin und Yang bewahren.

Beugen und Strecken

Beugen ist Yin, und Strecken ist Yang. Wenn wir Arme, Beine und Wirbelsäule beugen, speichern wir Energie. Wenn wir sie strecken, entladen wir die gespeicherte Energie. In den Tai Chi-Klassikern heißt es: «*Sammle Energie, als spanntest du einen Bogen, und setze sie ein, als schnelltest du einen Pfeil ab.*» Aus diesem Grund werden Arme, Beine und Wirbelsäule im Tai Chi als die *Drei Bögen* bezeichnet. Wenn man einen Pfeil sehr weit schießen will, muß man zuerst den Bogen spannen.

Anfänger versäumen es oft, bei Gewichtsverlagerungen die Knie genügend zu beugen. Daher mangelt es ihren Bewegungen an Kraft. Da eine übertriebene Beugung jedoch dazu führen kann, daß die ganze Struktur zusammenfällt, ist es wichtig, weder zu stark noch zu schwach zu beugen.

Ebenso kann eine zu starke Streckung der Arme oder Beine zu Steifheit und Überdehnung führen. Die Gelenke werden im Chi Kung oft als *Energietore des Körpers* bezeichnet. Daher sollten beim Strecken der Arme und Beine die Ellbogen und die Knie niemals fixiert werden. Statt dessen werden diese Gelenke leicht gebeugt gehalten, damit die Energietore offen bleiben. Dadurch wird es für Chi und Blut möglich, ungehindert durch die Gliedmaßen zu fließen, ohne daß Blockaden entstehen, die man durch Fixierung der Gelenke und unabsichtliches Schließen der Tore erzeugt.

Oben und unten, vorwärts und rückwärts, links und rechts

In den Tai Chi-Klassikern heißt es: «*Wenn du oben angreifst, darfst du unten nicht vergessen. Wenn du nach links angreifst, mußt du auf die rechte Seite achten. Wenn du vorgehst, darfst du den Rückzug nicht vergessen. Wenn dein Angriff nach oben gehen soll, mußt du ihn zuerst nach unten richten.*» Oben und unten sind die zwei Seiten derselben Münze, und das gilt auch für vorwärts und rückwärts, links und rechts. Dies wird besonders wichtig bei der Anwendung und Strategie des Tai Chi als Kampfkunst. Wenn wir uns vorwärts bewegen, sollten wir stets bereit sein, uns wenn nötig auf der Stelle zurückzuziehen. Ebenso sollten wir beim Zurückziehen auf die Gelegenheit zum Vorwärtsgehen achten. Wenn man sich ausschließlich auf das

Abb. 7-7: Zurückziehen ist Yin, Vorwärtsgehen ist Yang

Vorwärtsgehen konzentriert, ohne einen Teil der Aufmerksamkeit auf das Zurückziehen zu richten, kann man leicht in eine Falle gelockt werden. Dann wird das Bewußtsein nicht mehr in der Lage sein, schnell genug zu reagieren, um der Falle auszuweichen, weil das Bewußtsein zu einseitig Yang-orientiert ist und der Samen des Yin nicht bewahrt wurde.

Wenn man seinen Gegner nach oben führen will, ist es strategisch klug, zuerst einen leichten Druck nach unten auszuüben. Der Gegner wird dann versuchen, dem Scheinangriff nach unten durch eine Aufwärtsbewegung auszuweichen. Dann kann man seine Intention nutzen, seine Energie borgen und sie mit der eigenen Kraft im Angriff nach oben kombinieren, um ihn so mit Leichtigkeit zu entwurzeln.

Das gleiche Prinzip gilt auch für links und rechts. Wenn man die rechte Seite des Gegners angreifen will, sollte man ihn ablenken, indem man einen leichten Druck auf die linke Seite ausübt. Wenn der Gegner seine Aufmerksamkeit dann auf die linke Seite richtet, läßt er vielleicht seine rechte Seite ungeschützt, so daß er leicht anzugreifen ist.

Weich und hart

In den Tai Chi-Klassikern steht: «*Die größte Weichheit wird zur größten Fülle.*» Tai Chi wird oft als weiche Kampfkunst bezeichnet, und zwar deshalb, weil die meisten Kampfkünste auf Muskelkraft und Schnelligkeit basieren, während Tai Chi das Gleichgewicht von weich und hart betont. Es wäre jedoch verkehrt, Tai Chi ausschließlich als weichen Stil zu betrachten, denn Tai Chi umfaßt Yin und Yang, sowohl weich als auch hart. Manche Tai Chi-Schüler pflegen fälschlich das Weiche unter Vernachlässigung des Harten und landen schließlich bei einer Art von Tai Chi, welche die echten Meister geringschätzig als *Tofu-Tai Chi* bezeichnet haben.

Während die meisten Leute die Stärke der Härte in den Kampfkünsten sehr wohl verstehen können, erscheint ihnen die Stärke der Weichheit und des Nachgebens widersprüchlich und verwirrend. Die Stärke des Tai Chi läßt sich mit geläutertem Federstahl vergleichen. Federstahl ist stark und doch biegsam, nachgiebig und doch kraftvoll. Um Eisenerz zu Federstahl zu läutern, muß es viele Male zu einer weichen, flüssigen Masse geschmolzen werden, bis alle Verunreinigungen entfernt sind. In ähnlicher Weise müssen wir beim Tai Chi-Training zuerst lernen, den Körper zu entspannen und in jedem Gelenk flexibel zu werden, bis die Bewegungen von jeglicher Spannung und Steifheit geläutert sind. Dadurch werden wir letztlich stark und doch geschmeidig, weich an der Oberfläche und doch hart im Innern, so wie in Watte gepackter Stahl. Das ist wahre Kraft, ein Gleichgewicht von Yin und Yang.

Das Prinzip des Gleichgewichts von Weichheit und Härte kommt auch in der Auseinandersetzung mit einem Gegner zur

Geltung. Wir begegnen der Yang-Kraft des Gegners mit Yin und greifen seine Yin-Stellen mit Yang an. Beim Tai Chi gehen wir niemals frontal gegen die Yang-Kraft des Gegners an. Anstatt uns der vollen Wucht der gegnerischen Yang-Kraft auszusetzen, geben wir ihr in weicher Yin-Manier nach. Weil aber Yang immer Yin in sich birgt, müssen wir gleichzeitig erspähen, wo die weichen (schwachen und ungeschützten) Yin-Stellen des Gegners sind, und unsere harte Yang-Kraft auf diese Stelle richten. Wir verschwenden unsere Yang-Kraft nicht bei dem Versuch, uns der gegnerischen Yang-Kraft frontal entgegenzustellen. Statt dessen bewahren wir unsere Yang-Energie, um sie dann anzuwenden, wenn wir mit dem geringsten Aufwand die größte Wirkung erzielen wollen.

Abwehr und Angriff

In vielen Kampfkünsten bilden Angriffs- und Abwehrbewegungen zwei getrennte Phasen. Zuerst wird abgeblockt, dann zugeschlagen. Beim Tai Chi Chi Kung enthält jede Bewegung Abwehr und Angriff, Yin und Yang, denn Angriff und Abwehr erfolgen gewöhnlich gleichzeitig. Während die eine Hand nachgibt, attackiert die andere; wenn die obere Körperhälfte nachgibt, greift die untere Hälfte an.

Yin-Yang-Sehnen: Baumübung

Durch die Baumübung können wir lernen, die Yin- und die Yang-Kraft besser zu spüren und ihre subtilen Unterschiede zu erfassen.

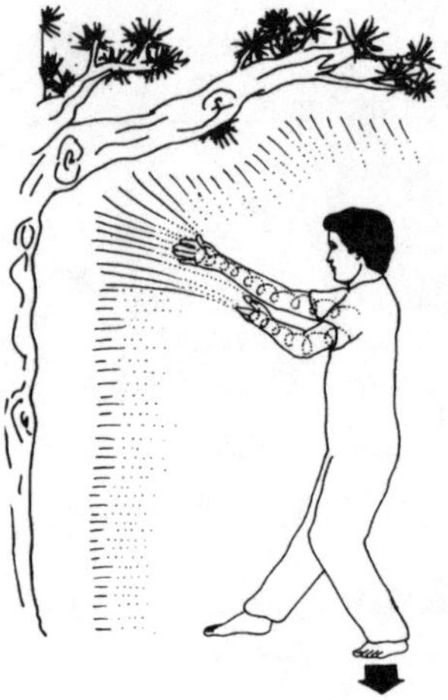

Abb. 7-8: Yin-Yang-Übung mit einem Baum

1. Suchen Sie einen gesunden, schönen, grünen Baum, und stellen Sie sich in der Stellung «Abwehr rechts» vor den Baum, mit dem rechten Bein und Arm nach vorn.

2. Beginnen Sie ganz langsam einzuatmen. Spüren Sie, wie die Erdkraft das Kreuzbein nach unten zieht. Die Himmlische Kraft zieht entsprechend nach oben. Beginnen Sie, das rechte Bein in die Erde zu drücken. Dadurch geht der Körper nach hinten, ohne daß die Arme bewegt werden.

Die Füße bleiben auf der Stelle. Strecken Sie das rechte Handgelenk, damit die Handfläche nicht mehr zum Körper, sondern nach links zeigt. Drehen Sie die linke Handfläche nach oben.

3. Sinken Sie tief auf den linken Fuß zurück, und spüren Sie, wie das Gewicht des ganzen Körpers von Fuß, Fußballen, Ferse und Hüfte getragen wird. Beim Zurücksinken bringen Sie die linke Hand unter die rechte Hand und lassen sie am rechten Unterarm entlang bis unter den rechten Ellbogen gleiten. Dies nennt man «den Ellbogen schützen».

In dieser Yin-Phase der Übung wird die Energie beim Zurücksinken durch die Fingerspitzen absorbiert und durch die Armsehnen und die restlichen Sehnen des gesamten Körpers nach unten geleitet. Richten Sie Ihre Aufmerksamkeit darauf, die Energie aus den reichen Reserven des Baumes aufzunehmen.

Achten Sie darauf, daß die Brust eingesunken und die Arme gerundet sind. Lassen Sie den rechten Arm nicht zusammensakken, so daß er näher an den Körper kommt. Beim Zurücksinken wird das Becken oft seitlich zum linken Bein hin verdreht. Das wird durch eine Kombination von Faktoren verursacht: Der erste ist die Steifheit der Muskeln und Bänder, die den Hüftknochen mit der Wirbelsäule und den Beinen verbinden; der zweite ist ein übermäßiges Absinken, so daß die Körperachse über die linke Fußsohle hinauszeigt. Durch die seitliche Drehung wird das irgendwie ausgeglichen, aber die Ausrichtung an der Wirbelsäule geht dadurch verloren. Besonders bei Frauen tritt dieses Problem häufig auf. Deshalb sollte man regelmäßig Lockerungsübungen für die Hüfte in Verbindung mit Unterbauchatmung machen.

4. Wenn Sie ganz zurückgesunken sind, beginnen Sie mit der Yang-Phase. Diesmal bewegen sich die Hände überhaupt nicht.

Unter Beibehaltung Ihrer Stellung leiten Sie diese Phase ein, indem Sie langsam ausatmen und das linke Bein in den Boden drücken. Diese erzeugt eine Kraft, die aus den geöffneten Leisten in die Beinsehnen fließt, die nun auch die zurückkommende Erdkraft empfangen. Wenn Ihre Haltung richtig ist, kann die Erdkraft nun durch die Sehnen nach oben fließen, über die Hüfte bis zum 7. Halswirbel, durch die Sehnen des rechten Arms und die Fingerspitzen nach außen zum Baum. Hier nimmt der Baum die von Ihnen erzeugte Yang-Energie auf.

Sobald Sie sensibel für den subtilen Austausch von Yin- und Yang-Energien mit dem Baum sind, können Sie diese Übung ohne Energieverlust fortsetzen, weil Sie die Yin- und Yang-Phasen des Gebens und Nehmens mit dem Baum teilen.

Einatmung und Ausatmung können den Yin- und Yang-Phasen der Form entsprechen. Alle Bewegungen sollten so langsam und weich wie möglich ausgeführt werden.

Yin-Yang-Form

Mit Hilfe der vorhergehenden Illustrationen und Übungen können Sie die Prinzipien von Yin und Yang verstehen und auf die Praxis des Tai Chi Chi Kung anwenden. Als Beispiel dafür folgt nun eine ausführliche Erklärung der *Vorbereitung* der Tai Chi Chi Kung-Form.

In den nachfolgenden Bewegungen der *Kernform* sollten Sie die Prinzipien von Yin und Yang so anwenden, wie sie in diesem Kapitel erläutert wurden.

Vorbereitung

Wu Chi-Stand

Lächeln

Das Innere Lächeln spielt eine besonders wichtige Rolle beim Wu Chi-Stand. Wu Chi bedeutet Höchste Leerheit oder Reine Offenheit. Wenn wir in das Kehlzentrum (Nebenschilddrüsen) zu lächeln beginnen, öffnet das unsere Ausdrucksfähigkeit. Um an dem Wechselspiel von Yin und Yang teilzunehmen, ist die Fähigkeit, sich mit Anmut und Sanftheit zu verändern, von großem

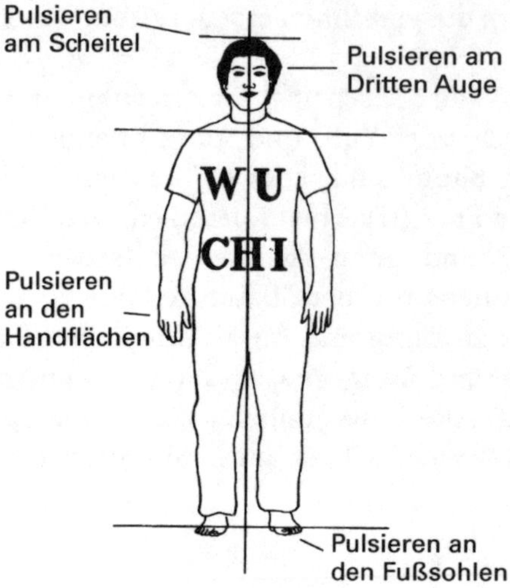

Abb. 7-9

Wert. Wenn das Kehlzentrum geöffnet ist, verfügen wir über die Bereitschaft, uns zu ändern.

Im Lächeln bei der Tai Chi-Übung kommt eine glückliche Verbindung mit dem Universum zum Ausdruck. Lächeln trägt auch zur Verringerung von Spannung bei (z. B. derjenigen Art von Spannung, die wir empfinden, wenn uns vor Angst ein Kloß im Hals steckt).

Anschließend lächeln Sie in die Muskeln. Dies trägt zur Verminderung übermäßiger Anspannung bei, die durch unnötige strukturelle Belastung der Muskeln entsteht, sowie zur Übertragung eines größeren Anteils der gewichtstragenden Funktion auf Sehnen und Knochen. Denn erst wenn die Muskeln von den Knochen gelöst sind, kann Chi richtig fließen.

Zuletzt lächeln Sie in Sehnen und Knochen, um den Körper richtig auf die Bewegungen vorzubereiten. Später wird das besonders wichtig für die korrekte Ausführung der *Sehnen-* und der *Knochenatmungsform.*

Atmen und Energie aufnehmen

Die Phasen der Bewegung folgen der Atmung. Einatmen ist *Yin* (Kraft sammeln), während Ausatmen *Yang* (Kraft freisetzen) ist. Die Atmung dient auch als Maß für die Aufteilung der vollständigen Yin- und Yang-Zyklen (in Gemischtes, Reines und Reinstes Yin oder Yang). Im Verlauf der gesamten Form ist wichtig, daß wir beim Üben niemals außer Atem kommen oder gezwungen werden, schnell Luft einzuziehen. Der Atem sollte so sanft, langsam und gleichmäßig wie die Bewegungen sein. Es heißt, wer seinen Atem kontrolliert, kontrolliert sein Leben.

Achten Sie sorgfältig auf das Pulsieren (der Energie) in den Handflächen, im Dritten Auge, am Scheitelpunkt und auf den Fußsohlen, denn das hilft Ihnen bei der Koordination des Atem- und Chi-Flusses mit den Bewegungen. Im Wu Chi-Stand sollten Sie auch auf das Pulsieren in den Gelenken achten, und da besonders in den Wirbelsäulengelenken.

Tai Chi öffnen Grundstellung einnehmen

Die Gewichtsverlagerung beginnt damit, daß Sie aufs rechte Bein sinken. Hier gilt, daß das geringere Gewicht Yin, das größere Yang ist, und ferner, daß die linke Seite Yin und die rechte Yang ist, wie es für den Körper natürlich ist. Dies Funktionieren der linken und der rechten Seite werden bei den Übergängen in die verschiedenen Richtungen vertauscht. Auch hier sorgt der Rücken für die Verbindung zwischen Erde (Yin) und Himmel (Yang).

Das Öffnen des Schritts führt zu einer gleichmäßigen Verteilung des Gewichts auf

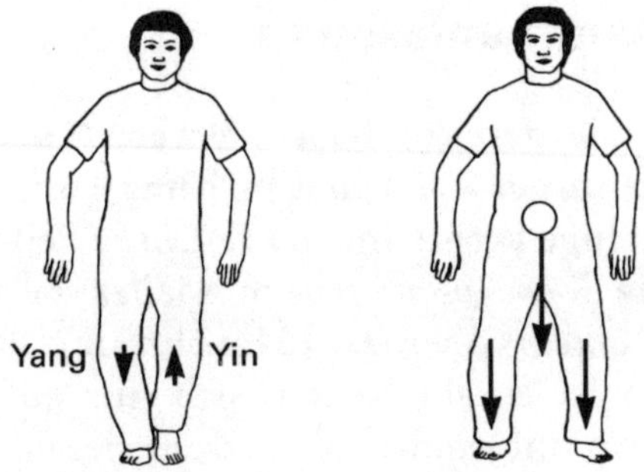

Abb. 7-10: Vorbereitung
Schritt öffnen: Harmonie von Yin und Yang

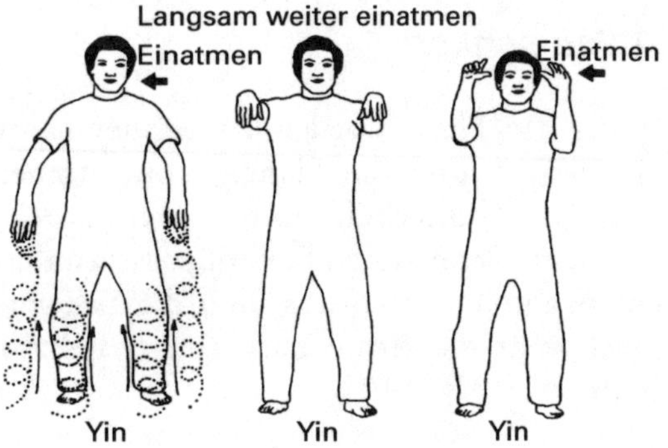

Abb. 7-11: Arme heben (Yin)

beide Beine, zur Harmonie von Yin und Yang. Diese Phase betont Wu Chi, die Leerheit jenseits von Yin und Yang. Sie steht für das subtile Gleichgewicht, aus dem sich später Yin und Yang als Tai Chi entfalten.

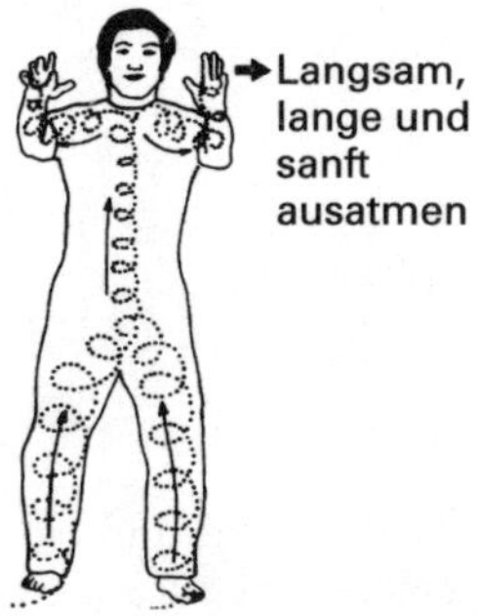

Abb. 7-12: Stoßen mit beiden Händen und ausatmen (Yang)

Chi wecken (Arme heben)

Die nach unten gerichteten Fingerspitzen nehmen Verbindung zur Erdenergie auf und absorbieren den kühlen, heilenden, blauen «elektrischen» Strom. In der Yin-Phase schweben die Arme leicht zum Himmel. Wenn die Handgelenke auf Schulterhöhe ankommen, beginnt ein Übergang ins *Reine Yin,* indem die Arme gebeugt und nach innen gezogen werden, um das Stoßen mit beiden Händen vorzubereiten.

Stoßen mit beiden Händen

Die Wellenbewegung des Stoßens mit beiden Händen ist die Yang-Phase, in der die Erdkraft durch den Körper nach oben und in Richtung des Stoßes nach außen geleitet wird. Beim *Eisenhemd-Chi Kung II* wird großen Wert auf diese Fähigkeit gelegt: Die Sehnen leiten den Energiefluß in Übereinstimmung mit dem Pulsieren des Chi. Lassen Sie diese Bewegung an den neun Punkten der Fußsohle beginnen, die Sie in den Boden drücken und damit ein Welle erzeugen, die durch Knie, Leisten und Hüfte zum Kreuzbein aufsteigt. Lockern Sie den Psoasmuskel, und ziehen Sie das Kreuzbein genau im richtigen Moment ein, um die Welle durch die Wirbelsäule zum C-7 zu befördern. Dort verstärken Sie diese Welle, indem Sie das Kinn anziehen, und die Welle dann nach außen durch Schultern, Ellbogen und Handgelenke zu den Handflächen leiten. Lenken Sie die Bewegung allein durch die Sehnenkraft des ganzen Körpers; die Hände bewegen sich dabei niemals selbständig.

Arme senken

In der Yin-Phase werden die Sehnen sanft eingezogen und die Handgelenke immer noch auf Schulterhöhe zum Körper zurückgebracht. Dann atmen Sie mit passiven und entspannten Armen aus, und die Schwerkraft zieht die Arme nach unten bis zur Hüfte.

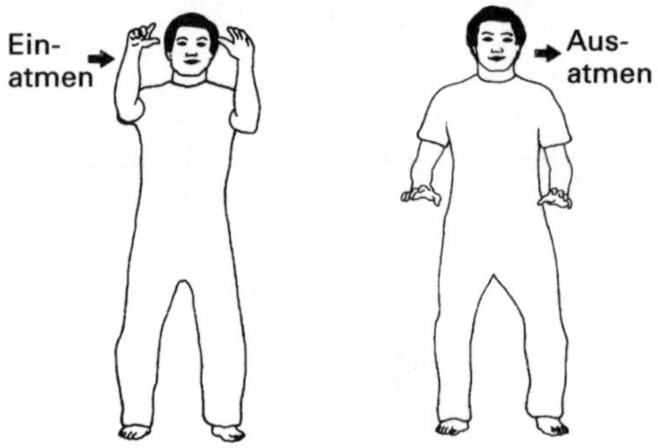

Abb. 7-13: Arme heben und einatmen (Yin)
Arme senken und ausatmen (Yang)

Zusammenfassung

Wie Sie gesehen haben, wirken Yin und Yang in der Tai Chi Chi Kung-Form auf vielfältige Weise. Im *Tao Te Ching* heißt es: «*Eine Reise von tausend Meilen beginnt mit einem Schritt*» (64. Lehrsatz). Beim Üben ist es am besten, sich nur auf ein Prinzip auf einmal zu konzentrieren. Suchen Sie sich einen Aspekt von Yin und Yang aus diesem Kapitel aus, und machen Sie ihn beim Üben zum Schwerpunkt, bis Sie ihn beherrschen und in alle Bewegungen Ihrer Tai Chi Chi Kung-Form integriert haben. Dann gehen Sie zum nächsten Aspekt weiter. Auf diese Weise werden Sie schrittweise all die verschiedenen Aspekte von Yin und Yang meistern.

8 Verwurzeln und Erden: Sich mit der Erde verbinden (Verwurzelungsform)

Was bedeutet Verwurzelung?

In den Tai Chi-Klassikern lesen wir dazu: «*Jede Bewegung wurzelt in den Füßen, entfaltet sich in den Beinen, wird durch die Hüfte gelenkt und wirkt durch die Finger.*»

Zum physischen Vorgang der Verwurzelung gehört die Ausrichtung der Knochenstruktur an der Schwerkraft. Die dadurch entstehende Verbindung zur Erde ermöglicht einen ungehinderten Kraftaustausch durch das Knochengerüst nach unten in die Erde und zurück aus der Erde durch die Struktur nach oben.

Verwurzelung und Selbstverteidigung

Verwurzelung ist für alle Aspekte des Tai Chi Chi Kung von Bedeutung: für Verteidigung, Neutralisierung und Angriff. Was die Verteidigung angeht, so macht die Fähigkeit, eine beliebige horizontale Kraft nach unten in den Boden abzuleiten, es fast unmöglich, eine gut verwurzelte Person umzustoßen. Die Wirkung ist ähnlich, wie wenn man einen Pfahl in den Boden treibt: Je mehr Druck man dabei ausübt, desto fester wird der Pfahl in den Boden getrieben.

In einer fest verwurzelten Position kann man neutralisieren oder ableiten, ohne Gefahr zu laufen, über den Haufen geworfen zu werden. Die Kraft für alle Gegenangriffe, wie *Abwehr, Stoßen* und *Pressen,* kommt aus der Beugung und der nachfolgenden Streckung der Beine.

Die Kraft der Beine entwickeln

Die Beinmuskeln sind die stärksten Muskeln des Körpers. In unserer Gesellschaft sind sie meist dazu verkommen, Kopf und Arme von einem Ort an den anderen zu transportieren. Beim Tai Chi Chi Kung spielen sie jedoch eine entscheidende Rolle. Neunzig Prozent der Kraft im Tai Chi Chi Kung kommt aus den Beinen. Diese Kraft kann nicht eingesetzt werden, wenn sie nicht von einer stabilen Basis in den Füßen gestützt wird. Wenn die Füße nicht fest stehen, ist der Körper wie ein Baum, dessen Wurzeln zur Hälfte beschädigt sind. Ein solcher Baum hätte auch Schwierigkeiten, genügend Nährstoffe aus der Erde aufzunehmen. Außerdem könnte er in einem Sturm umgeweht werden.

Wu Wei und Verwurzelung

Zu den Zielen des Tai Chi gehört es, die größte Kraft mit minimalem Aufwand zu erzeugen. Die Taoisten haben dieses Prinzip *Wu Wei* oder Mühelosigkeit genannt. Daher liegt der Schwerpunkt beim Tai Chi Chi Kung auf der Entspannung der Muskeln und der Verlagerung der gewichtstragenden Funktion auf das Knochengerüst und die Sehnen. Übermäßige Spannung entzieht uns Energie, während korrekte Tai Chi-Praxis Energie erzeugt und Chi vermehrt. Dieser Überschuß an Chi steht dann für Heilung oder spirituelle Arbeit zur Verfügung.

Verbindung mit der Yin-Energie durch Verwurzelung

Zu den höheren Stufen spiritueller Arbeit gehört es, große Mengen an Himmlischer Yang-Energie aufzunehmen. Wer keine wirksame Methode zur Erdung dieser Energie und zu ihrer Harmonisierung mit der Yin-Kraft der Erde kennt, greift möglicherweise zu Drogen, Sex, Alkohol und Völlerei, um das notwendige Yin zu bekommen. Viele der bekannten Tai Chi-Meister der Vergangenheit fielen bei ihren fehlgeleiteten Versuchen, ihr überschüssiges Yang auszugleichen, diesen Lastern zum Opfer. Außerdem haben diese Mittel schädliche Auswirkungen auf die Gesundheit. Weil im System des Heilenden Tao großer Wert darauf gelegt wird, durch Verwurzelung die reinen Yin-Energien der Erde aufzunehmen, kann man höhere Meditationsformen praktizieren, ohne zu Drogen, Sex, Alkohol oder Essen greifen zu müssen.

In meinem Buch *Eisenhemd-Chi Kung I* habe ich detailliert beschrieben, wie man die Körperstruktur zu einer Einheit verbindet. Daher werden die Leser auf dieses Buch verwiesen, um sich genauer über die Ausrichtung der Struktur zu informieren.

Die neun Punkte der Fußsohle

Die Knochenstruktur sollte so ausgerichtet sein, daß das Körpergewicht gleichmäßig auf die neun Punkte der Fußsohle verteilt ist. Wenn Sie Ihre Fußsohle mit Tinte schwärzen und über ein Blatt Papier laufen, werden die neun Punkte als Abdruck sichtbar: der Fersenpunkt, der Fußaußenrand, der Kleinzehenballen, der Großzehenballen und die fünf Zehen. Die gleichmäßige Gewichtsverteilung auf diese Punkte gibt der gesamten Struktur ein solides Fundament.

Im Gegensatz dazu führt ungleichmäßige Gewichtsverteilung zu Instabilität, unnötiger Spannung und Energieverlust. Ein Indiz für ungleichmäßige Gewichtsverteilung ist die Abnutzung der Schuhe. Bei Schuhen zeigen sich nach einer Weile ungleichmäßige Abnutzungserscheinun-

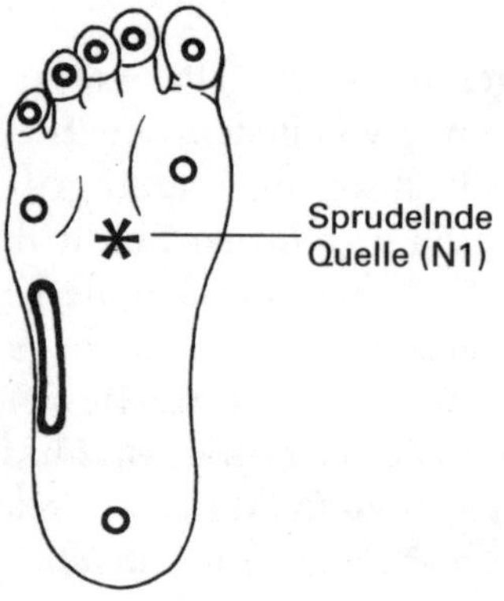

Abb. 8-1: Die neun Punkte auf der Fußsohle

gen, wenn ein Teil des Fußes ständig stärker belastet wird als die anderen Teile.

Die Bedeutung einer festen Verbindung der Füße mit dem Boden hat man auch im Sport erkannt. Heute gibt es eine solche Fülle von Schuhen für spezifische Sportarten, daß jeder Sport seinen eigenen Schuh hat. Jeder Schuhhersteller versucht, ein Modell zu entwickeln, das seinem Träger Vorteile im Wettkampf verschafft. Schuhe für Rasensportarten haben Stollen, um dem Spieler eine bessere Verbindung zum Boden zu ermöglichen. Durch praktische Anwendung von anatomischem Wissen kommt man beim Tai Chi Chi Kung zu ähnlichen Resultaten.

Wenn man nicht alle neun Punkte des Fußes benutzt, läßt sich das damit vergleichen, als würde man sich auf einem Stuhl so weit zurücklehnen, daß nur noch zwei Stuhlbeine auf dem Boden bleiben. Natürlich steht der Stuhl dann nicht stabil. Die Aufmerksamkeit, die man auf die Arbeit hätte richten können, wenn man fest auf allen vier Stuhlbeinen sitzen würde, muß dann dafür eingesetzt werden, das Gleichgewicht aufrechtzuerhalten. Außerdem werden dabei die Muskeln unnötig strapaziert.

Wenn man nicht auf allen neun Punkten des Fußes steht, ist das auch damit zu vergleichen, als würde eine Galeere nur von der Hälfte der Sklaven gerudert. Das hieße, nur die Hälfte der verfügbaren Muskelkraft würde zur Fortbewegung des Schiffs eingesetzt. Zusätzlich werden die Sklaven, die nicht rudern, durch mangelndes Training allmählich schwächer. Folglich nimmt eine bereits reduzierte Kraftquelle noch weiter ab. Wer beim Tai Chi seine Wurzel verliert, nimmt eine erhebliche Schwächung seiner Kraft in Kauf, indem er die stützende Basis verläßt und entweder die Ferse, die Zehen oder die Außenkante vom Boden abhebt.

Übungen zur Verwurzelung

Tai Chi-Gehen

Unter Tag empfiehlt es sich, beim Gehen auf die Füße zu achten. Durch die Übung des Tai Chi-Gehens lernen Sie, sich beim Gehen Ihrer Füße bewußt zu werden.

1. Bringen Sie den rechten Fuß nach vorn, und setzen Sie dabei ganz leicht mit der Ferse auf, bevor Sie das Gewicht nach vorn verlagern.

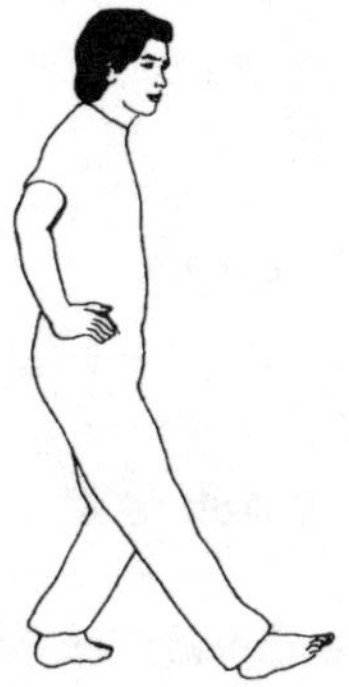

Abb. 8-2

2. Rollen Sie den vorderen Fuß langsam ab: auf die Außenkante, dann auf den Kleinzehenballen und auf den Großzehenballen. Dann rollt der Fuß weiter ab auf die

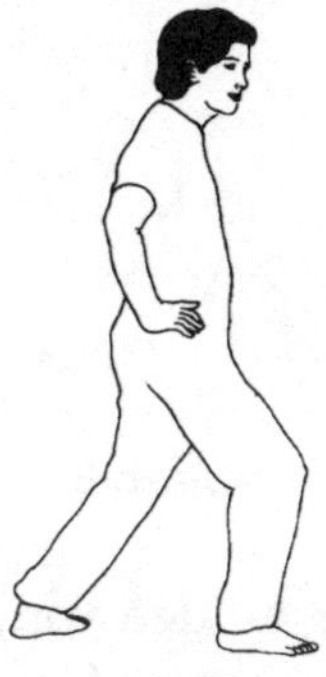

Abb. 8-3

Zehen: die große Zehe, die zweite, dritte, vierte und kleine Zehe. Fühlen Sie, daß Ihr Gewicht gleichmäßig verteilt ist.

3. Verlagern Sie Ihr Gewicht auf den hinteren Fuß. Achten Sie dabei darauf, daß die neun Punkte Ihres hinteren Fußes fest am Boden bleiben und die Ferse nicht angehoben wird.

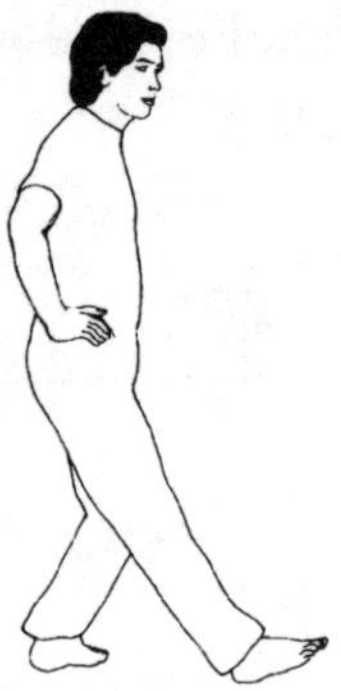

Abb. 8-4

4. Heben Sie die Zehen, die beiden Zehenballen und die Außenkante des vorderen Fußes hoch vom Boden, und drehen Sie dann den Fuß um 45° nach außen.

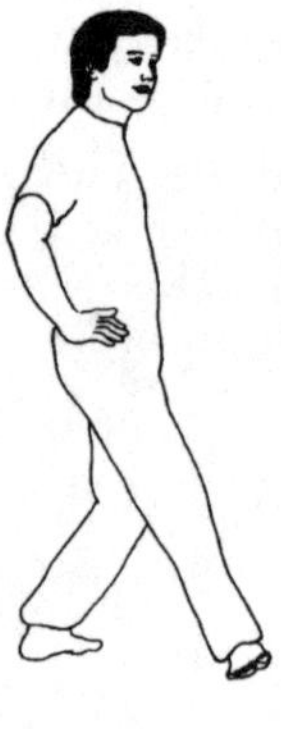

Abb. 8-5

5. Rollen Sie auf den vorderen Fuß, und verlagern Sie Ihr ganzes Gewicht auf diesen Fuß. Bewahren Sie die Balance, und schreiten Sie mit dem freien (hinteren) Fuß nach vorn. Setzen Sie ihn dabei sehr leicht auf der Ferse auf.

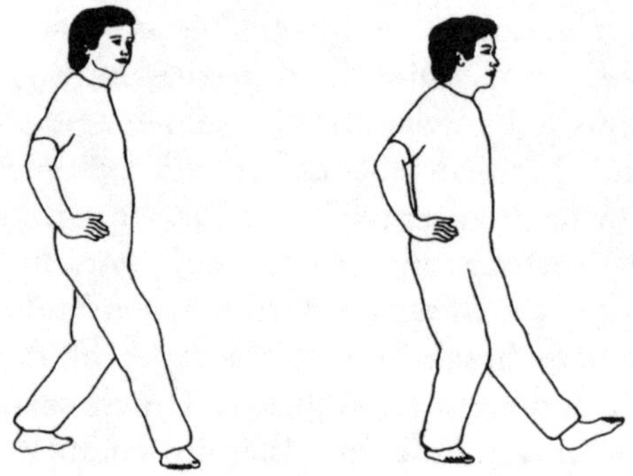

Abb. 8-6

6. Wiederholen Sie die Schritte 2–5 bis zu 20mal, um ein Gefühl für die neun Punkte zu entwickeln.

Spüren Sie bei jedem Schritt, wie die neun Punkte den Boden berühren. Wenn Sie diese Punkte auf den Boden drücken und dann entspannen, aktivieren Sie die Erdkraft. Wenn Sie sich der neun Punkte bewußt sind und entspannen, werden Sie allmählich spüren, wie die Erdkraft vom Boden aus ins Knochengerüst aufsteigt.

Die Entspannungsphase ist sehr wichtig. Je mehr Sie entspannen, desto besser werden Sie die Kraft spüren; je mehr Sie anspannen, desto stärker klammern sich die Muskeln an die Knochen, und desto schlechter kann Chi fließen. Wenn Sie entspannen, fließt Chi ganz ungehindert durch Knochen, Faszienschichten und Muskeln. Durch Druck auf die Knochen wird mehr Chi erzeugt.

Diese Technik des bewußten Vorwärtsschreitens steht im Gegensatz zu der Art und Weise, wie die meisten Leute gehen: Sie ist nämlich kaum besser als der Gang eines Kleinkinds. Um einen Schritt zu beginnen, wird zunächst der Rumpf nach vorn geneigt. Um zu verhindern, daß man nach vorn fällt, fängt man dann das Gewicht auf einem Fuß auf, der schnell nach vorn geworfen wird. Bei jedem Schritt wird der ganze Körper durchgerüttelt. Unter den Organen werden dadurch vor allem die Nieren beeinträchtigt. Solange wir uns nicht bewußt darum bemühen, wieder richtig gehen zu lernen, werden wir beim Gehen weiterhin ständig nach vorn fallen und uns wieder auffangen müssen. Dies steht im Gegensatz zu den kalkulierten Schritten einer sich anschleichenden Katze, deren Gangart wir im Tai Chi Chi Kung zum Vorbild nehmen wollen.

Beinspiralen

Spiralförmiges Kreisen fügt die Struktur der Beine in kraftvoller Weise zusammen. Die Hüftknochen stehen in Verbindung mit dem Oberschenkelknochen (Femur), der über das Knie mit den beiden Unterschenkelknochen (Schienbein und Wadenbein) verbunden ist, die ihrerseits durch das Fußgelenk mit dem Fuß zusammenhängen.

1. Stellen Sie sich mit leicht gebeugten Knien in den *Bogenschritt* (Pfeil-und-Bogen-Stellung/Vorwärtsstellung). Ziehen Sie das Kreuzbein ein, und lassen Sie das Steißbein sinken, bis die Füße fester auf den Boden drücken. Dadurch wird das Tan Tien-Chi durch die Beine in die Füße und in die Erde gelenkt. Wenn der Oberkörper senkrecht ausgerichtet ist, ruht sein ganzes Gewicht auf den Hüften.

2. Lächeln Sie in die Leistengegend. Lokkern Sie diesen Bereich, bis er sich wie ein leerer Eimer anfühlt.

3. Öffnen Sie die Leisten, indem Sie mit

Abb. 8-7: Die Füße fest auf den Boden drücken

dem Oberteil des Oberschenkels nach außen drücken. Dadurch wird in den Beinen eine Spiralbewegung nach unten ausgelöst: im Gegenuhrzeigersinn durch das linke Bein und im Uhrzeigersinn durch das rechte Bein.

4. Verstärken Sie die Spiralbewegung in den Knien, indem Sie diese nach unten und außen drücken.

5. Die Spirale dreht weiter durch die Unterschenkel und Fußgelenke zu den Füßen. Die Spiralkraft in den Füßen verankert diese fest am Boden.

6. Die Kraft wird gleichmäßig auf alle neun Punkte des Fußes verteilt: die Ferse, die Außenkante des Fußes, die beiden Zehenballen und die fünf Zehen.

Knieübung

1. Gehen Sie wieder in den Bogenschritt rechts (rechter Fuß vorn, linker Fuß hinten).

2. Spüren Sie, wie die neun Punkte beider Füße fest auf dem Boden ruhen. Das Gewicht können Sie gleichmäßig auf beide Beine verteilen oder zu 70 Prozent auf den

vorderen (rechten) Fuß und zu 30 Prozent auf den hinteren (linken) Fuß.

3. Achten Sie nun auf die Knie. Drücken Sie die Füße auf den Boden, und drehen Sie das linke Knie sanft im Gegenuhrzeigersinn und das rechte im Uhrzeigersinn. Entspannen Sie, und spüren Sie, wie Chi von der Erde durch die Füße zu den Knien und zur Hüfte aufsteigt. Nachdem Sie das ein paar Mal wiederholt haben, wechseln Sie die Seiten.

4. Wenn Sie die Seiten gewechselt haben (zu Bogenschritt links), gehen alle Drehungen in die umgekehrte Richtung.

Abb. 8-8: Drehen Sie die Knie sanft nach außen und spüren Sie, wie sich die Kraft in den Boden schraubt.

Knieübung mit Partner

1. Während Sie mit nach außen gedrehten Knien stehen, lassen Sie einen Partner von außen auf ein Knie drücken, zuerst mit einer Hand, dann mit zwei Händen.

2. Um zu spüren, wie stark die Kraft durch das Drehen der Knie vergrößert wird, wiederholen Sie diese Übung, ohne die Knie zu drehen. Drücken Sie die Füße so fest wie möglich in den Boden, und lassen Sie dann den Partner aufs Knie drücken. Achten Sie auf den Unterschied.

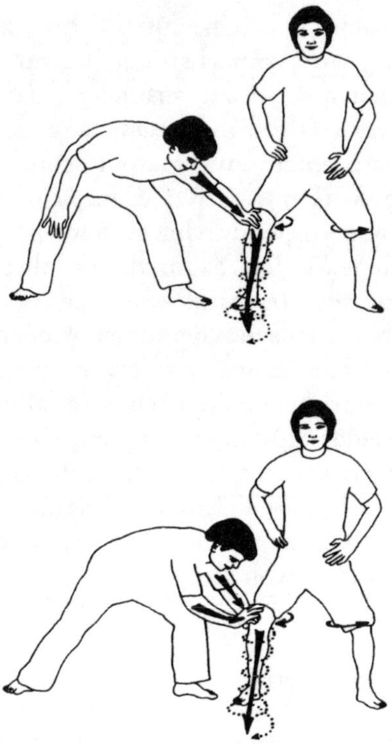

Abb. 8-9

Vorwärtsgehen mit Spiralen

Beim Tai Chi Chi Kung wird das spiralförmige Kreisen in den Beinen wichtig bei allen Vorwärtsbewegungen (mit Gewichtsverlagerung nach vorn) betont, wie *Abwehr, Pressen* und *Stoßen*. Die richtige Fußposition ist wichtig. Wie weit der vordere Fuß nach vorn gestellt wird, hängt davon ab, wie weit Sie nach vorn ausschreiten können, während das ganze Gewicht immer noch auf dem hinteren Bein ruht. Wenn Sie versuchen, übergroße Schritte zu machen, führt das zu einem instabilen Stand. Die beiden Füße sollten schulterbreit auseinander stehen, und der hintere Fuß ist um 45° nach außen gedreht.

Vor dem Schritt nach vorn sollte das ganze Gewicht auf dem hinteren Bein ruhen. Die Beine gelten als einer der *Drei Bögen* des Körpers. Auf das hintere Bein zu sinken entspricht dem Spannen des Bogens. Spüren Sie, wie sich dabei Ihre Kraft sammelt, wie bei einem Pferd, das zum Sprung über einen Bach oder ein Hindernis ansetzt.

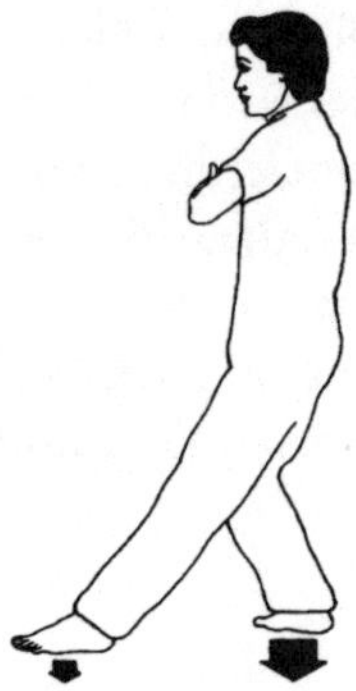

Abb. 8-10

Leiten Sie die Vorwärtsbewegung ein, indem Sie die Leisten senken und das Steißbein mit den Füßen in Verbindung bringen. Lassen Sie beide Füße in Spiralen kreisen. Wenn der rechte Fuß vorn steht, dreht sich die Spirale in diesem Bein im Uhrzeigersinn. Wenn das linke Bein vorn steht, dreht sich die Spirale in diesem Bein im Gegenuhrzeigersinn. Beim Vorwärtsgehen sollte die Spiralbewegung weitergehen. Wenn Sie die Spiralbewegung anhalten, ist das so, als würde Luft aus einem Reifen entweichen: Sie verlieren alle Kraft, die Sie erzeugt haben. Wenn der Vorwärtsschritt abgeschlossen ist, sollten die Hüften auf gleicher Höhe nach vorn zeigen.

Abb. 8-11

Verwurzelungsform

In der Verwurzelungsform integrieren Sie alle Prinzipien und Fähigkeiten, die Sie bei den Verwurzelungsübungen erworben haben. Um die Stärke Ihrer Verwurzelung zu bewerten, sollte ein Partner Ihre Haltung in jeder der in diesem Abschnitt beschriebenen Stellungen testen.

Vorbereitung

Wu Chi-Stand

Der Wu Chi-Stand ist besonders wichtig, denn er legt das Fundament für die Verwurzelung in der Tai Chi-Übung. *Leerheit* (*Wu Chi*) kann nur erlangt werden, wenn wir sowohl mit dem Himmel als auch mit der Erde richtig verbunden sind, und dazu gehört Verwurzelung. Folgende Punkte sollten Sie deshalb überprüfen, um für eine wirksame Verwurzelung im Wu Chi-Stand zu sorgen:

- Die neun Punkte des Fußes sind fest mit dem Boden verbunden.
- Die Füße sind entspannt und offen.
- Die Muskeln sind entspannt und die Sehnen aktiviert.
- Die Knie sind leicht gebeugt, damit die Energietore für die Erdkraft geöffnet sind.
- Die Leisten sind geöffnet.
- Das Becken steht nach Norden gedreht.

- Der Psoasmuskel ist entspannt.
- Kreuzbein und Steißbein sind auf den Boden ausgerichtet.
- Die Wirbelsäule steht aufrecht.
- Das Kinn ist leicht angezogen.

Genauso wichtig für eine richtig verwurzelte Struktur ist es, den Geist zu entspannen. Lächeln Sie in alle Gelenke, die mit der Verwurzelung zu tun haben: Fußgelenke, Knie und Hüften.

Diese mentale Verwurzelung ist notwendig, damit die Energie aus der Erde ungehindert in die Beine fließen kann. Verwurzelung kann jedesmal auch dadurch überprüft werden, daß eine kühle und angenehme Verbindung mit der blauen Erdenergie spürbar ist.

Wenn Sie im Wu Chi-Stand stehen, sollte ein Partner eine Hand auf Ihre Schulter und die andere Hand auf Ihre Hüfte legen, um Druck auszuüben. Wenn Ihre Struktur und Verwurzelung korrekt sind, wird dieser Druck in die Erde abgeleitet.

Abb. 8-12: Bei korrekter Haltung und Verwurzelung wird die Energie in den Boden übertragen.

Tai Chi öffnen

Bei der ersten Tai Chi-Bewegung lassen wir das Körpergewicht in die Erde sinken. Dadurch wird eine stärkere Verbindung mit der verwurzelnden Energie der Schwerkraft erreicht. Während der Körper nach unten sinkt, sollte man diese beiden Kräfte im Geist verbinden, indem man den verstärkten Zug der Erde so wahrnimmt, als ob das Gewicht tatsächlich von der Erde nach unten gezogen würde. Bei der Gewichtsverlagerung von einem Bein auf das andere hat der Übende Gelegenheit, ein Gefühl für die Verwurzelung des linken und rechten Beins zu entwickeln.

Kernform links

Vogelschwanz (nach Norden)

Erste Abwehr: Chi-Ball halten

Wenn man das Gewicht auf das linke Bein verlagert und das rechte Bein nach vorn bringt, spielt der Abstand des rechten Beines bei der Verwurzelung eine wichtige Rolle. Man sollte das vordere Bein so aufsetzen, daß die Leisten vollständig geöffnet sind, das Bein in ganzer Länge entspannt ist und die Ferse den Boden leicht berührt. Stellen Sie sich diese Bewegung wie das Zeichnen mit einem Zirkel vor, wobei das freie Bein dem beweglichen Schenkel entspricht. Sobald die Leisten geöffnet sind und das Bein im richtigen Winkel ausschwenkt, gibt es praktisch nur einen Platz, wo die Ferse aufsetzen kann. Bei korrekter Ausführung wird gewährleistet, daß die nächsten Yang-Aktionen von einem richtig verwurzelten Stand ausgehen, in welchem man auf wirksame Weise Energie aus der Erde aufnehmen kann. Wenn die Position nicht korrekt gewählt wird, ist die Stellung entweder zu weit oder zu eng, und das führt zu schlechter Verwurzelung.

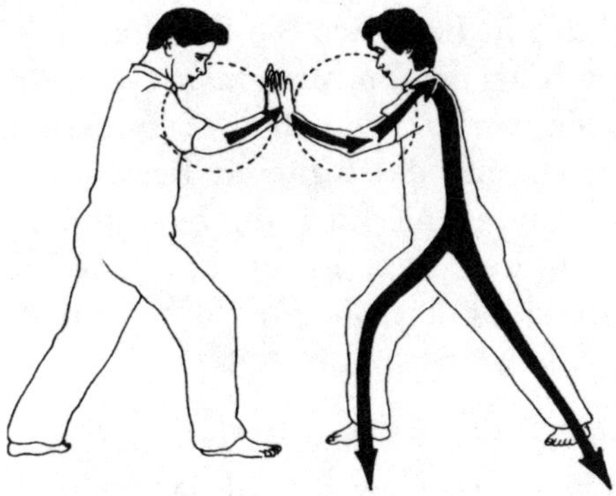

Abb. 8-13: Verwurzelung bei der ersten Abwehr

Zweite Abwehr: Chi-Ball halten

In der Yang-Phase der Abwehr ist Verwurzelung von größter Bedeutung. Die neun Punkte müssen sowohl auf dem vorderen als auch auf dem hinteren Fuß vollen Bodenkontakt haben. Die Fußgelenke müssen entgegengesetzt zu den Knien gedreht werden, um für die notwendige Aktivierung der Knöchelsehnen zu sorgen. Das linke Knie ist leicht im Gegenuhrzeigersinn gedreht und das rechte Knie im Uhrzeigersinn. Beide werden mit der Kraft, die durch das Öffnen der Leisten erzeugt wird, nach außen gedreht. Mit eingezogenem Kreuzbein und gerade stehenden Hüften ist die untere Struktur dann richtig verwurzelt und ausgerichtet, so daß sie der Erdenergie als Bahn zum Oberkörper dienen und die Wellenbewegung die Yang-Aktion leiten kann.

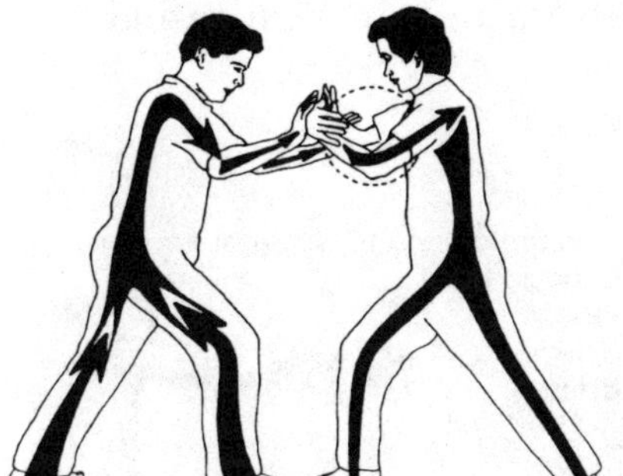

Abb. 8-14: Es ist sehr wichtig, den kleinen Finger nach innen und den Daumen nach außen zu drehen und diese Drehung in Handgelenk und Ellbogen zu spüren. Man sollte auch die Schulterblätter runden, um die Arme mit der Wirbelsäule zu verbinden.

Sich der Spiralbewegung der Energie durch die Beine bewußt zu sein, trägt zur richtigen Verwurzelung in der Erde bei. Außerdem ist es von entscheidender Bedeutung, die Aktion damit beginnen zu lassen, daß die Fußsohlen in den Boden gedrückt werden, unmittelbar gefolgt von einem Abstoßen mit der hinteren Ferse. Dies erzeugt einen Impuls, der die Erdenergie durch die Sehnen des Körpers nach oben steigen läßt. Zwar werden dabei beide Füße eingesetzt, aber der hintere linke Fuß dient als primäre Kraftquelle, während der vordere, rechte Fuß eine unterstützende sekundäre Rolle spielt.

Zurückrollen

Beim Zurückrollen bleiben die Füße fest verwurzelt auf der Erde stehen. Spüren Sie, wie die Energie in Spiralen durch die Knie aufsteigt, während die Hüften und die Taille den Oberkörper transportieren. Dies dreht die Sehnen und erzeugt ein spiralförmiges Kreisen der Erdenergie. Setzen Sie bei dieser Drehung die Vorstellung zur Verwurzelung ein, und spüren Sie die energetische Verbindung zur Erde durch die Spiralen entlang der Beine.

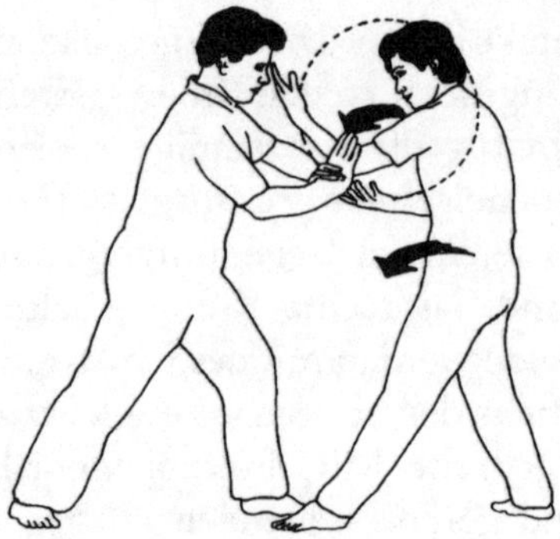

Abb. 8-15

Pressen (mit beiden Händen)
Beim Pressen kommen dieselben Verwurzelungstechniken zum Einsatz wie bei der zweiten Abwehr, nur die Armbewegung ist anders.

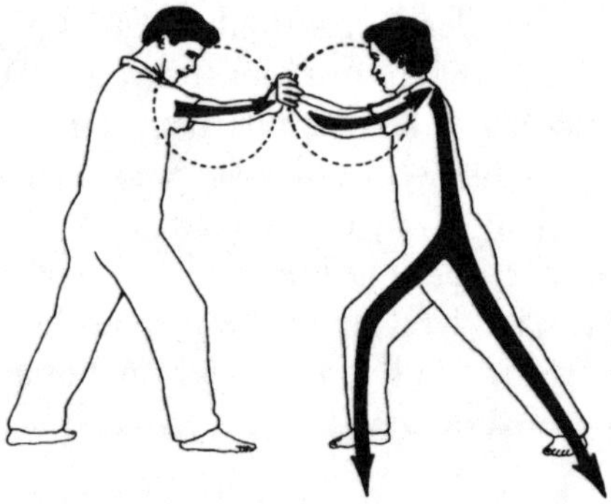

Abb. 8-16

Stoßen (mit beiden Händen)
Auch beim Stoßen werden dieselben Verwurzelungstechniken eingesetzt wie bei der zweiten Abwehr. Die Armbewegungen zur Ausführung des Stoßens sind natürlich anders.

Peitsche (nach Süden)

Erste Drehung
Halten Sie das hintere Bein während des Eindrehens bei der Richtungsänderung gut verwurzelt. Benutzen Sie Ihre Vorstellung, um sich bei der Drehung zu verwurzeln, so daß Sie spüren, wie sich die Energie in Spiralen entlang des hinteren Beins «erdet». Das hintere Knie führt die Bewegung, und der hintere Fuß steht fest auf dem Boden, während die Energie zur Vorbereitung des Angriffs im Bein aufsteigt.

Schnabel bilden (Zweite Drehung)
Wenn Sie das Gewicht auf das rechte Bein verlagern, sollten Sie sich durch die neun Punkte fest mit der Erde verbinden, während die Drehung in der Gegenrichtung erfolgt.

Schnabel befreien (Dritte Drehung)
Hier lassen Sie die durch Drehung im hinteren Bein gesammelte Kraft los. Der linke Fuß löst sich von der Erde, wenn er auf den Ballen angehoben wird, so daß die gesamte Energieladung sich unmittelbar vor dem Angriff im rechten Bein befindet. Achten

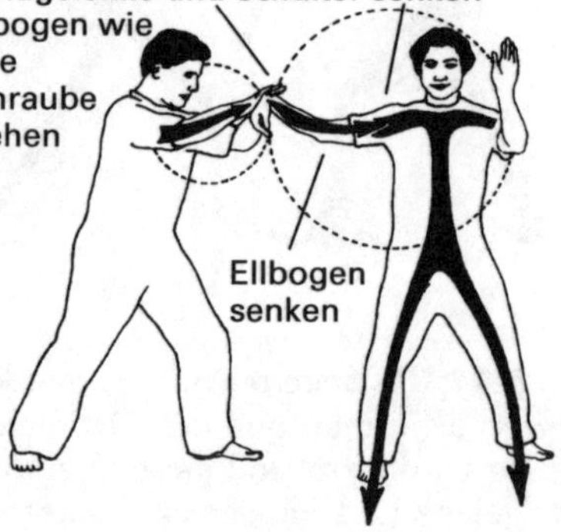

Abb. 8-17

Sie auf die Spiralbewegung vom rechten Fuß durch das Bein. Öffnen Sie die rechte Leiste, und spüren Sie, wie die Spiralbewegung durch Rumpf und Schulter in den rechten Arm weitergeht. Der rechte Fuß sollte dabei mit den neun Punkten fest in der Erde verwurzelt bleiben, damit die Energie wirkungsvoll durch den Schnabel freigesetzt werden kann.

Hand zum Himmel ausstrecken
Auch hier ist der Abstand, in welchem das linke Bein ausschwenkt, von besonderer Bedeutung für die Verwurzelung der folgenden Yang-Aktionen. Das Bein sollte gestreckt sein und die linke Ferse bei geöffneten Leisten leicht auf den Boden aufgesetzt werden. Wenn die Zehen dann gesenkt werden und das Gewicht verlagert wird, achten Sie besonders auf die mentale Verwurzelung, während Sie die Hand in einer Yang-Aktion zum Himmel ausstrecken.

Abb. 8-18

Stoßen mit einer Hand
Beim Stoßen mit einer Hand sind Sie auf dieselbe Weise verwurzelt wie bei der zweiten Abwehr. Der einzige Unterschied besteht in der Bewegung der Arme.

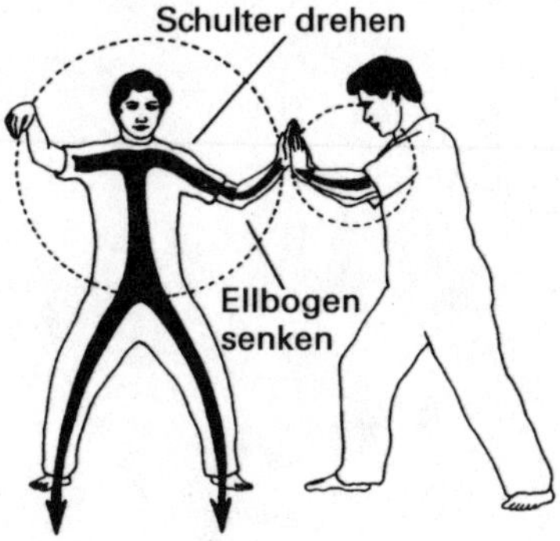

Abb. 8-19

Übergang

Brust schützen

Beim Schützen der Brust sind Sie, wie beim Stoß mit einer Hand, auf dieselbe Weise verwurzelt wie bei der zweiten Abwehr. Der Unterschied ist die Bewegung der Arme.

Tiger umarmen

Die neun Punkte des Fußes sind bei dieser Bewegung fest mit der Erde verbunden, um die Verwurzelung zu bewahren, die beim Stoßen mit einer Hand nach Norden aufgebaut wurde.

Tai Chi schließen

Hände kreuzen

Beim Zurücksetzen des Fußes ist es besonders wichtig, sich wie eine schleichende Katze in anmutiger, ausbalancierter und verwurzelter Weise zu bewegen. Beim Sinken und der folgenden langsamen Streckung der Knie sollten Sie die Aufmerksamkeit immer noch auf die feste Verbindung mit der Erde richten.

Hun Yuan-Stand

Die Verwurzelung im Hun Yuan-Stand entspricht dem Anfang der Tai Chi-Form.

9 Chi durch den Körper leiten (Chi-Transfer-Form)

Die Kraft durch die Wirbelsäule führen

Wenn wir uns durch gute Verwurzelung mit der Erdkraft verbinden, geschieht das mit dem Ziel, die Energie den ganzen Weg von den Füßen hoch zu den Händen zu leiten. Obwohl Füße und Beine das Fundament der Struktur bilden, reicht es nicht aus, allein in der unter Körperhälfte über eine gute Struktur zu verfügen. Die Kraft, die wir durch die Übung der Verwurzelung in den Beinen entwickelt haben, kann sich nämlich in den gekrümmten Abschnitten der Wirbelsäule stauen.

Abhilfe läßt sich dadurch schaffen, daß wir die Krümmungen in drei Abschnitten der Wirbelsäule begradigen: im Lenden-, Brust- und Halsbereich. Dann kann die Kraft ungehindert durch die aufgerichtete Wirbelsäule fließen. Eine aufgerichtete Wirbelsäule ist wie ein gerader Stock. Wenn man auf diesen Stock Druck ausübt, treibt man ihn in den Boden. Je größer die Kraft, desto tiefer dringt der Stock ein. Dagegen wird ein Stock mit einer Krümmung oder einem Knick brechen, wenn man einen zu starken Druck darauf ausübt.

Um die Wirbelsäule zu strecken legen wir großen Wert darauf, uns von Steißbein und Kreuzbein aus nach oben voranzuarbeiten, denn Steißbein und Kreuzbein bilden den untersten Abschnitt der Wirbelsäule. Wenn das Kreuzbein heraussteht, verschließen sich die Lendenwirbel. Wenn das Kreuzbein sinkt und auf den Fuß ausgerichtet ist, sind die Lendenwirbel offen. Das Kreuzbein wird ausgerichtet, um die Lendenwirbel zu öffnen, und damit beginnt die Streckung der Wirbelsäule. Die Brustwirbelsäule ist ebenfalls gekrümmt. Drücken wir am T-11 (11. Brustwirbel) nach hinten, wird diese Krümmung begradigt und die Wirbelsäule weiter gedehnt. T-5 und T-6 (5. und 6. Brustwirbel) werden mit dem Rest der Wirbelsäule verbunden, indem wir die Brust einsinken lassen. Die Kurve der Halswirbelsäule wird begradigt, indem wir C-7 (7. Halswirbel) und das Jadekissen nach hinten drücken. Auf diese Weise werden die Dornfortsätze der Halswirbel geöffnet und gelockert. Nachdem die Kraft so weit transportiert wurde, wird sie dann durch die Schulterblätter und nach außen durch die Arme zu den Händen weitergeleitet.

Wirbelsäule ausrichten

Kreuzbein

1. Bitten Sie Ihren Partner, mit flacher Faust auf Ihr Kreuzbein zu drücken.

2. Schieben Sie das Kreuzbein vor und zurück, bis Sie sich ausgerichtet fühlen. Legen Sie dann die Hände auf die Hüften.

3. Kippen Sie das Kreuzbein nach innen (unten). Drücken Sie es dann nach hinten, aber halten Sie den Lendenbereich offen. Wenn Sie zu weit nach hinten drücken, wird der Lendenbereich geschlossen (Hohlkreuz).

In der Lendenregion sollten Sie ein Gefühl der Ausdehnung haben wie bei einem Ballon. Wenn das Kreuzbein gut ausgerichtet ist, werden Sie spüren, wie die Füße fester auf den Boden drücken, wenn die Kraft des Stoßes nach unten abgeleitet wird.

Abb. 9-1: Wir lernen, unsere Haltung so auszurichten, daß auch ein großer Druck zum Boden abgeleitet werden kann, ohne daß wir aus dem Gleichgewicht geraten.

T-11

Der 11. Brustwirbel (T-11) wird auch Nebennierenzentrum genannt, weil er sich in unmittelbarer Nähe dieser Drüsen befindet. Eine gute Methode, um diesen Punkt zu lokalisieren, besteht darin, den Mittelpunkt zwischen der Brustbeinspitze und dem Nabel zu finden – den Solarplexus. Ziehen Sie von da aus mit dem Finger eine Linie um den Brustkorb bis zum gegenüberliegenden Punkt auf der Wirbelsäule: Das ist T-11. Wenn Sie Ihre Hand auf diesen Punkt legen und sich nach vorn lehnen, werden Sie feststellen, daß er stärker vorsteht als die ihn umgebenden Wirbel.

Bitten Sie Ihren Partner, mit der Faust auf T-11 zu drücken. Drücken Sie dagegen, damit die Krümmung im unteren Rücken begradigt wird und der Rücken sich in diesem Bereich füllt und ausdehnt. Drücken Sie ruhig kräftig gegen die Faust, damit Sie auch den Druck in den Füßen spüren, während die Kraft zum Boden geleitet wird.

Abb. 9-2: Auf T-11 drücken.

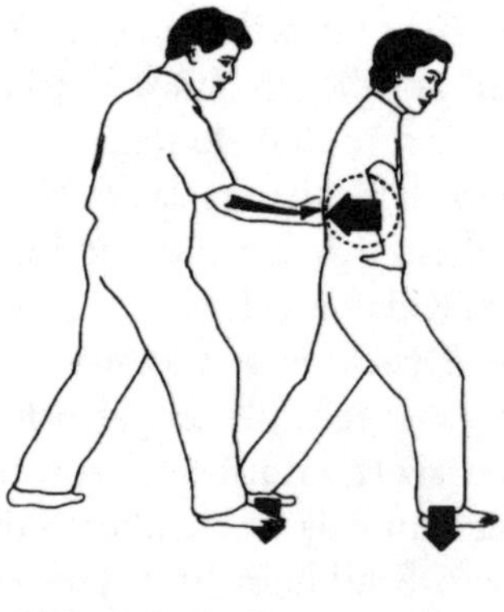

Abb. 9-3: In T-11 einatmen

C-7

C-7 ist der siebte und unterste Halswirbel. Auf Chinesisch heißt er *Ta Chui* – «Großer Wirbel». Es handelt sich um den großen Wirbelknochen an der Nackenbasis.

Bitten Sie Ihren Partner, mit der Handfläche auf C-7 zu drücken. Die Kraft in C-7 können Sie am besten spüren, wenn Sie sich so verhalten, als würden Sie im Auto plötzlich auf die Bremse treten: Drücken Sie die Füße auf den Boden, strecken Sie die Beine, halten Sie das Lenkrad fest, fixieren Sie die Ellbogen und schieben Sie Kinn, C-7 und Jadekissen nach hinten. Normalerweise machen wir keine derartigen Übungen für den Nacken, aber durch regelmäßiges Training erfolgt diese Reaktion automatisch, und das könnte zum Beispiel bei einem Auffahrunfall Ihren Nacken schützen.

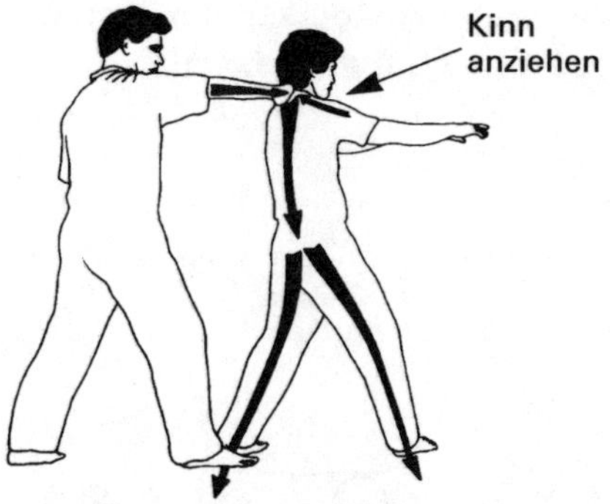

Abb. 9-4: C-7 und T-2 mit der Handfläche drücken

Jadekissen

Ihr Partner legt seine Hand auf Ihr Jadekissen. Er sollte darauf achten, daß er auf diesem Punkt nicht zu viel Druck ausübt und auch nur ganz leicht Widerstand leistet.

Wecken Sie die Kraft des Jadekissens, indem Sie das Kinn einziehen und gleichzeitig den Scheitel anheben.

Abb. 9-5: An der Schädelbasis drücken

Ausrichtung der Wirbelsäule im Stehen

1. Wenn Sie niemand zum Üben haben, können Sie allein an der Wand praktizieren. Stehen Sie in Grundstellung, die Füße parallel und schulterbreit auseinander, die Wirbelsäule an der Wand. Entspannen Sie das Kreuzbein.

Abb. 9-6

2. Drücken Sie die Füße fest auf den Boden. Drehen Sie die Knie, richten Sie die Hüften aus, und drücken Sie das Kreuzbein an die Wand. Bleiben Sie eine Zeitlang in dieser Stellung, entspannen Sie dann das Kreuzbein, und spüren Sie das Chi hineinfließen.

3. Drücken Sie T-11 gegen die Wand. Halten Sie den Druck eine Zeitlang, und entspannen Sie dann. Spüren Sie, wie Chi zum Kreuzbein und T-11 hochströmt.

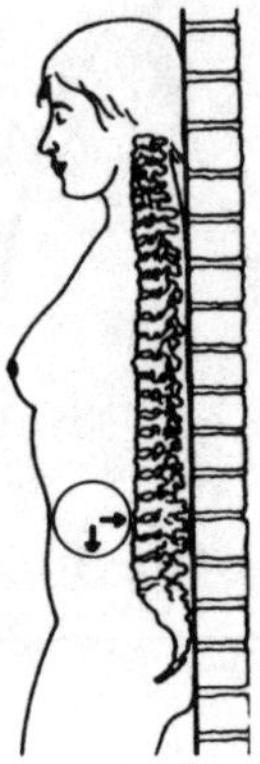

Abb. 9-7: Drücken Sie das Tan Tien-Chi nach unten und nach hinten.

4. Lassen Sie das Kreuzbein sinken, ziehen Sie das Kinn an, und bringen Sie den C-7 möglichst nahe zur Wand. Bleiben Sie eine Zeitlang in dieser Position, und entspannen Sie dann. Spüren Sie, wie Chi durch das Kreuzbein, T-11 und C-7 aufsteigt.

Ausrichtung der Wirbelsäule im Liegen

1. Legen Sie sich auf den Boden. Spüren Sie die Wirbelsäule auf dem Boden. Ziehen Sie die Knie an, und spüren Sie die Füße auf dem Boden.

2. Drücken Sie die Füße auf den Boden, und spüren Sie, wie das Kreuzbein, die Wirbelsäule und der Kopf durch die Füße bewegt werden. Wiederholen Sie das ein paar Mal, und beobachten Sie, wie die Füße den ganzen Körper bewegen können. Entspannen Sie, um den Chi-Fluß zu spüren.

3. Drücken Sie nun die Füße auf den Boden. Drücken Sie das Kreuzbein und T-11 auf den Boden. Spüren Sie, wie Kreuzbein und T-11 auf dem Boden liegen, und spüren Sie die Ausrichtung. Strecken Sie dann beide Arme nach oben, lassen Sie die Brust sinken, ziehen Sie das Kinn an, und spüren Sie C-7 auf dem Boden. Entspannen Sie, um den Chi-Fluß zu spüren.

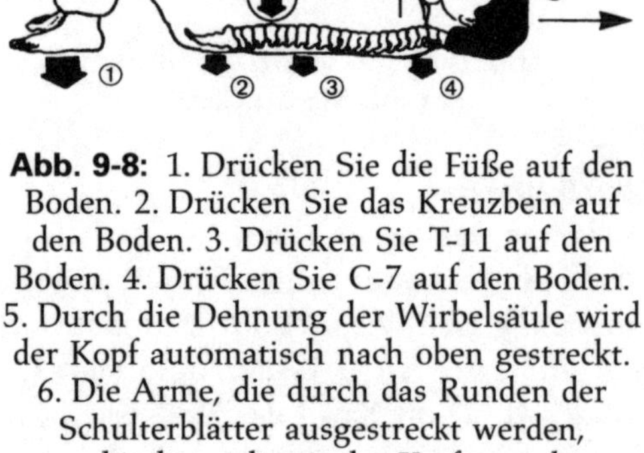

Abb. 9-8: 1. Drücken Sie die Füße auf den Boden. 2. Drücken Sie das Kreuzbein auf den Boden. 3. Drücken Sie T-11 auf den Boden. 4. Drücken Sie C-7 auf den Boden. 5. Durch die Dehnung der Wirbelsäule wird der Kopf automatisch nach oben gestreckt. 6. Die Arme, die durch das Runden der Schulterblätter ausgestreckt werden, verbinden sich mit der Kraft aus der Wirbelsäule.

Abb. 9-9: Die Brust sinken lassen

Die Brust sinken lassen

1. Bitten Sie Ihren Partner, seine Hand in der Brustmitte auf Ihr Brustbein zu legen.

2. Strecken Sie die Brust in übertriebener Weise heraus.

3. Der Partner drückt langsam auf das Brustbein. Lassen Sie sich nicht nach hinten schieben. Atmen Sie aus, lassen Sie die Brust sinken, und runden Sie die Schulterblätter und die Brustwirbelsäule. Leiten Sie die Kraft auf der Vorderseite des Körpers nach unten zum Boden ab. Spüren Sie, wie die neun Punkte fester auf den Boden gedrückt werden.

Abb. 9-10: Lassen Sie die Brust sinken, und richten Sie die Knochenstruktur von Wirbelsäule, Becken und Beinen so aus, daß die Kraft in den Boden übertragen werden kann.

Die Brust sinken zu lassen ist ein wichtiger Teil der Verwurzelung und außerdem sehr nützlich, wenn ein Gegner Sie drückt oder stößt. Er erwartet dann vielleicht, daß Sie zurückgeschoben werden, aber wenn Sie gut verwurzelt sind, können Sie auf der Stelle mit einer anderen Technik kontern.

Das Senken des Brustbeins bringt den Atem in den hinteren Teil der Lungen, und die Energie wird dann automatisch in den Unterbauch geleitet. Dadurch atmen Sie mehr ins Untere Tan Tien und ziehen alle Spannung nach unten.

Die Wirbelsäule ist mit der Antriebswelle eines Autos zu vergleichen. Die Hüften sind der Hinterradantrieb, die Schultern der Vorderradantrieb. Werden sie zusammengeschaltet, erhält man einen Vierradantrieb. Wenn Hüften und Schultern integriert sind, kann Kraft übertragen werden. Dies nennt man «die Struktur verbinden». Wenn die Struktur stimmt, kann man eine Menge Kraft aufnehmen und auch einen entsprechenden Betrag an Kraft entladen.

Die Hüften übertragen das Gewicht zum Boden. Außerdem steigt die Erdkraft durch Füße und Beine über die Hüfte und durch die Wirbelsäule auf, und die Schulterblätter übertragen sie dann nach außen zu den Händen. In umgekehrter Richtung kann Kraft aus den Händen durch das Knochengerüst zu den Füßen und in die Erde übertragen werden.

Schulterblatt- und Ellbogenverbindung

Die Schulterblatt-Verbindung

Was wir als Schulter bezeichnen, besteht in Wirklichkeit aus drei Knochen: den Schulterblättern (Scapula), dem Schlüsselbein (Clavicula) und dem Oberarmknochen (Humerus). Da die Schulter so gebaut ist, daß sie sich frei bewegen kann, ist sie nur an einer Stelle fest mit dem Brustkorb verbunden, und zwar an dem Punkt, wo das Schlüsselbein an der Spitze des Brustbeines (Sternum) festgemacht ist. Die Schulterblätter selbst schweben auf dem Rücken über dem Brustkorb und sind nur mit dem Schlüsselbein und dem Oberarmknochen verbunden. Dies verleiht der Schulter große Beweglichkeit und vergrößert ihren Bewegungsspielraum. Durch ihren besonderen Bau hat die Schulter auch Nachteile: Weil ihre Gelenkstruktur so frei und beweglich ist, kann in diesem Bereich die strukturelle Integrität leicht gestört werden oder verlorengehen.

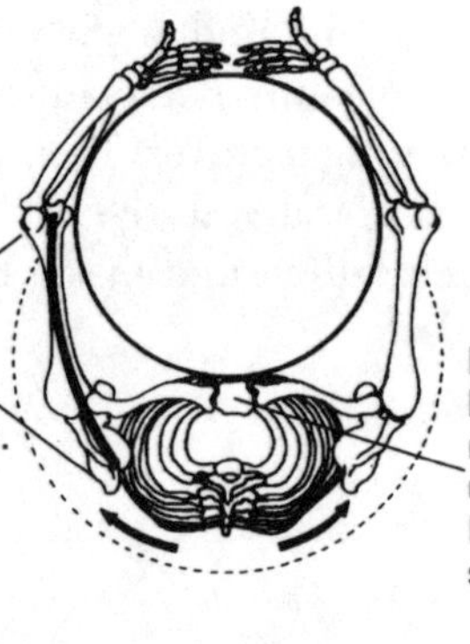

Abb. 9–11: Richtig gerundete Schulterblätter. Alle Sehnen, Muskeln und Bänder sind von der Wirbelsäule aus über den Rücken durch Schultern und Arme zu den Fingerspitzen voll ausgedehnt.

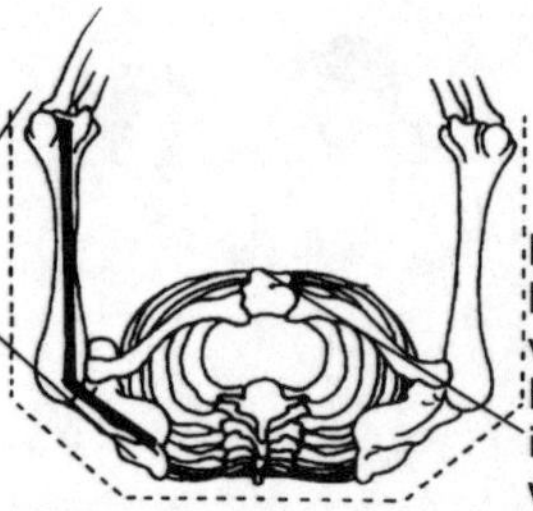

Abb. 9–12: Falsches Runden der Schulterblätter

Beim Tai Chi sollten wir in der Lage sein, die in den Beinen und Hüften erzeugte Kraft durch die Wirbelsäule nach oben und dann nach außen in die Arme zu leiten. Zu diesem Zweck runden wir die Schulterblätter: Das bedeutet, die Brust sinken zu lassen, das Kinn anzuziehen, C-7 und Jadekissen nach hinten zu schieben und die beiden Schulterblätter so weit wie möglich auseinanderzuziehen. Dadurch bewegen sich die Schultern nach vorn und die Schulterblätter werden so fest an den Brustkorb gedrückt, daß sie eng mit ihm verbunden sind, sozusagen «festkleben» und nicht mehr nach hinten herausstehen. Von oben gesehen sieht der obere Rücken rund aus, und man empfindet ein Gefühl der Kraft in den Schulterblättern. Viele Tiere machen sich die Kraft der Schulterblätter zunutze. Wenn Sie einen Tiger beobachten, können Sie sehen, wie er mit der Kraft der Schulterblätter geht. Wenn er zuschlägt, zieht er seine unglaubliche Kraft aus der Bewegung der Schulterblätter.

Übung der Schulterblatt-Verbindung im Liegen

Erste Übung

1. Legen Sie sich auf den Rücken. Ziehen Sie die Knie an, wobei die Füße auf dem Boden ruhen und etwa eine halbe Schulterbreite auseinanderstehen.

2. Heben Sie die Arme ganz, bis sie senkrecht zur Decke zeigen. Strecken Sie Arme ganz, und fixieren Sie die Ellbogen (im Gegensatz zur Tai Chi-Form, bei der Sie die Ellbogen niemals fixieren).

3. Spüren Sie die Schulterblätter auf dem Boden.

4. Halten Sie die Arme gestreckt, und heben Sie die Schulterblätter so hoch wie möglich vom Boden. Sie werden merken, daß dadurch die Hände ein paar Zentimeter höher gehoben werden.

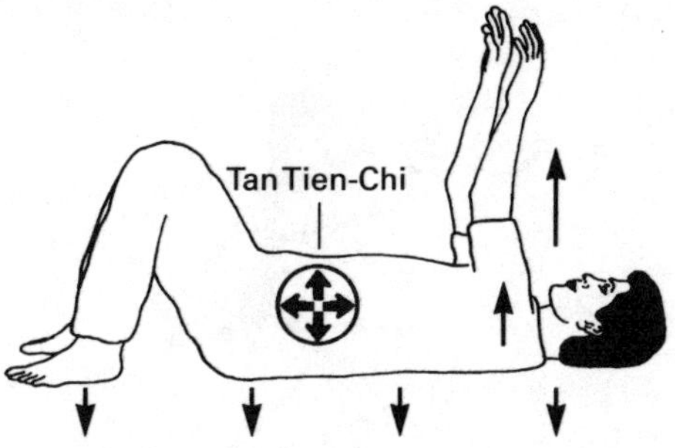

Abb. 9-13: Drücken Sie den Chi-Ball zum Boden.

5. Senken Sie mit hochgestreckten Armen die Schulterblätter wieder auf den Boden.

Abb. 9-14

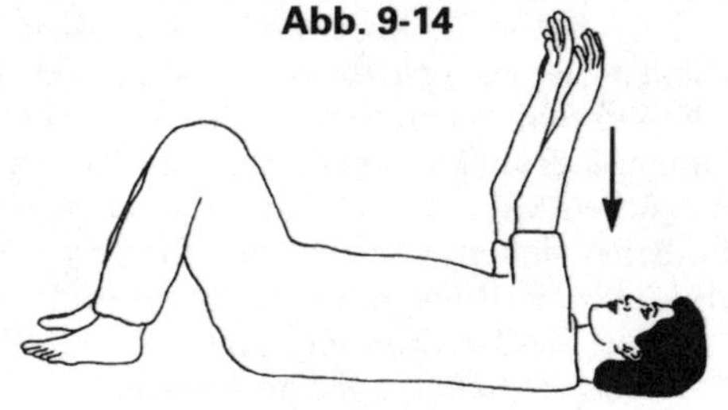

6. Wiederholen Sie mehrmals die Schritte 4 und 5. Üben Sie sowohl langsam als auch schnell, aber ohne sich übermäßig anzustrengen.

7. Zuletzt legen Sie die Arme an die Körperseiten. Ruhen Sie, und spüren Sie den Chi-Fluß.

Zweite Übung

1. Legen Sie sich wieder auf den Rücken, mit angezogenen Knien. Die Füße stehen auf dem Boden, etwa eine halbe Schulterbreite auseinander.

2. Heben Sie die Arme, bis sie senkrecht zur Decke zeigen. Strecken Sie Arme ganz, und fixieren Sie die Ellbogen.

3. Spüren Sie die Schulterblätter auf dem Boden.

4. Ziehen Sie das Kreuzbein an. Fühlen Sie, wie die Füße sich mit dem Boden verbinden.

5. Nehmen Sie die Verbindung von den Füßen aufwärts durch die Beine und das Kreuzbein wie eine Kraftwelle wahr. Spüren Sie diese Verbindung bzw. Welle weiter bis zu T-11 und C-7. Ziehen Sie das Kinn zurück.

6. Lassen Sie das Brustbein sinken, während Sie die Schulterblätter wie in der ersten Übung heben. Fühlen Sie die Verbindung von den Füßen nach oben bis zu den Händen.

7. Senken Sie die Schulterblätter, entspannen Sie das Kreuzbein und den ganzen Körper, aber halten Sie die Arme gestreckt.

8. Wiederholen Sie mehrmals die Schritte 4 bis 7. Spüren Sie jedesmal die wellenartige Kraft, vom Kreuzbein zu den Füßen und hoch zu den Armen.

9. Zuletzt legen Sie die Arme an die Körperseiten, ruhen aus und spüren den Chi-Fluß.

Die Ellbogenverbindung

Sobald Sie in der Lage sind, die Schultern mit der Wirbelsäule zu verbinden, können Sie die Energie vom Boden nach oben und nach außen in die Arme leiten, unter der Voraussetzung, daß alle oben erwähnten Punkte ausgerichtet sind. Die Kraft wird jedoch die Hände niemals erreichen, wenn die Ellbogenverbindung nicht stimmt.

In den Tai Chi-Klassikern weisen uns die alten Meister immer wieder darauf hin, daß wir Schultern und Ellbogen sinken lassen müssen. Das bedeutet, daß die Ellbogen bei den meisten Bewegungen und Stellungen nach unten zeigen sollten.

Um ein Gefühl dafür zu entwickeln, bitten Sie jemanden, Ihren Arm am Handgelenk hochzuhalten. Entspannen Sie dabei den Arm vollständig. In dieser entspannten Haltung wird der Ellbogen automatisch nach unten zeigen. Da Sie so keine zusätzliche Energie benutzen, um den Ellbogen in einer angespannten Position zu halten, können Sie nun alle Kraft wirksam in die Hände lenken.

Als weiterer wichtiger Punkt bei der Haltung ist zu beachten, daß die Ellbogen in einer Position der Energieentladung ziemlich gestreckt, aber nicht fixiert bzw. durchgedrückt sein sollten. Der Unterarm und der Oberarm sollten immer mindestens einen Winkel von über 90° bilden. Dieser Winkel am Ellbogen kann fast 180° betragen, aber das Ellbogengelenk sollte trotzdem niemals voll durchgedrückt werden.

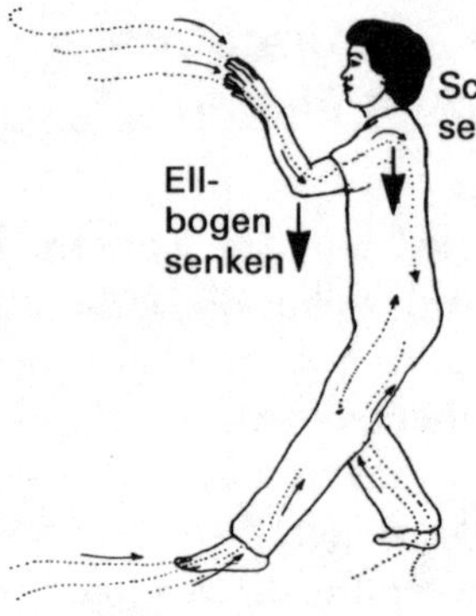

Abb. 9-15: Einatmen und Chi absorbieren

Die Kraft vom Boden übertragen

1. Stehen Sie im Bogenschritt, mit dem Gewicht auf dem hinteren (linken) Bein und den Armen wie beim *Stoßen mit beiden Händen*. Atmen Sie ein, während Sie zurücksitzen.

2. Atmen Sie aus, und bewegen sich nach vorn, bis Sie fast am Ende des Stoßens angelangt sind.

3. Wenn das vordere Knie über den Fuß kommt, strecken Sie die Wirbelsäule von unten bis oben.

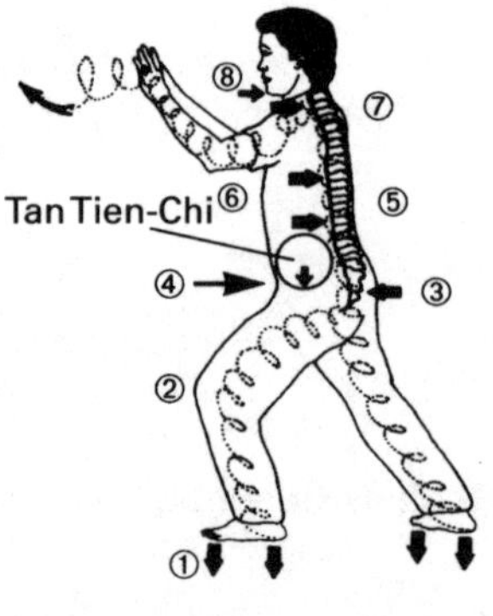

Abb. 9-16: 1. Drücken Sie das Tan Tien-Chi zum Boden, und spüren Sie, wie die großen Zehen leicht nach außen gedreht werden. 2. Drehen Sie die Knie sanft nach außen. 3. Ziehen Sie das Kreuzbein ein. 4. Öffnen Sie die Leisten, indem Sie den Psoasmuskel dehnen. 5. Runden Sie den unteren Rücken, und drücken Sie den T-11 hinaus. 6. Lassen Sie die Brust sinken, und schieben Sie den T-5 nach hinten. 7. Runden Sie die Schulterblätter. 8. Ziehen Sie das Kinn ein, und strecken Sie den Scheitelpunkt nach oben.

4. Ziehen Sie das Kreuzbein ein, und spüren Sie die Verbindung zwischen dem Lendenbereich und der Erde.

5. Drücken Sie den T-11 nach hinten.

6. Lassen Sie die Brust sinken, und schieben Sie T-5 und T-6 nach hinten.

7. Runden Sie die Schulterblätter, und strecken Sie die Bänder an Ellbogen, Handgelenk und Fingern.

8. Ziehen Sie das Kinn an, und strecken Sie den Scheitelpunkt nach oben.

9. Spüren Sie, wie die Energiewelle sich ausbreitet, und lassen Sie dann los.

10. Üben Sie das Ganze in sehr entspannter Weise und ohne unnötigen Krafteinsatz. Wiederholen Sie das jeden Tag 30-40mal. Üben Sie so lange, bis diese Bewegung natürlich wird.

Kinnhaltung beim Stoßen

Die Richtung des Kinns hängt von Ihrer Stoßrichtung ab. Wenn Sie nach vorn stoßen, strecken Sie – wie beschrieben – die Halswirbelsäule und heben den Scheitelpunkt an. Wenn Sie nach links stoßen, drehen Sie das Kinn leicht nach rechts, aber wirklich nur ganz wenig. Wenn Sie nach rechts stoßen, schieben Sie das Kinn ganz leicht nach links. Wenn Sie nach unten stoßen, wird das Kinn etwas höher gehalten. Dabei handelt es sich um sehr subtile innere Bewegungen.

Zusammenfassung

Nun können Sie die in diesen Übungen erworbenen Prinzipien auf jede einzelne Tai Chi-Bewegung anwenden. Achten Sie darauf, daß sich der Körper vom Anfang der Form bis zum Ende als Einheit bewegt. Arme und Hände bewegen sich niemals selbständig, ohne daß ihre Bewegung vom Rest des Körpers eingeleitet würde. Sie werden diese Stufe der Tai Chi-Praxis beherrschen, wenn bei jeder einzelnen Bewegung gilt:

«Die Energie wurzelt in den Füßen, entwickelt sich in den Beinen, wird von der Hüfte (und dem Kreuzbein) gelenkt, haftet an der Wirbelsäule und wirkt durch die Finger.»

(aus den Tai Chi-Klassikern)

10 Die Sehnen aktivieren (Sehnenform)

Die Sehnen im Tai Chi

Die Tai Chi-Übenden streben danach, Gliedmaßen wie «in Watte gewickelten Stahl» zu bekommen. Dieses Bild beschreibt einen Zustand, in dem die Muskeln entspannt und weich wie Watte sind, während die darunterliegenden Sehnen, Bänder und Knochen hart wie Stahl sind. Die Beherrschung der *Sehnenform,* zu der die *Umwandlung der Sehnen* gehört, ist von entscheidender Bedeutung für das Erreichen dieses Zustands.

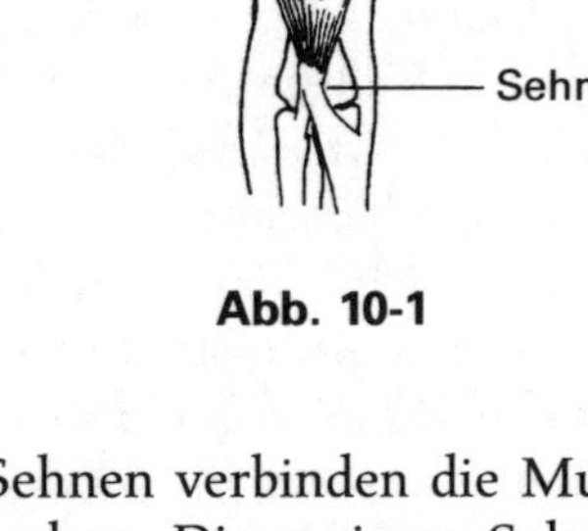

Abb. 10-1

Die Sehnen verbinden die Muskeln mit den Knochen. Die meisten Sehnen bestehen aus dichtem kollagenen Bindegewebe. Dieses silbrig-weiße Gewebe bildet auch die Bänder (welche Knochen mit Knochen verbinden), die tiefliegenden Faszien (Bindegewebsschichten um die Muskeln, um sie am Platz zu halten) und die Bindegewebshüllen um Organe, Drüsen und Lymphknoten. Bindegewebe ist sehr stark, aber doch biegsam. Die Lungen, die Stimmbänder und die Bänder um die Wirbel sind aus einer elastischeren Art von Bindegewebe gebildet.

In der medizinischen Forschung hat man in letzter Zeit die gewichtstragende Funktion des Bindegewebes entdeckt. Sehnen und Bänder können diese Funktion in der Tat wesentlich besser ausüben als die Muskeln. Offensichtlich haben die Chinesen diese Tatsache aus praktischer Erfahrung in den Kampfkünsten schon vor langer Zeit erkannt. Daher legt man in China mehr Gewicht auf das Training der Sehnen als auf den Aufbau von großen, massigen Muskeln, die im Westen heute als Zeichen körperlicher Fitneß gelten.

Solche Muskeln müssen durch große Nahrungsmengen und vor allem durch Eiweiß genährt werden. Damit die Muskelmasse wächst, ist intensives Muskeltraining erforderlich. Diese Art von Training führt eher dazu, daß man Chi verausgabt, anstatt Chi aufzubauen. Ein übertriebenes Training dieser Art kann letztlich dazu führen, daß die Beweglichkeit eingeschränkt wird. Muskelbepackte Athleten sind häufig ziemlich unbeweglich.

Muskeln degenerieren im Alter, und dadurch wird viel von der Mühe hinfällig, die man zu ihrem Aufbau aufgewandt hat. Im Gegensatz dazu bleiben die Sehnen durch Training stark und flexibel. Wenn die Sehnen verdreht sind, macht es ihre gummiartige Konsistenz möglich, wesentliche Kraft zu speichern. Wer seine Sehnen elastisch und flexibel hält, kann die Steifheit verhindern, die gewöhnlich im Alter auftritt.

Im Tai Chi Chi Kung setzt man die Struktur ein, die durch die Bewegung der Sehnen koordiniert, mit sehr geringem Aufwand eine gewaltige Kraft freisetzt. Wie wirkungsvoll es ist, wenn man beim Stoß den ganzen Körper einsetzt, läßt sich einfach demonstrieren. Wenn Sie versuchen würden, jemand nur mit einem einzelnen Finger zu stoßen, müßten Sie sich sehr anstrengen und würden nur wenig ausrichten. Wenn Sie den Handballen auflegen, indem sie das Handgelenk beugen, werden Sie merken, daß Sie mit weniger Aufwand einen stärkeren Druck erzeugen können. Wenn Sie die Kraft Ihres ganzen Arms hinzufügen, nimmt Ihre Kraft um ein Mehrfaches zu.

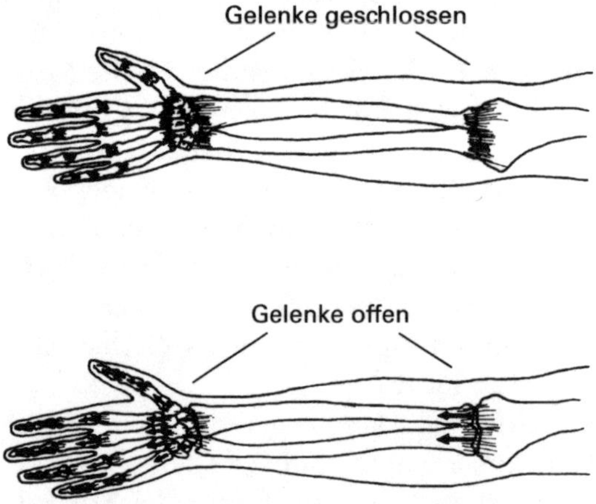

Abb. 10-2: 1. Wenn Sie vor der Entladung Energie speichern, ziehen sich die Sehnen und Bänder zusammen und schließen dadurch die Gelenke.
2. Bei der Entladung der Energie dehnen sich Sehnen und Bänder aus und öffnen die Gelenke, die sich dabei mit Chi füllen. Chi in den Gelenken hat hier auch eine Pufferfunktion.

In der *Sehnenform* werden Sehnen und Bänder dazu eingesetzt, eine wellenartige Kraft zu übertragen. Die Kraft zum Stoßen kommt aus dem Boden und fließt durch Füße, Beine, Wirbelsäule und Arme. Auf ihrem Weg durch den Körper vervielfacht sich die Kraft. Wenn sich zuletzt so viel Kraft auf einer sehr kleinen Fläche (wie zum Beispiel auf einer Fingerspitze) sammelt, kann man dem Gegner wirklich Schaden zufügen.

Die Übung und Kräftigung der Sehnen wird in der taoistischen Tradition als *Umwandeln der Sehnen* bezeichnet. Im System des Heilenden Tao wird die vollständige Methode des Umwandelns der Sehnen im *Eisenhemd-Chi Kung II* gelehrt. Umwandeln der Sehnen bedeutet nicht, alte Sehnen durch neue zu ersetzen. Statt dessen werden schwache Sehnen durch entsprechendes Training stark und flexibel. Der ganze Organismus, besonders die Gelenke, wird durch diese Art von Training positiv beeinflußt. Im Lauf der Zeit verwandelt sich ein schwacher Körper in einen starken mit reichlichen Chi-Reserven. Wenn die Gelenke sich öffnen, füllen sie sich mit Chi. Beim *Waschen des Knochenmarks* (einer taoistischen Methode, die beim *Knochenmark-Nei Kung,* der dritten Stufe des Eisenhemd-Chi Kung, gelehrt wird) wird Chi ins Knochenmark und ins Gehirn geleitet, um diese zu nähren.

Das «I»-Bewußtsein (Geist-Auge-Herz-Bewußtsein)

Das Umwandeln der Sehnen läßt sich am besten durch den Einsatz des *«I»-Bewußtseins* (siehe dazu die Fußnote auf S. 68) bewerkstelligen. In einem alten Spruch heißt es: *«I führt und Chi folgt. Chi führt und der Körper folgt.» «I»* steht für die gebündelte Energie von Geist, Sinnen, Organen und Bewußtsein. Bei der Übung der ganzen Tai Chi-Form setzt man das *«I»-Bewußtsein* dazu ein, Chi zu lenken und den Körper zu bewegen.

Das Herz kontrolliert die Sehnen. Ist der Geist beruhigt und völlig entspannt, können wir spüren, wie das Blut durch die Kontraktionen des Herzmuskels in die Arterien gepumpt wird. Bei der Übung der Sehnen-Aktivierung bringen wir die Bewegung der Sehnen in Einklang mit dem Herzschlag.

Die Ausdehnung der Sehnen kann mit Hilfe von Geist und Augen verstärkt werden. Der Einsatz von Geisteskraft zur Beeinflussung körperlicher Vorgänge hat in letzter Zeit größere Beachtung gefunden. Patienten, denen durch schulmedizinische Therapieverfahren nicht geholfen werden konnte, haben sich selbst geheilt, indem sie erkrankte Körperteile als gesund visualisierten. Bei bestimmten Meditationstechniken des Heilenden Tao können wir erfahren, wie wir im Sitzen Energie bewegen und leiten können. Diese Erfahrung erleichtert die Übertragung auf Übungsformen, bei denen wir uns wie beim Tai Chi Chi Kung bewegen.

Mit Hilfe der Augen lenken und sammeln wir die Aufmerksamkeit. Außerdem stehen die Augen mit vielen Sehnen in Verbindung. Durch Strecken der Sehnen im Bereich der Augen werden die Sehnen im ganzen Körper aktiviert.

Sehnenübung

1. Sitzen Sie wie beim Stoßen mit beiden Händen zurück aufs hintere (rechte) Bein.

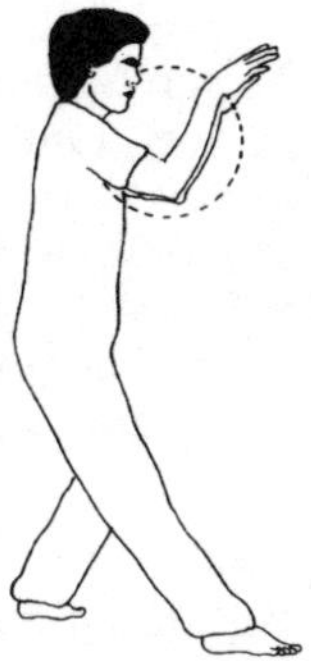

Abb. 10-3: Einatmen und spüren, wie die Sehnen Chi absorbieren

2. Verlagern Sie das Gewicht langsam vorwärts, bis Sie fast die Endstellung erreichen.
3. Hören Sie auf Ihr Herz. Spüren Sie, wie das Blut in die Gliedmaßen strömt.
4. Während Sie spüren, wie das Blut nach außen pulsiert, sollten Sie die Augen weit öffnen und den Geist konzentrieren. Die Welle dehnt sich nun in ähnlicher Weise wie in der *Chi-Transfer-Form* (siehe Kapitel 9) aus. Die Bewegung geht vom Tan Tien aus zum Boden.
5. Vom Boden aus steigt die Welle hoch durch Füße, Beine, Wirbelsäule, Arme und Hände. Dabei ist es vor allem wichtig, daß wir uns der Sehnen und Bänder bewußt sind und ihre Verbindung zum *«I»-Bewußtsein* spüren. Sehnen und Bänder sollten wie Gummibänder sein.

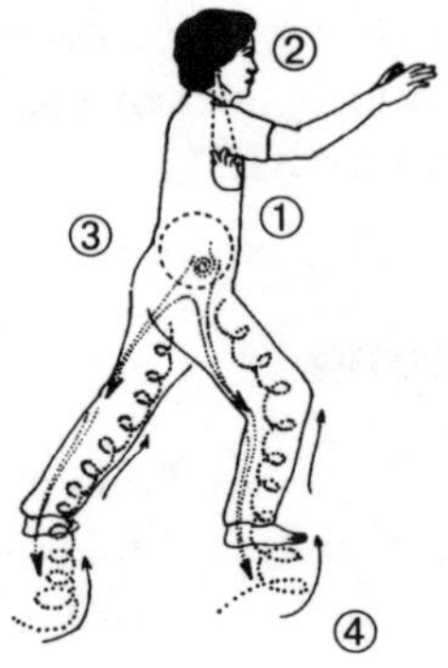

Abb. 10-4: 1. Hören Sie auf Ihr Herz. 2. Öffnen Sie die Augen, und konzentrieren Sie den Geist. 3. Lenken Sie Chi vom Tan Tien zur Erde. 4. Spüren Sie, wie die Erdenergie sich im Körper ausbreitet. Öffnen Sie alle Gelenke, und spüren Sie, wie die Sehnen sich wie Gummibänder dehnen.

6. Wenn die Welle die Hand erreicht, sorgt die Dehnung der Sehnen dafür, daß die Finger sich sanft trennen und strecken. Die Ausdehnung und die Kontraktion des Körpers stehen in Verbindung mit dem Chi-Fluß. Chi fließt in die Hand, während die Sehnen gestreckt werden.

7. Während der nachfolgenden Kontraktion wird Chi absorbiert.

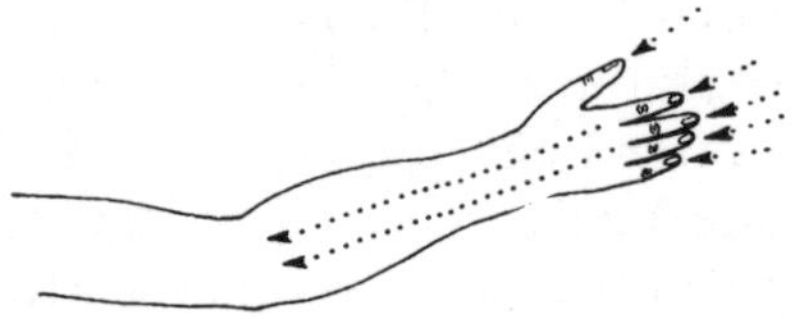

Absorbieren des Chi

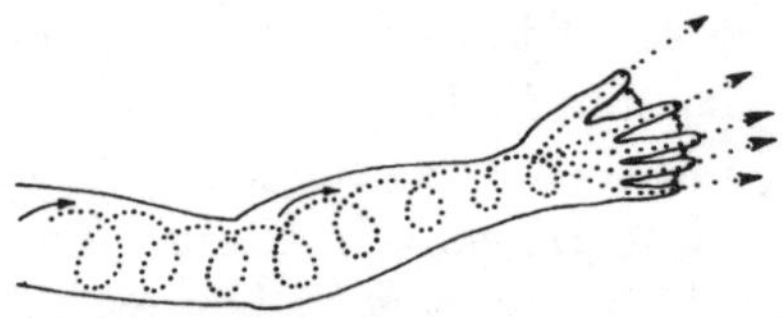

Abb. 10-5: Während die Sehnen sich drehen und dehnen, werden die Finger geöffnet und gestreckt. Die Streckung des Zeigefingers unterstützt die Öffnung aller Gelenke im Arm.

Diese Technik steht im Zusammenhang mit der Yin-Yang-Form, bei der es um den Energieaustausch mit der Umgebung geht. Die Fähigkeit, mit der Erde Verbindung aufzunehmen und Erdenergie zu absorbieren ist von grundlegender Bedeutung für die Sehnenform. Die in der *Chi-Transfer-Form* gelernte Bewegung der Wirbelsäule sorgt für flexible Bänder in der Wirbelsäule, denn sie tragen die «Welle», auf der Chi sich ausbreitet. In der folgenden *Tan Tien-Form* wird die Essenz aller Organe zu einer Energieperle verdichtet, deren Bewegung den ganzen Körper steuert.

Sehnen-Aktivierung im Tai Chi Chi Kung (Sehnenform)

Vorbereitung

Wu Chi-Stand

Außer der korrekten Ausrichtung der Struktur (um die Aktion der Sehnen zu erleichtern) besteht die wichtigste Aufgabe beim Wu Chi-Stand darin, den durch die Sehnen fließenden Chi-Puls sowohl mit dem Atem als auch mit dem Herzschlag zu koordinieren. Anfänglich können wir diesen Puls an den Handflächen, dem Dritten Auge, dem Scheitelpunkt, dem Perineum und den Fußsohlen spüren. Nach dieser anfänglichen Phase der Sensibilisierung für dieses Pulsieren sollte die Aufmerksamkeit jedoch auf die Gelenke der Hand, der Ellbogen, der Hüften, der Knie und des Fußes gerichtet werden, um zu spüren, wie sich diese Aktivierungspunkte öffnen.

Wenn wir in gleichmäßigem Rhythmus atmen und dazu in den ganzen Körper lächeln, wobei wir besonders auf die Öffnung der Gelenke achten, wird der Körper entspannt. Das macht die Sehnen dazu bereit,

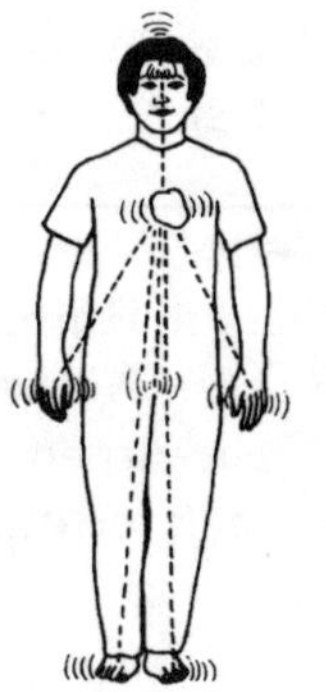

Abb. 10-6: Wu Chi-Stand – Spüren Sie das Pulsieren im Herzen, an den Handflächen und Fußsohlen, am Dritten Auge, am Scheitelpunkt und am Perineum. Spüren Sie, wie alle Gelenke sich öffnen und ausdehnen.

dem beim Üben aufgenommenen Chi als Leitbahn zu dienen.

Tai Chi öffnen

Es kann nicht genug betont werden, wie wichtig es ist, das Körpergewicht statt von den Muskeln von den Sehnen tragen zu lassen. Das beste Zeichen dafür, daß die Sehnen richtig eingesetzt werden, ist für den Übenden die Abwesenheit von Muskelschmerzen. Zuerst könnte mangelnder Gebrauch dazu führen, daß die Sehnen tatsächlich schmerzen. Wenn man jedoch die Sehnen bei allen Tai Chi-Bewegungen einsetzt, wird ihre Flexibilität und Stärke schon nach kurzer Zeit wesentlich verbessert.

Kernform

Vogelschwanz (nach Norden)

In diesem Teil der Form sind die Sehnenbereiche, auf die es ankommt, bereits in der Yin-Yang-Form und der Verwurzelungsform erklärt worden. Dafür sollten Sie sich jetzt darauf konzentrieren, wie stark die Sehnen gedreht sind und wie wirksam die Energie sich erholen und während der Yang-Phase der Entladung von den Sehnen aus dem Körper freigesetzt werden kann.

Erste Abwehr: Chi-Ball halten

Während der Gewichtsverlagerung sollten Sie sorgfältig auf die Sehnen in Hüfte, Knie und Fußgelenk des tragenden Beins achten. Entspannen Sie die Muskeln vollkommen, während die Sehnen das Gewicht in den Boden leiten.

Zweite Abwehr: Chi-Ball halten

Bei dieser ersten nach außen gerichteten Bewegung in der Tai Chi-Form sollten Sie sich auf die federnde Aktivität derjenigen Sehnen konzentrieren, welche die aufsteigende Erdenergie durch die Beine nach oben zu Wirbelsäule, Schulterblättern und Armen leiten. Besondere Punkte der Sehnenaktivität sind die Fußgelenke, die Knie, die Hüften, die Schulter, die Ellbogen und die Handgelenke. Wenn sich Ihre Konzentration verbessert, können Sie die Zehen- und Fingerknöchel sowie das Schlüsselbein dazunehmen.

Zurückrollen

Die Sehnenaktivität spielt sich hier im Knie ab, das die Bewegung der Hüften führt. Die Hüften tragen den Oberkörper als Einheit. Während sich das Knie dreht, bleiben die Füße auf der Stelle und die Sehnen wickeln sich vom Fußgelenk bis zum Knie auf. Dies sollten Sie beim Üben spüren und verstärken. Nehmen Sie die zusätzliche Rotation wahr, während das Knie vor der Hüfte bewegt wird; dadurch werden die Sehnen um den Oberschenkelknochen gewickelt.

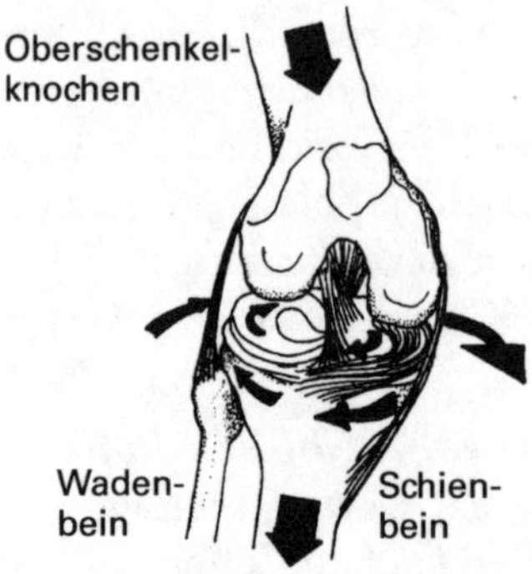

Abb. 10-7: Die Spiralbewegung im Kniegelenk

Dann beginnen sich die Hüften bei geöffneten Leisten zu bewegen und setzen eine Rotation in den Sehnen auf den Körperseiten in Gang. Am Endpunkt der Dehnung folgt schließlich der Oberkörper, bis der Nabel 90 Grad nach Westen zeigt.

Pressen (mit beiden Händen)

Hier gilt dasselbe, was bereits zur zweiten Abwehr gesagt wurde.

Stoßen (mit beiden Händen)

Auch hier gilt dasselbe, was bereits zur zweiten Abwehr gesagt wurde.

Peitsche nach Süden

Zur Peitsche gehört die dreifache Drehung. Das bedeutet, daß die Sehnen hier intensiv betätigt werden. Dabei wird die Kraft erzeugt, indem die Sehnen sich in einer Rotationsbewegung auf der gesamten Körperlänge aufwickeln.

Erste Drehung

Verlagern sie das Gewicht auf die Sehnen des hinteren Beins, die den ganzen Körper tragen sollen. Wie beim Zurückrollen führt auch hier das Knie, das den Körper dreht, die Bewegung, indem es die Sehnen vom Fußgelenk aus um die Unterschenkelknochen wickelt. Bei voller Drehung ist auch die Oberschenkelsehne voll aufgewickelt.

Schnabel bilden

Dann bewegt sich die Hüfte, um eine Rotation auf der rechten Körperseite auszulösen, und der Oberkörper folgt mit einer vollen Drehung nach rechts. Auch hier wird das Gewicht auf das gegenüberliegende Bein verlagert, und das erfordert einen ruhigen Übergang von einem Sehnenverband zum anderen, damit die Bewegung langsam und elegant abläuft.

Die Drehbewegung in den Beinen beim Bilden des Schnabels stimmt mit der ersten Drehung überein, geht aber in die Gegenrichtung. Durch die Arme und die gebeugte Schnabelhand kommt im Oberkörper noch eine weitere Sehnenkontraktion hinzu, die von der Schulter aus zum Ellbogen, zum Handgelenk und zu den Fingern der Schnabelhand verläuft.

Schnabel befreien

An diesem Teil der Peitsche kann man die Kraft der frisch gestärkten Sehnen und ihrer Aufwicklung im ganzen Körper auf ihre Effektivität als Waffe testen. Wenn die Be-

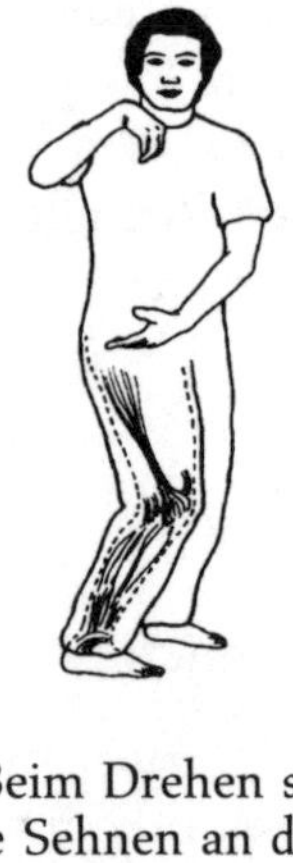

Abb. 10-8: Beim Drehen sollten Sie das Gewicht auf die Sehnen an der Rückseite der Beine übertragen.

wegung langsam ausgeführt wird und man das Loslassen und die Ausdehnung der Sehnen aufmerksam beobachtet, kann man erkennen, welche Kraft im Loslassen des Schnabels steckt.

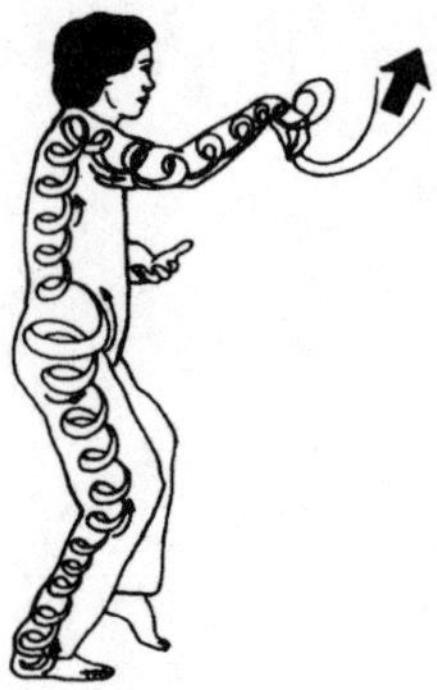

Abb. 10-9: Sehnenkraft wird beim Drehen freigesetzt.

Hand zum Himmel ausstrecken

Achten Sie bei diesem Teil der Peitsche darauf, daß die Bewegung der Sehnen in beiden Beinen und Armen nicht forciert wird und daß die Yang-Aktion, die durch das Befreien des Schnabels ausgelöst wurde, über die Sehnen in die folgende Bewegung des Stoßens mit einer Hand weitergeleitet wird.

Stoßen (mit einer Hand)

Die Sehnenaktivität entspricht hier der zweiten Abwehr.

Übergang: Tiger umarmen

Wenn man ein kleines Kind halten will – und das geht am besten mit Hilfe aller Sehnen in den Armen und den Beinen –, sollten die Bewegungen sanft und anmutig sein. Darauf kommt es bei diesem Teil der Form an, bei dem die Sehnen kraftvoll aber locker sein sollten.

Kernform rechts

Bei der rechtshändigen Kernform führen die Sehnen die gleichen Bewegungen aus wie oben beschrieben, nur ist alles seitenverkehrt. Zum *Umwandeln der Sehnen* müssen beim Tai Chi alle Sehnen gleichmäßig trainiert werden, so daß die schwachen Sehnen mit den stärkeren gleichziehen.

Tai Chi schließen

Am Ende der Tai Chi-Form muß die Energie in den Sehnen eingesammelt und durch den Kleinen Energiekreislauf, der auch die stagnierenden Rückstände aufnimmt, gelenkt werden. Diese Energie kann dann sowohl durch die Sehnen als auch durch den Kleinen Kreislauf zum Nabelzentrum geleitet werden, wo sie dann während des abschließenden Kreisens im *Hun Yuan-Stand* gespeichert werden kann.

11 Die Tan Tien-Form

Alle Bewegungen im Tai Chi kommen aus dem Tan Tien. Dieses wichtige Zentrum ist verantwortlich für Kontrolle und Gleichgewicht, zwei Schlüsselelemente für die korrekte Praxis des Tai Chi. Außerdem wird Chi, das durch die Tai Chi-Übung erzeugt wird, im Tan Tien gespeichert. Diese Energie bildet dann eine Reserve, die Sie nach jeder Übungsrunde neu auffüllen können.

Während das Tan Tien sowohl die Quelle als auch das Gefäß für Chi bildet, verhält sich der Geist wie ein General, der dem Tan Tien den Befehl erteilt, die Energie an bestimmte Stellen zu schicken; das Tan Tien gleicht einem Armeelager, aus dem die Truppen entsandt werden. Um die Tan Tien-Form zu meistern, sollte der Geist gestärkt und gesammelt werden und das Tan Tien mit Chi-Druck gefüllt sein.

Die Fähigkeit des Geistes, sich zu konzentrieren und Chi tatsächlich in Bewegung zu setzen, verbessert sich durch Meditation. Die Meditation des Kleinen Energiekreislaufs, Eisenhemd, Heilende Liebe und Tai Chi befassen sich alle mit dem Erzeugen, Speichern und Lenken von Chi. Zum Abschluß all dieser Praktiken ist es wesentlich, die Energie im Tan Tien zu sammeln, um später Zugriff darauf zu haben. Andernfalls zerstreut sich Chi und kann nicht genutzt werden. Am Ende der Tai Chi-Form wird Chi gespeichert, indem man im abschließenden *Hun Yuan-Stand* (mit den Händen) in Spiralen auf dem Nabel kreist.

Gewöhnlich bezeichnen wir das Energiezentrum in der Körpermitte als Tan Tien, aber in Wirklichkeit gibt es drei Tan Tien: das *Untere Tan Tien* (Nabelzentrum), das *Mittlere Tan Tien* (Herzzentrum) und das *Obere Tan Tien* (hinter dem «Dritten Auge» in der Stirnmitte zwischen den Augenbrauen). Unter diesen drei Tan Tien, die alle in der taoistischen Inneren Alchimie eine wichtige Rolle spielen, ist das Untere Tan Tien im Tai Chi Chi Kung am wichtigsten. Das Untere Tan Tien, fortan als *Tan Tien* bezeichnet, befindet sich im Unterbauch ungefähr drei Fingerbreit hinter dem Nabel in Richtung Körpermitte. Die genaue Stelle schwankt von Person zu Person und hängt vom Körperbau ab. Im Tan Tien ist unser *Ursprüngliches Chi* (unsere Urkraft) gespeichert, das Chi, das aus dem Ei und dem Sperma unserer Eltern stammt und aus dem unser ganzer Organismus entsteht.

In der taoistischen Praxis ist es von großer Wichtigkeit, Chi zu entwickeln und kreisen zu lassen. Das Tan Tien heißt auch *Ozean des Chi*. In der traditionellen chinesischen Medizin geht man davon aus, daß der Ozean in die acht Sondermeridiane überfließt, sobald er voll ist. Sobald diese gefüllt sind, fließt Chi in die zwölf Hauptmeridiane weiter, von denen ein jeder einem bestimmten Organ zugeordnet ist. Daraus geht klar hervor, daß das Tan Tien in der Tat die Quelle des gesamten Energiesystems bildet.

Die *Tan Tien-Form* stärkt sowohl den Geist als auch die Faszien und vermittelt dem Übenden eine Methode, schnell und effektiv Energie aus einem Bereich abzuziehen und sie an eine andere Stelle zu lenken. Diese Fähigkeit ist besonders nützlich bei anderen taoistischen Praktiken, wie der Heilenden Liebe, wo die Energie einen starken Drang in eine unerwünschte Richtung (z. B. aus dem Körper hinaus) haben kann.

Eine andere Aktivität, bei der die Energie aus dem Körper fließen kann, ist das Urinieren. Wenn man bei der Tan Tien-Übung einen Chi-Ball entwickelt und diesen beim Urinieren von der Blase hochzieht, kann dieser unkontrollierte Energieverlust weitgehend reduziert werden. Da das Tan Tien die Fähigkeit besitzt, mit großen Mengen von Energie umzugehen, wird es als «Laboratorium» für innere alchimistische Arbeit benutzt. Im Chinesischen bedeutet das Wort *Tan* Elixier (wörtlich «Zinnober», ein Mineral, das in der Äußeren Alchimie den Grundstoff für das Elixier der Unsterblichkeit bildete, da es nach taoistischer Auffassung Yin und Yang in perfekter Harmonie enthält) und *Tien* Feld oder Platz. Das Elixier, auch unter der Bezeichnung «Die Perle» bekannt, wird im Tan Tien gebildet, indem man die Energien aller Systeme des Körpers, einschließlich der Organe, Drüsen und Sinnesorgane, vereinigt. In der *Fusion der Fünf Elemente* werden genaue Anweisungen für die Bildung der Perle gegeben.

Vorbereitende Tan Tien-Übungen

Tan Tien-Atmung

1. Stehen Sie im Reiterstand, mit gerundeten Armen, die Handflächen zum Tan Tien gewandt.

2. Richten Sie die Aufmerksamkeit auf Handflächen und Fußsohlen. Schießen Sie die Energie von den Handflächen aus in den Nabel, als wären sie zwei Laserkanonen.

Abb. 11-1

3. Spüren Sie, wie das Tan Tien sich auszudehnen beginnt. Auch die Hände entfernen sich vom Körper, während das Tan Tien sich ausdehnt.

4. Ziehen Sie den Unterbauch ein, um die Energie im Tan Tien zu verdichten. Die Hände werden wieder näher zum Körper gebracht, während der Nabel eingezogen wird.

5. Entwickeln Sie ein Gefühl für den Chi-Ball in Ihrem Bauch. Während Sie einatmen, spüren Sie, wie der Chi-Ball sich ausdehnt. Wenn Sie ausatmen, zieht sich der Chi-Ball zusammen und verdichtet sich.

6. Wiederholen Sie das Einatmen & Ausdehnen und das Ausatmen & Verdichten 20- bis 30mal, bis der Chi-Ball deutlich zu spüren ist.

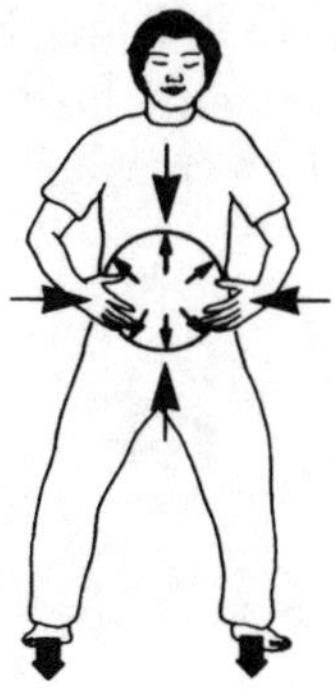

Abb. 11-2: Den Chi-Ball ausdehnen

Bewegungen vom Tan Tien aus führen

1. Gehen sie vor in den Bogenschritt rechts, mit dem Gewicht auf dem hinteren (linken) Bein.

2. Dann verlagern Sie das Gewicht nach vorn, indem Sie den linken Fuß in den Boden drücken, die Erdkraft aufsteigen lassen und den Chi-Ball ausdehnen.

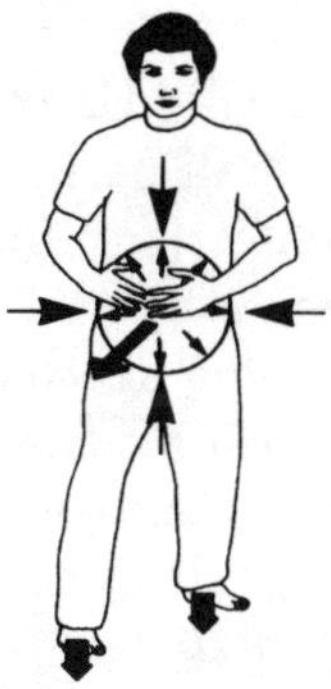

Abb. 11-3: Den Chi-Ball nach vorn schieben

3. Sitzen Sie zurück auf das linke hintere Bein, und spüren Sie, daß der Chi-Ball die Bewegung führt, indem er sich zusammenzieht.

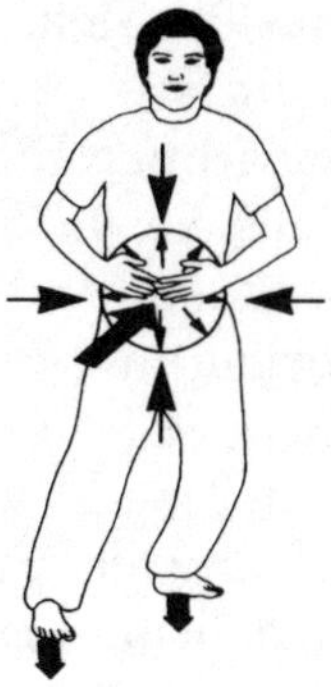

Abb. 11-4: Den Chi-Ball zurücksinken lassen

4. Drehen Sie nach links, indem Sie die Bewegung mit der Drehung des Chi-Ball im Tan Tien führen.

Abb. 11-5: Den Chi-Ball drehen

Sie sollten spüren, daß der Chi-Ball im Tan Tien all Ihre Bewegungen auslöst und führt, ganz gleich, ob sie nach oben oder unten, vor oder zurück, nach links oder rechts, schräg nach oben oder schräg nach unten gehen.

Tan Tien-Form

Vorbereitung

Wu Chi-Stand

Zu Beginn der Tai Chi-Übung bilden Sie einen Chi-Ball im Tan Tien, der dann während der Form hin und her bewegt wird. Lächeln ist eine wichtige Hilfe bei der Bildung des Chi-Balls. So wie bei der Bildung der Perle in der *Fusion der Fünf Elemente* müssen die Organe und Drüsen entspannen und ihre Energien freigeben, damit der Geist sie zum Tan Tien lenken kann. Dort können sie als kraftvolle, positive Energie beim Heilen und beim Energieaustausch mit der Umgebung eingesetzt werden.

Um ein eimerförmiges Reservoir für die beim Entspannen freigesetzte Energie zu bilden, senken Sie das Zwerchfell, um Druck aufs Tan Tien auszuüben. Dadurch wird der Chi-Ball nach unten gedrückt, während Sie gleichzeitig die Sexualorgane und den After sanft hochziehen. Der Druck von oben und unten verdichtet den Chi-Ball und preßt ihn ins Tan Tien.

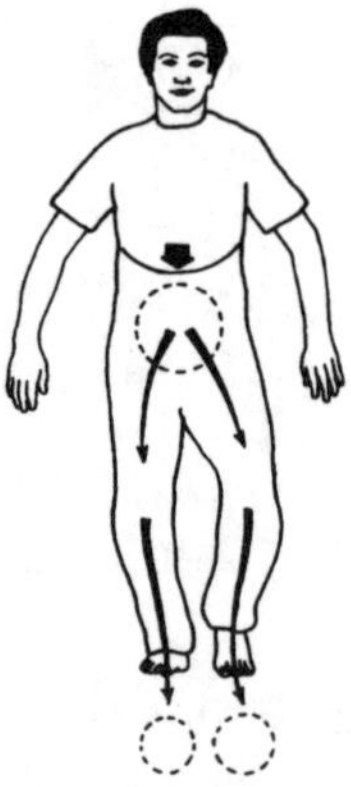

Abb. 11-6: Halbieren Sie den Chi-Ball, und drücken Sie die beiden Hälften nach unten durch die Beine. Das führt zu einer besseren Verwurzelung.

Wenn Sie bereit sind, mit der Tai Chi-Form zu beginnen, halbieren Sie den Chi-Ball und schicken jeweils eine Hälfte durch jedes Bein nach unten in die Erde, um eine bessere Verwurzelung zu erreichen. Sobald Sie gut verwurzelt sind, absorbieren Sie Erdenergie, indem Sie die beiden Hälften zurück durch die Beine hoch zum Tan Tien bringen und dort wieder zum Chi-Ball vereinigen.

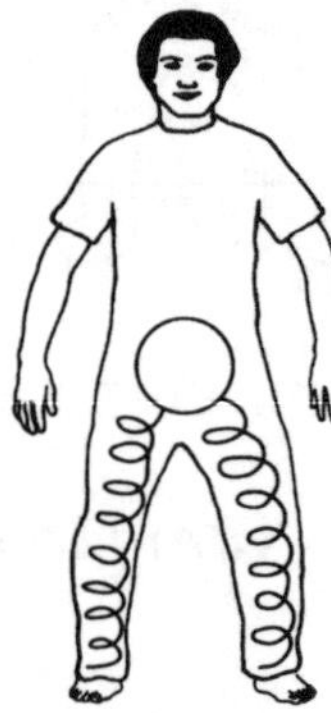

Abb. 11-7: Wenn Sie entspannen, wird die Erdenergie zum Tan Tien hochsteigen.

Tai Chi öffnen

1. Nach dem Öffnen des Schritts stellen Sie die Verbindung zum Boden wieder her. Konzentrieren Sie sich auf die zusätzliche Kraft, die der Chi-Ball der Struktur verleiht, während Sie die Hände heben. Bringen Sie den Chi-Ball nach vorn, und dehnen Sie ihn beim ersten Stoßen nach vorn aus. Spüren Sie, wie die Energie sowohl Kraft aus dem Boden durch die Beine nach oben zieht, als auch Kraft durch die Arme zu den Handflächen aussendet. Dehnen Sie den Tan Tien-Bereich nicht nur nach vorn aus, sondern auch zu den Seiten und zum unteren Rücken, die sich runden, als ob Sie einen Wasserball im Bauch hätten.

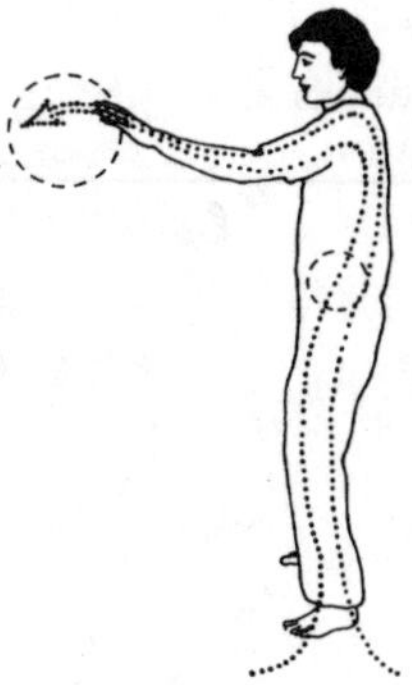

Abb. 11-8: Bringen Sie den Chi-Ball vom Nabel in die Arme.

2. Während Sie die Arme zurückziehen und senken, sinken Sie nach unten und drücken den Chi-Ball nach unten in Richtung Steißbein, Kreuzbein und Perineum.

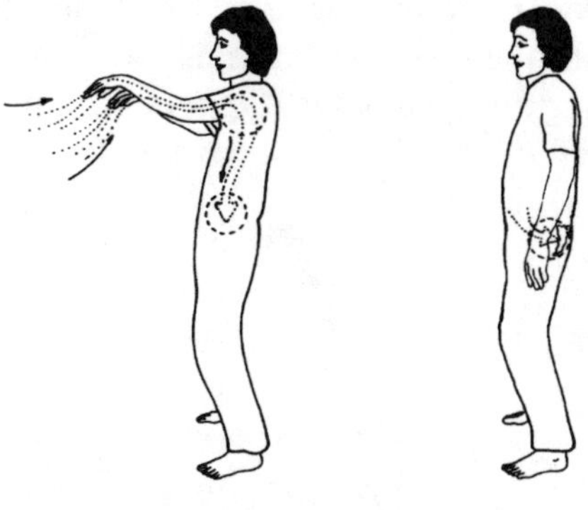

Abb. 11-9: Beim Senken der Arme ziehen Sie die Energie durch die Arme zurück und leiten Sie ins Tan Tien. Wenn die Arme gesenkt sind, drücken Sie den Chi-Ball zum Steißbein.

3. Dies schafft freien Raum über dem Chi-Ball, der mit Chi, das während dieser Yin-Phase neu durch die Arme aufgenommen wurde, gefüllt werden kann. Dadurch entsteht auch eine bessere Verbindung zur Erde.

Kernform links

Wenn Sie bei den nachfolgenden Drehungen das Gewicht verlagern, wird der Chi-Ball auf die Seite der Drehung bewegt. Dadurch werden bei der Linksdrehung die linke Niere, die Milz, der Magen, die Bauchspeicheldrüse und der absteigende Dickdarm massiert; bei der Rechtsdrehung sind dies die Leber, die Gallenblase und der aufsteigende Dickdarm. Bei jeder Drehung gleitet der Chi-Ball ebenfalls massierend über den Dünndarm und den querliegenden Dickdarm.

Der linkshändige Teil und der rechtshändige Teil der Tan Tien-Form unterscheiden sich nur in der Körperseite, auf die sich der Chi-Ball bewegt. Da dies sich im Verlauf des Übens von selbst ergibt, wird hier nur die linkshändige Form beschrieben.

Vogelschwanz (nach Norden)

Erste Abwehr: Chi-Ball halten
Wenn sich die Hände in diesem Teil des Vogelschwanzes drehen und Sie in der Yin-Phase zurücksitzen, bringen Sie den Chi-Ball nach hinten gegen die Wirbelsäule, wo er die Nieren massiert.

Zweite Abwehr: Chi-Ball halten
Während sich die Hüften nach rechts drehen, gleitet der Chi-Ball nach rechts, wo er auf die rechte Niere drückt. Wenn Sie dann die Yang-Bewegung nach vorn beginnen, bewegen Sie den Chi-Ball nach vorn rechts, wo er auf die rechte Seite der Harnblase und des Sexualzentrums drückt. Dadurch wird eine nach außen gerichtete Energiebewegung vom Tan Tien aus hoch in die Arme und durch die Handflächen nach außen in Gang gesetzt.

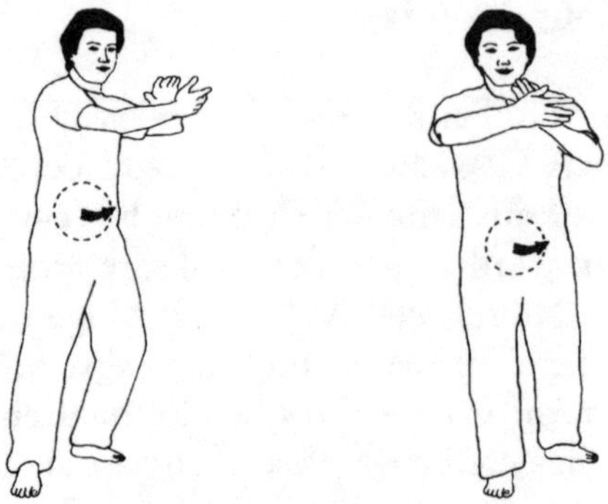

Abb. 11-10

Zurückrollen
Beim Zurückrollen senken Sie den Chi-Ball zum Steißbein, Kreuzbein und Perineum. Dadurch entsteht freier Raum, der mit der Energie, die frisch durch die Finger und Handflächen über die Arme zum Nabel absorbiert wird, gefüllt werden kann. Verstärken Sie die Linksdrehung, indem Sie den Chi-Ball zum Rücken und zur linken Niere bringen. Dadurch wird zusätzliche Energie durch die erhobene rechte Hand aufgenommen.

Abb. 11-11

Pressen
Während Sie den Chi-Ball zum Drücken nach vorn bewegen, sollten Sie ihn auf die Blase und das Sexualzentrum pressen und dadurch eine Verbindung zwischen dem Boden und der Kraftrichtung herstellen.

Abb. 11-12

Stoßen (mit beiden Händen)
Beim Stoßen mit beiden Händen bewegt sich der Chi-Ball genauso wie beim Pressen. Unterstützen Sie die Vorwärts- und Rückwärtsbewegung des Chi-Balls durch das Kippen des Kreuzbeins, so wie es in den vorhergehenden Kapiteln beschrieben wurde.

Abb. 11-13

Peitsche (nach Süden)

Erste Drehung
Lassen Sie den Chi-Ball wiederum nach hinten in die Drehrichtung gleiten; dadurch werden die inneren Organe in der Körper

mitte massiert. Wenn die Drehung vollständig ausgeführt ist, erreicht der Chi-Ball die linken Nieren mit sanftem Druck.

Abb. 11-14

Zweite Drehung: Schnabel bilden
Wenn Sie den Schnabel bilden, bringen Sie den Chi-Ball zurück zur rechten Niere. Wenn Sie vollständig gedreht haben, erreicht der Chi-Ball die rechten Nieren mit sanftem Druck.

Dritte Drehung: Schnabel befreien
Während Sie den Schnabel loslassen, bewegen Sie den Chi-Ball nach vorn und beginnen mit der Yang-Bewegung, indem Sie den Chi-Ball nach unten zur Blase und zum Sexualzentrum drücken; dadurch wird die Erdenergie mit der nach außen gerichteten neuen Bewegung der Kraft verbunden.

Hand zum Himmel ausstrecken
Bringen Sie den Chi-Ball von der rechten Seite des Sexualzentrums und der Blase in die Mitte; dadurch schaffen Sie wieder Verbindung zum Boden, die sich nun gleichmäßig auf beide Beine verteilt.

Stoßen (mit einer Hand)
Bringen Sie den Chi-Ball auf die linke Seite des Sexualzentrums und der Blase. Dadurch wird die Yang-Phase vollendet und zusätzliche Erdenergie bereitgestellt, die dann durch den Arm zur linken Handfläche geleitet wird.

Übergang

Da die Bewegungen von Tan Tien und Chi-Ball beim Übergang den anderen Drehungen entsprechen, wird hier auf eine Beschreibung verzichtet.

Tiger umarmen

Bringen Sie den Chi-Ball von der Vorderseite aus der Gegend des Sexualzentrums und der Blase nach hinten in den Bereich von Kreuzbein und Steißbein, und dann wieder auf die Vorderseite. Diese Bewegung verstärkt einerseits die Aktion des Kreuzbeins, durch die sie andererseits wieder unterstützt wird. Sie ist auch ein wirkungsvolles Mittel, um zusätzliche Energie in den freien Raum zu leiten, der durch das Hinabdrücken des Chi-Balls im Körper entstanden ist. Benutzen Sie die nach oben gedrehten Handflächen, um diese zusätzliche Energie aufzunehmen.

Kernform rechts

Wie zu Beginn der *Tan Tien-Form* erwähnt besteht im Prinzip kein Unterschied zwischen der linkshändigen und der rechtshändigen Ausführung der Form, außer daß sich der Chi-Ball jeweils in die entgegengesetzte Richtung bewegt.

Tai Chi schließen

Hände kreuzen und Abschluß der Tai Chi-Form

Beim Kreuzen der Hände und der Rückkehr in den Wu Chi-Stand bringen Sie den Chi-Ball wieder genau ins Körperzentrum an die Ausgangsstelle, ins Zentrum des Gleichgewichts, in den Schwerpunkt und das Zentrum der Achtsamkeit. Dies vollendet die Übung der *Tan Tien-Form.*

Abb. 11-15: Kreisen Sie in der Vorstellung in Spiralen im Tan Tien, um die Energie zu sammeln.

Hun Yuan-Stand

In der Tan Tien-Form ist der Hun Yuan-Stand sehr wichtig. Stehen Sie entspannt mit geschlossenen Füßen; die linke Hand liegt über der rechten Hand auf dem Nabel. Richten Sie Ihre Aufmerksamkeit total auf den Nabel, und ziehen Sie die Energie durch spiralförmiges Kreisen ins Tan Tien.

Es kann nicht genug betont werden, wie wichtig das Sammeln und Speichern der Energie ist (siehe dazu die genaue Beschreibung am Ende von Kap. 4). Nach all der Mühe und Freude des Übens wäre es wirklich schade, die ganzen Ergebnisse dadurch davonfließen zu lassen, daß wir den letzten Schritt versäumen und die Energie nicht im Tan Tien sammeln und zentrieren würden.

Nach der Tai Chi-Übung sollten Sie 45 Minuten lang weder essen noch zur Toilette gehen. Da alle Energie im Nabelzentrum gespeichert ist, würde sie durch die Verdauungs- und Ausscheidungsvorgänge, die beide recht viel Energie verbrauchen, stark reduziert werden.

12 Die Heilungsform

Organe mit den Himmelsrichtungen verbinden

Chi aus den fünf Richtungen absorbieren

Ein weiterer wichtiger Aspekt beim Erlernen der Tai Chi-Form ist die Sensibilität für die Energie der Himmelsrichtungen. Durch das Innere Lächeln kann der Schüler ein Gefühl für gesunde Energie entwickeln, um zusätzliche Energien aus den verschiedenen Richtungen aufnehmen zu können. Hier folgt ein Liste dieser Richtungen und der ihnen zugeordneten Haupt-, Neben- und Sinnesorgane:

1. Norden – Element Wasser – die Energie von Nieren, Blase und Ohren;
2. Süden – Element Feuer – die Energie von Herz, Dünndarm und Zunge;
3. Osten – Element Holz – die Energie von Leber, Gallenblase und Augen;
4. Westen – Element Metall – die Energie von Lungen, Dickdarm und Nase;
5. Mitte – Element Erde – die Energie von Milz, Magen und Mund.

Je nachdem wie wir uns in unserer Umgebung bewegen, werden wir Einflüssen aus den Richtungen Norden, Süden, Osten, Westen und Mitte (für die Chinesen die fünfte Richtung) ausgesetzt. Unsere Häuser stehen in einer bestimmten Himmelsrichtung. Gewöhnlich sitzen wir beim Essen am Tisch auf demselben Stuhl und schauen immer in die gleiche Richtung. Wir haben eine Vorliebe für einen besonderen Stuhl, auf dem wir den größten Teil des Abends verbringen. Beim Schlafen liegt unser Körper in einer bestimmten Richtung, sei es nun nord-südlich oder ost-westlich. Wenn wir morgens aufstehen, gehen wir immer in dieselbe Richtung ins Bad. Die Tür, durch die wir aus dem Haus gehen, öffnet sich stets in dieselbe Richtung, und der Weg zu unserem Auto ändert sich nie. Normalerweie fahren wir auf dem kürzesten Weg zur Arbeit. Bei der Arbeit befindet sich unser Büro auf einer bestimmten Seite des Gebäudes, und unser Schreibtisch steht in einer bestimmten Richtung. Wir fahren auf derselben Straße zurück zu unserem Haus, das immer noch an derselben Stelle steht (außer in Kalifornien).

Durch unsere Aktivitäten in ein festes Bezugssystem eingezwängt, sind die meisten von uns Einflüssen aus bestimmten Richtungen übermäßig ausgesetzt, während der Einfluß aus anderen Richtungen zu schwach ist. Da sich dieses Muster eines typischen Tagesablaufs über Wochen, Monate und Jahre hinweg wiederholt, verschlimmert sich dieses Mißverhältnis.

Jede Richtung besitzt eine charakteristische Art von Energie. Gleichgewicht und Harmonie werden dadurch erreicht, daß wir uns einer jeden von diesen Energien in gleicher Proportion aussetzen. Um dieses Ziel zu erreichen, werden die Bewegungen des Tai Chi Chi Kung in alle Richtungen ausgeführt. Bei der Heilenden Form wird die Energie aus den vier Himmelsrichtungen und dem Zentrum in die entsprechenden Organe absorbiert. Wenn Sie jeden Tag mit der Energie der fünf Richtungen in Berührung kommen, können Sie die Funktion Ihrer Organe unterstützen und stärken. Wenn Sie krank werden, können Sie schneller genesen, indem Sie mit diesen Energien in Verbindung treten.

Den Organen sind bestimmte Farben, Tiere und Planeten zugeordnet. Farben und Tiere stehen symbolisch für die Energien einer bestimmten Richtung. Sie bilden für uns wirksame Hilfsmittel, die durch zahllose taoistische Adepten überliefert wurden und es uns ermöglichen, diese Energien zu erwecken. Indem wir dieselben Farben und Tiere benutzen, treten wir mit den entsprechenden Energien, mit denen die Adepten gearbeitet haben, in Verbindung.

Die kosmischen Partikeln, welche die Planeten gebildet haben, formen auch die Organe. In diesem Sinne gelten die Planeten als Eltern der Organe. Die Organenergien können durch die Energien ihrer elterlichen Planeten genährt werden.

Die Stufen der *Heilungsform* lassen sich auch in die Erdstufe, die Kosmische oder Menschliche Stufe und die Himmlische Stufe einteilen. Bei der Übung auf der Erdstufe benutzen wir die Kräfte, Farben und Tiere, um uns auf die entsprechenden Energien einzustimmen. Diese Energien werden durch Handflächen, Fußsohlen und Perineum in den Körper aufgenommen.

Bei der Übung auf der Kosmischen oder Menschlichen Stufe benutzen wir die Sechs Heilenden Laute und den Chi-Ball, um uns auf die entsprechenden Energien einzustimmen. Diese Energien werden von vorn durch das Dritte Auge in den Körper aufgenommen.

Bei der Übung auf der Himmlischen Stufe benutzen wir die Planeten und ihre Farben, um uns auf die entsprechenden Energien einzustimmen. Diese Energien werden durch den Scheitelpunkt in den Körper aufgenommen.

Tafel der Entsprechungen

Richtung	*Norden*	*Osten*	*Süden*	*Westen*	*Mitte*
Element	Wasser	Holz	Feuer	Metall	Erde
Energie	speichernd	ausdehnend	loslassend	sammelnd	ausgleichend
Yin-Organ	Nieren	Leber	Herz	Lunge	Milz
Yang-Organ	Blase	Gallenblase	Dünndarm	Dickdarm	Magen
Farbe	blau	grün	rot	weiß	goldgelb
Tier	Blaue Schildkröte	Grüner Drachen	Roter Fasan	Weißer Tiger	Goldener Phönix
Planet	Merkur	Jupiter	Mars	Venus	Saturn

Sie sollten alle vorhergehenden Stufen des Tai Chi Chi Kung beherrschen, bevor Sie mit der *Heilungsform* beginnen. Wenn Sie diese Stufe erreicht haben, werden alle Tai Chi-Prinzipien, wie Verwurzelung, Spiralkraft, Yin und Yang, Sehnen, Haltung und Struktur, schon so gut in Ihre Form integriert sein, daß Sie beim Üben nicht mehr daran zu denken brauchen. Alles wird einfach von selbst ablaufen, so daß Sie in der Lage sind, zu entspannen und die heilende Energie zu absorbieren.

Ferner ist es wichtig, daß Sie über Meditationserfahrungen auf den höheren Stufen der *Fusion der Fünf Elemente* verfügen. Diese Meditationstechnik macht den Übenden mit den verschiedenen Richtungen sowie ihren Energien, Farben, Tieren und Planeten vertraut.

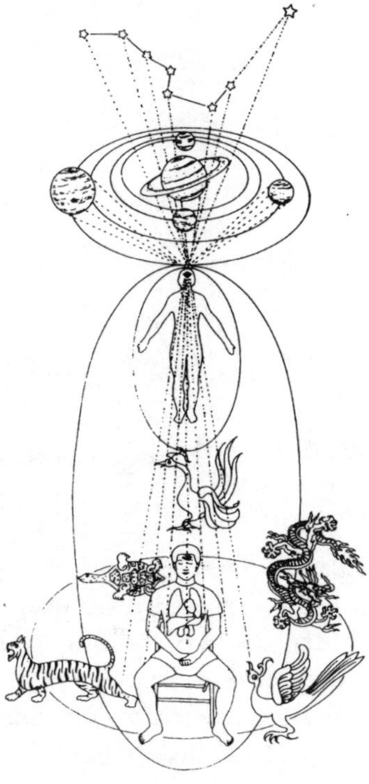

Abb. 12-1

Wenn Sie die Heilende Form zu üben beginnen, sollten Sie sich einfach auf das der Richtung zugeordnete Organ konzentrieren. Schauen Sie in einem Anatomiebuch nach, wie die Organe aussehen und wie sie funktionieren. Dann ist es für Sie einfach, während der Form das Organ zu visualisieren. Die Übung des Inneren Lächelns und der Sechs Heilenden Laute macht Sie ebenfalls mit der Lage der Organe und ihren Energien vertraut.

Bei mehrfachen Wiederholungen der Form sollten Sie sich nur auf eine Entsprechung pro Organ konzentrieren: zuerst die Farbe, dann das Tier und zuletzt den Planeten. Atmen Sie die Farbe ein. Stellen Sie sich vor, wie das Tier zu Ihnen kommt. Malen Sie sich den Planeten aus, und spüren Sie, wie seine Energie in Ihren Körper einströmt. Nachdem Sie sich auf diese Weise mit den Entsprechungen vertraut gemacht haben, können Sie alle Entsprechungen zu einer einzigen Form kombinieren.

Besonders hilfreich bei der *Heilungsform* ist es, so zu üben, daß Sie die *Sechs Heilenden Laute* in die Form integrieren, und zwar den entspechenden Laut für jede Richtung des Vogelschwanzes. Dies trägt dazu bei, den Geist auf die besondere Energie einzustimmen und das Organ zu einer heilenden Schwingung anzuregen, durch welche die eingeschlossenen negativen Energien freigesetzt und die positiven Energien der entsprechenden Organe genährt werden. (Die Übung der Sechs Heilenden Laute wird in Kap. 4 unter «Energetische Vorbereitungen» genauer erklärt.)

Die Übung der Heilungsform

Ohne die Einzelheiten der Tai Chi Chi Kung-Form selbst zu wiederholen, folgt hier eine Zusammenfassung der Energien auf den verschiedenen Stufen von Erde, Kosmos und Himmel in der *Heilungsform*. Sie können die Übung aufteilen, um sich nach und nach zur kombinierten Form hochzuarbeiten, oder Sie können zuerst mit dem auffälligsten Faktor beginnen, um dann anschließend mit den feineren Energien zu arbeiten. Dabei sollten wir nicht vergessen, daß die Übung dieser Form vor allem der umfassenden Gesundheit von Geist und Körper dienen sollte. Deshalb sind die richtige geistige Einstellung und die aufrichtige Kontrolle der Emotionen von großer Bedeutung.

Wenn Sie bei der Tai Chi Chi Kung-Form in einer bestimmten Richtung stehen, sollten Sie ihre Energie in die zugeordneten Organe absorbieren. Bewegen Sie das Tan Tien und den Chi-Ball, um diese Organe zu massieren. Im Verlauf der ganzen Form werden Sie auf diese Weise alle Organe aktivieren.

Wu Chi-Stand

Wenn Sie im Wu Chi-Stand in Ihr Herz lächeln, erzeugen Sie damit ein umfassendes Körpergefühl von Liebe, Freude und Glück, das den Ton für Ihre Praxis der Heilungsform angibt.

Norden

Zu Beginn der Tai Chi-Form stehen Sie nach Norden. In dieser Richtung sind Nieren und Blase verbunden mit dem Element Wasser, der Erdkraft und der Blauen Schildkröte.

Energetisch steht der Norden in Verbindung mit dem Polarstern, dem Planeten Merkur und mit der speichernden und bewahrenden Energiephase.

Lächeln Sie in Nieren und Blase, und werden Sie sich dieser Organe bewußt. Spüren Sie, wie die speichernde und bewahrende Eigenschaft des Wassers in sie aufgenommen wird. Da Knochen und Zähne ebenfalls mit dem Norden in Verbindung stehen (da sie von den Nieren beherrscht werden), sollten Sie ihnen bei der Energieaufnahme ebenfalls Aufmerksamkeit schenken. Ziehen Sie die blaue Farbe und die Schildkröte aus der Erdkraft auf der nördlichen Ebene zu sich heran.

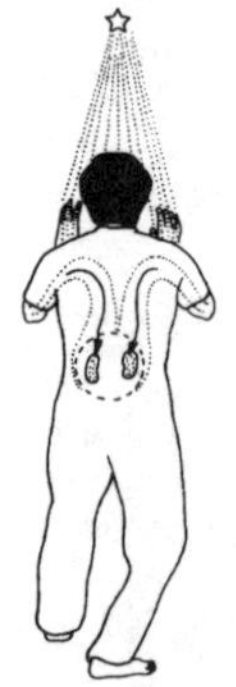

Abb. 12-2: Richtung Norden: Nähren Sie die Nieren mit der Energie des Polarsterns.

Beim Zurücksitzen schieben Sie den Chi-Ball nach hinten in beide Nieren. Drücken Sie mit Hilfe der Vorstellung und einer leichten Kontraktion des Oberbauchs auf die Nieren. Beim *Zurückrollen* nach links drücken Sie auf die linke Niere. Beim *Zurückrollen* nach rechts drücken Sie auf die rechte Niere. Wenn Sie entspannen, dehnen sich die Nieren aus und absorbieren mehr Energie.

Die Energie des Merkur kommt von oben. Merkur versorgt die Nieren mit Energie. Fügen Sie die Energie des Planeten Merkur der Blase und den Nieren hinzu. Stellen Sie sich die blaue Farbe des Merkur vor, und spüren Sie, wie seine heilende Kraft Ihre Nieren, Blase und Knochen stärken.

Westen

Die Richtung Westen ist mit den Lungen und dem Dickdarm verbunden, die beide mit Ausscheidung zu tun haben. Die Energie des Westens steht in Verbindung mit dem Element Metall, einer stark verdichteten Form von Energie. Wenn wir diese Energie in unsere Lungen aufnehmen, empfangen wir Mut. Die zugeordnete Farbe ist Weiß. Wenn Sie diese Organe bei der Übung der Form visualisieren können, werden diese mehr heilende Energie empfangen.

Lächeln Sie in die Lungen, und spüren Sie, wie eine weiße Kraft aus dem Westen

Abb. 12-3: Richtung Westen: Ziehen Sie die Energie des Weißen Tigers aus dem Westen in die Lungen.

zu Ihnen kommt. Rufen Sie den Weißen Tiger aus dem Westen herbei, um noch mehr Energie zu empfangen.

Spüren Sie die Bewegung des Chi-Balls. Wenn Sie die Brust einsinken lassen und die Lungen leermachen, können Sie in die Rückseite der Lungen und den Unterbauch atmen.

Wenn Sie eine gute Verbindung mit dem Westen spüren, sollten Sie sich mit der Himmlischen Kraft des Planeten Venus verbinden. Stellen Sie sich diesen Planeten vor, und achten Sie auf die herabströmende weiße Kraft. Dazu ist Geisteskraft erforderlich. Achten Sie besonders darauf, den Brustkorb zu senken und die Lungen zu leeren, wenn Sie nach vorne stoßen.

Süden

Die Richtung Süden ist verbunden mit der Kraft des Feuers. Die Energie ist expansiv und strahlend; sie unterstützt das Herz und den Blutkreislauf.

Lächeln Sie ins Herz, und spüren Sie die expandierende, strahlende Energie der Liebe. Wenn Sie freudig und glücklich, offen und strahlend sind, werden Sie sich rundum wohl fühlen. Lächeln Sie ins Herz und den Dünndarm. Die rote Farbe ist sehr wichtig für Herz und Dünndarm. Feuer wird zur Verdauung der Nahrung benötigt. Das Herz braucht ebenfalls Feuer, um das Blut zu befördern.

Wenn Sie die Tai Chi-Form in Richtung Süden üben, sollten Sie spüren, wie das Herz eine rote Farbe ausstrahlt. Lassen Sie das Brustbein sinken, und werden Sie sich Ihres Herzens bewußt. Rufen Sie die Kraft des Roten Fasans, des Tieres des Südens, herbei, um sich auf der Südseite zu stärken und zu schützen.

Dehnen Sie Ihr Bewußtsein aus, und werden Sie sich des Planeten Mars bewußt. Absorbieren Sie seine von oben kommende rote Farbe in Ihr Herz.

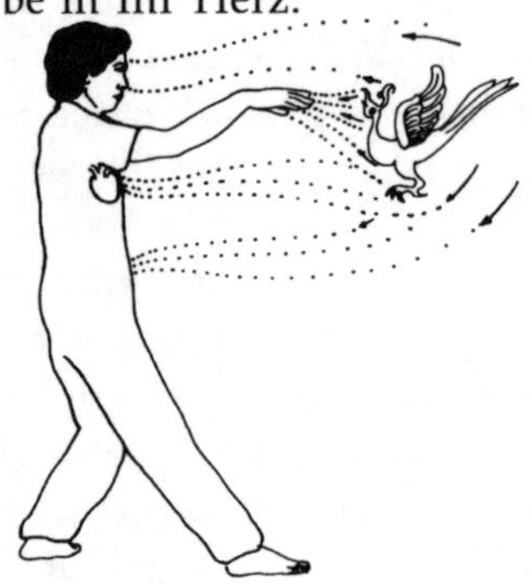

Abb. 12-4: Aus dem Süden ziehen Sie die Feuerenergie des Roten Fasans in Ihr Herz.

Osten

Dem Osten sind Leber und Gallenblase zugeordnet. Seine Farbe ist grün, seine Energie expansiv und wachsend wie bei einem Baum. Die Sehnen stehen ebenfalls in Verbindung mit dem Osten.

Beim *Zurückrollen* drücken und massieren Sie die Leber mit dem Chi-Ball. Lernen Sie, das Tan Tien, den Speicher des Ursprünglichen Chi, einzusetzen. Wenn Sie beim Sinken von vorne nach hinten durch die Mitte kommen, drücken Sie gegen die Milz. Beim weiteren Zurücksinken sollten Sie Druck auf Leber und Gallenblase ausüben. Rufen Sie den Grünen Drachen, das Tier des Ostens, herbei.

Werden Sie sich des Planeten Jupiter bewußt. Dieser Planet strahlt eine gewaltige Energie aus, die der Leber und der Gallenblase nützen kann.

Mitte

Die Mitte steht mit Milz, Bauchspeicheldrüse, Magen und Erdkraft in Verbindung. Die ausgeglichene, harmonisierende Energie der Mitte kann am besten beim Zurückweichen sowie im Wu Chi- und im Hun Yuan-Stand absorbiert werden. Unabhängig von der Richtung, in die Sie beim Zurückweichen schauen, sollten Sie sich mit der gelben Energie verbinden und sie absorbieren. Rufen Sie den Gelben Phönix über Ihren Kopf herbei.

Nehmen Sie mit dem gelben heilenden Licht des Planeten Saturn Verbindung auf. Wenn Sie nach unten sinken, sollten Sie mit dem Chi-Ball auf Milz und Bauchspeicheldrüse drücken.

Abb. 12-5: Aus dem Osten ziehen Sie die grüne Energie des Holzelements in die Leber.

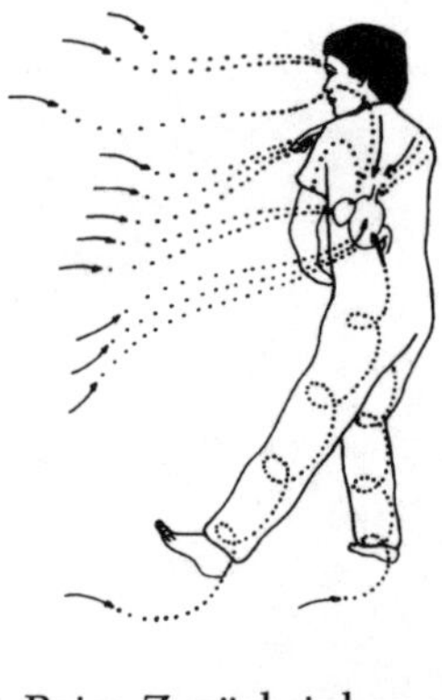

Abb. 12-6: Beim Zurücksinken absorbieren Sie die gelbe Energie des Zentrums in Milz und Magen.

13 Haut- und Knochenatmung im Tai Chi (Knochenatmungsform)

Da das Knochengerüst die Basis und den Kern unseres Körperbaus bildet, müssen wir, um Tai Chi Chi Kung zu meistern, lernen, die Knochen und das Knochenmark zu aktivieren, mit Energie aufzuladen und umzuwandeln.

Über viele Jahrhunderte hinweg haben in China die Meister der Kampfkunst verschiedene Chi Kung-Methoden zur Übung und Entwicklung der Knochen in ihr Training integriert. Im System des Heilenden Tao werden diese Methoden im Rahmen des *Eisenhemd-Chi Kung* und des *Knochenmark-Nei Kung* (Eisenhemd-Chi Kung III) vorgestellt. Beim Eisenhemd-Chi Kung gehören Knochenatmung, Hautatmung und Knochenmarkswaschung zu den wichtigsten Methoden für die Aktivierung der Knochen.

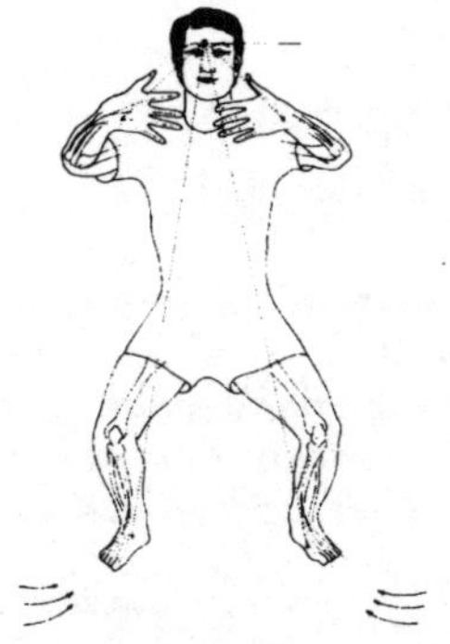

Abb. 13-1: Knochenatmung in der ersten Stellung des Eisenhemd-Chi Kung «Baum umarmen»

Bei all diesen Techniken absorbieren wir Energie in die Knochen. Da das Fett aus dem Knochenmark entfernt und Raum für sein Wachstum geschaffen wird, verbessert sich unsere Fähigkeit, gesunde Blutkörperchen zu produzieren.

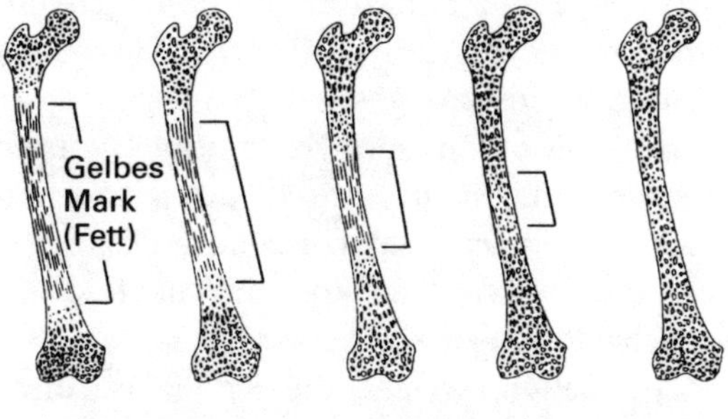

Abb. 13-2: Länger anhaltende Übung der Knochenatmung trägt zur Entfernung von Fett aus den Knochen bei und fördert das Nachwachsen des roten Knochenmarks

Die Blutkörperchen nähren ihrerseits den Körper und unterstützen ihn bei der Immunabwehr. Das Mark der Röhrenknochen (z. B. in Armen, Beinen und Wirbelsäule) produziert rote Blutkörperchen. Die roten Blutkörperchen transportieren Sauerstoff und Nährstoffe zu allen Zellen des Körpers. Das Mark der flachen Knochen (wie Schädel, Rippen und Hüften) erzeugt weiße Blutkörperchen, die Soldaten des Immunsystems. Gesundes Blut ist daher wichtig für einen gesunden Körper.

Diese Methoden stärken auch die Knochengrundsubstanz. Die Stärke der Knochensubstanz macht im wesentlichen die strukturelle Stärke der Knochen aus. Die Knochengrundsubstanz bildet den Hauptspeicher des Körpers für Kalzium. Sie speichert auch Chi auf ungewöhnliche Weise: Neben Quarz sind Knochen eine der wenigen Substanzen auf der Erde mit piezoelektrischen Eigenschaften. Das bedeutet, daß die elektrische Ladung in den Knochen in dem Maße zunimmt, wie der auf die Knochen ausgeübte Druck wächst.

Tai Chi Chi Kung ist eine der besten Übungen, um Druck auf die Knochen auszuüben, denn wir legen bei jeder einzelnen Bewegung großen Wert darauf, die gewichtstragende Funktion von den Muskeln auf die Knochen zu verlagern. Außerdem richten wir unsere gesamte Skelettstruktur so aus, daß die in jeder Bewegung erzeugte mechanische Kraft durch alle Knochen übertragen wird. Der so erzeugte Druck belebt und aktiviert die in den Knochen gespeicherte Energie.

Die Zellen, welche die Knochengrundsubstanz bilden, gehören zu den aktivsten Zellen des Körpers. Die Zellen des Knochengewebes strukturieren sich je nach der Art von Kraft, der sie unterworfen sind. Beim Tai Chi Chi Kung sind die Knochen gleichzeitig einer vertikalen und einer horizontalen Kraft ausgesetzt, die sich als Spirale manifestiert. Das führt dazu, daß die Knochenzellen sich zu einem dichtgewobenen Spiralgittermuster anordnen, das unglaublich zähe Knochen schafft.

Nach taoistischer Auffassung werden unsere Körper, Zellen und Organe aus kosmischen Partikeln aufgebaut, die wir auch durch die Haut- und Knochenatmung absorbieren. Wenn wir diese Partikeln aufnehmen, vermehrt sich sofort unsere Energie. Beim Tai Chi Chi Kung befassen wir uns mit den grundlegenderen Techniken des Knochentrainings. Meine früheren Bücher *Eisenhemd-Chi Kung I* und *Knochenmark-Nei Kung* enthalten detaillierte Informationen sowohl über den Vorgang der Knochenatmung und die zusätzlichen Techniken, um Chi in den Knochen zu stärken.

Obwohl die Techniken der Knochenatmung, Hautatmung und der Knochenmarkswaschung alle mit dem Knochenmark arbeiten, tun sie das doch auf unterschiedliche Weise. In der Praxis werden all diese Techniken unter der Bezeichnung Knochenatmung zusammengefaßt, doch in diesem Kapitel werden sie getrennt behandelt.

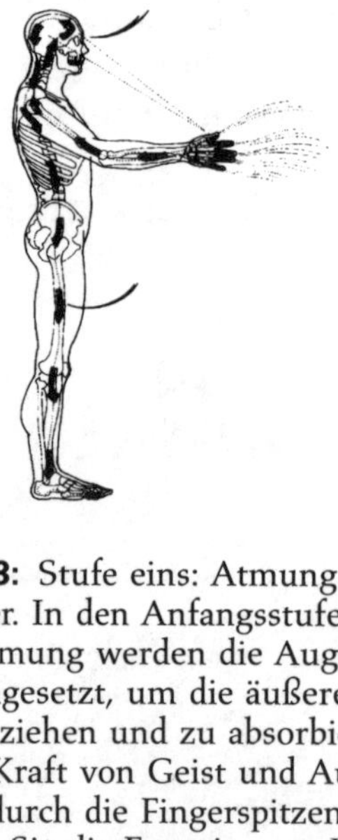

Abb. 13–3: Stufe eins: Atmung durch die Finger. In den Anfangsstufen der Knochenatmung werden die Augen und der Geist eingesetzt, um die äußere Energie anzuziehen und zu absorbieren.
1. Mit der Kraft von Geist und Augen atmen Sie durch die Fingerspitzen ein.
2. Leiten Sie die Energie zum Kopf und hinunter bis in die Mitte. Durch Übung wird es Ihnen gelingen, sie bis ganz nach unten zu den Beinen und Füßen zu lenken.

Bei der Knochenatmung benutzen wir unsere Vorstellungskraft, um die Aufnahme von äußerem Chi durch die Fingerspitzen, die Zehen und alle anderen hervorstehenden Knochen des Körpers in Gang zu setzen und die Energie dann im ganzen Knochengerüst auszubreiten.

Bei der *Hautatmung* nehmen Hunderttausende von Hautporen und Haarbälgen die Energie aus der Atmosphäre auf. Haarbälge und Hautporen sind am besten dafür geeignet, aus der Luft Ionen, Elektronen und Protonen anzuziehen. Die Bewegung der elektrischen Ladung innerhalb des Körpers liegt allen Stoffwechselvorgängen zugrunde. Beim Einatmen absorbieren wir Chi durch die Poren und Haarbälge in die Oberfläche der Knochen. Beim Ausatmen pressen wir Chi in die Knochen, indem wir die Muskeln in der Umgebung der Knochen zusammenziehen. Dies bezeichnet man auch als Knochenkompression.

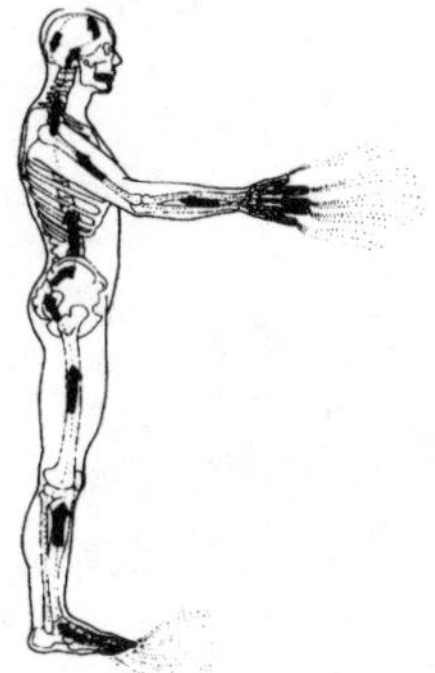

Stufen zwei und drei: Atmung durch die Zehen und gleichzeitiges Atmen durch Finger und Zehen
Bei der zweiten Stufe der Knochenatmung atmen Sie durch die Zehen hoch in die Oberschenkelknochen, in das Kreuzbein und in die Wirbelsäule

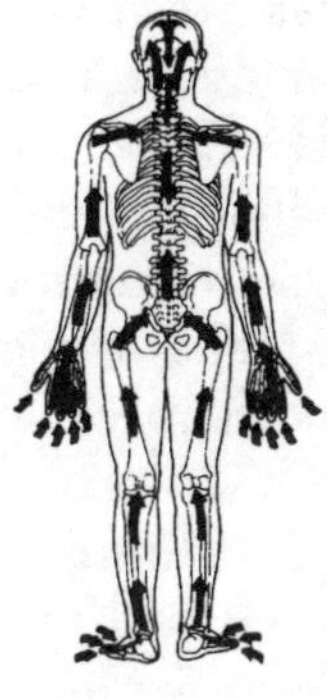

Bei der dritten Stufe atmen Sie gleichzeitig durch Finger und Zehen.

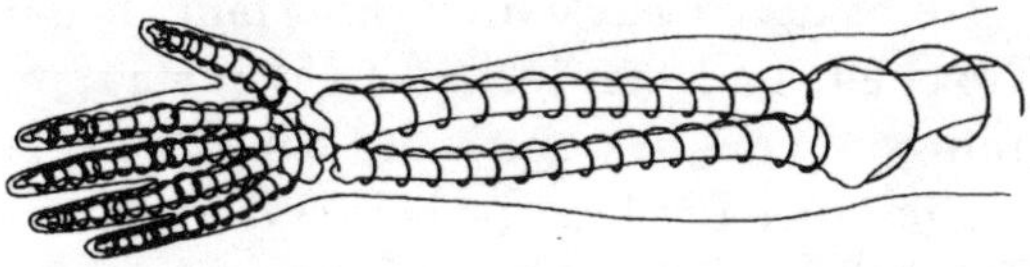

1. Die Energie in Spiralen kreisen lassen

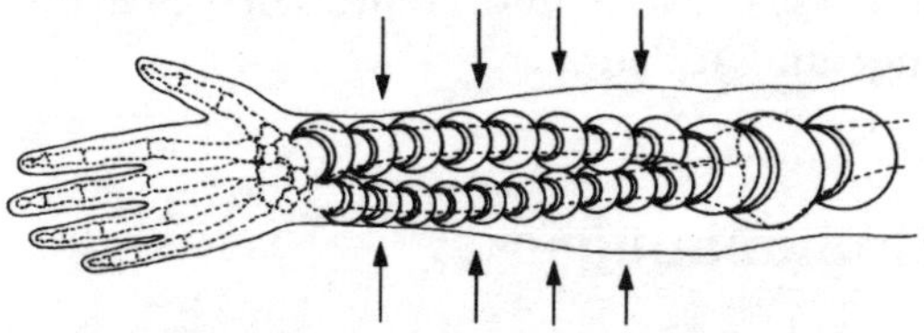

2. Atmen Sie Chi von außen nach innen ein, und packen Sie es um die Knochen.

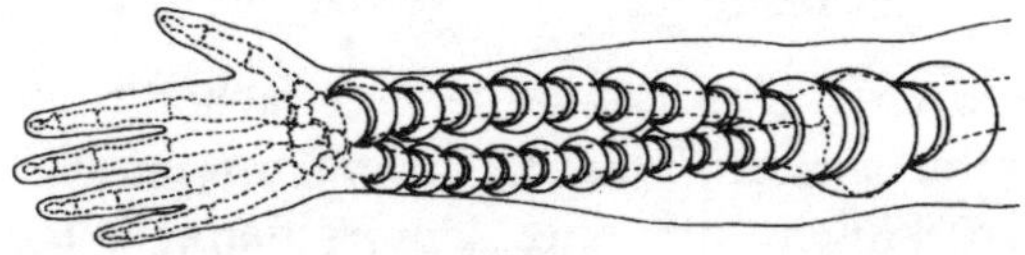

3. Die Energie in die Knochen pressen

Abb. 13-4

Knochenatmung und Hautatmung sind wirkungsvolle Ergänzungen für die Atmung durch die Nase. Da die Oberfläche der Haut wesentlich größer als diejenige der Nase ist, hat sie ein größeres Potential für die Aufnahme von Energie.

Das Waschen der Knochen ist ein passiverer Vorgang. Obwohl wir wie bei den vorgehenden Techniken äußeres Chi absorbieren, ist dieser Aufnahmevorgang nicht wie bei der Haut- und Knochenatmung mit der Atmung koordiniert. Wir öffnen uns und empfangen den vom Himmel herabströmenden Chi-Fluß durch unseren Scheitel und unsere Handflächen, und den aus der Erde aufsteigenden Chi-Fluß durch Handflächen, Fußsohlen und Perineum sowie den horizontalen Fluß von atmosphärischem oder Kosmischem Chi durch das Dritte Auge (in der Stirnmitte zwischen den Augenbrauen). Schließlich absorbieren wir Chi durch alle Poren der Haut in die Knochen, und die Techniken der Hautatmung und des Waschens der Knochen vereinigen sich. Die Energie beim Waschen des Knochenmarks ist sehr sanft, wie ein feiner Dunst von Licht, der unser Knochenmark mit Yin-, Yang- und Neutralenergien reinigt und auflädt.

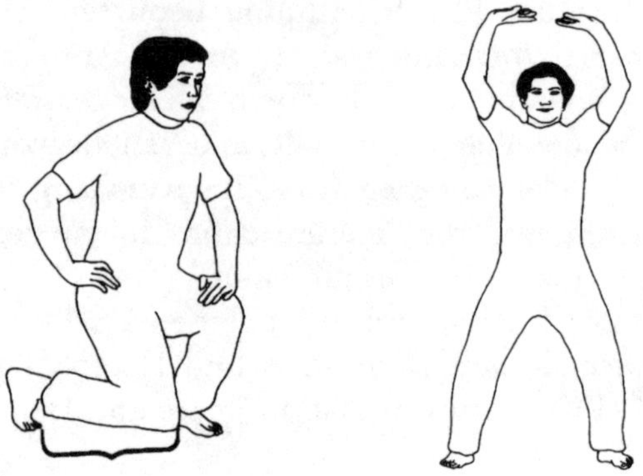

Abb. 13-5

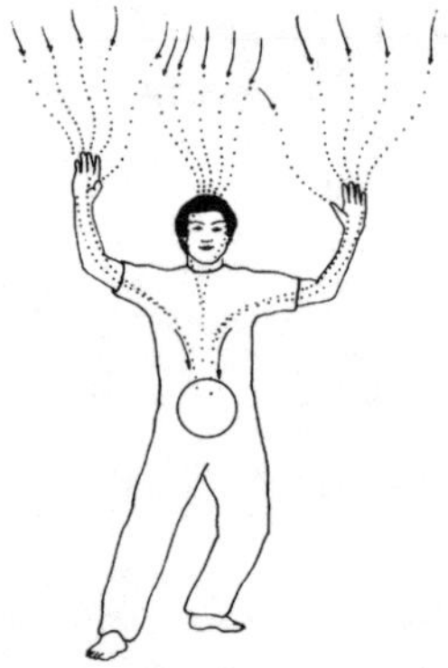

Abb. 13-6: Die Himmlische Kraft absorbieren

Grundübungen

Knochenmarkswaschung, Haut- und Knochenatmung

1. Stehen Sie in einer sehr einfachen Stellung, dem *Himmlischen Stand,* mit parallelen Füßen, die eine Unterschenkellänge auseinander stehen. Die Arme sind über den Kopf gehoben, mit gebeugten Ellbogen und den Handflächen zum Himmel.

2. Benutzen Sie Ihre Vorstellung, um die Himmlische Kraft aufzunehmen. Sie kann für Ihr geistiges Auge als violetter Lichtdunst, der vom Polarstern ausströmt, erscheinen. Ziehen Sie die Energie durch den Scheitelpunkt und die Handflächen in die Knochen. Spüren Sie, wie dieser violette Dunst Ihr Knochenmark von oben bis unten durchspült.

3. Senken Sie die Hände bis auf Hüfthöhe, mit den Handflächen nach unten zeigend. Dies ist der *Erdstand.*

4. Nehmen Sie Energie aus der Erde, die negative Ladung der Mutter Erde, durch Fußsohlen, Handflächen und Perineum auf. Die Erdenergie kann Ihrem geistigen Auge als gelber Dunst erscheinen. Spüren Sie, wie Sie Ihre Knochen wie ein reinigender Dampf durchspült.

5. Wenn Sie die Himmlische Kraft und die Erdkraft spüren und im Nabel gesammelt haben, richten Sie Ihre Aufmerksamkeit auf die Haut. Dazu können Sie die Haut sanft mit den Händen reiben. Rich-

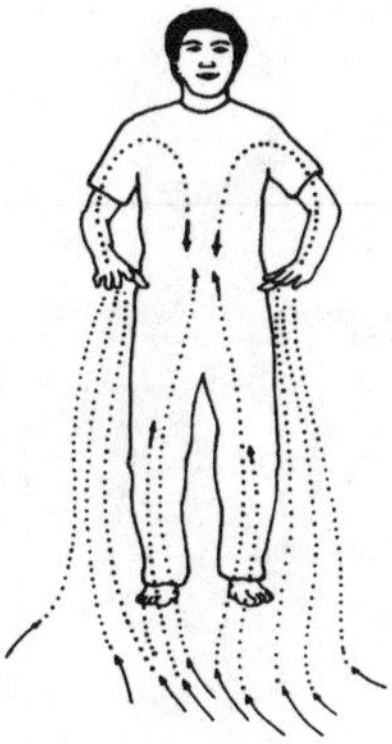

Abb. 13-7: Die Erdkraft absorbieren

ten Sie all Ihre Aufmerksamkeit auf die Haut.

6. Atmen Sie ein, und absorbieren Sie Chi aus der Atmosphäre – Ionen, Protonen, Elektronen und Lichtpartikel – in die Haut und nach innen an die Außenfläche der Knochen. Jedes einzelne Haar wirkt dabei wie ein Blitzableiter oder eine Antenne, die Energie anzieht und nach innen leitet.

7. Atmen Sie aus, ziehen Sie sanft die Muskeln um die Knochen zusammen, und pressen Sie Chi in die Knochen. Spüren Sie, wie Chi sich in den Knochen verdichtet und sie auflädt. Ihre Knochen fühlen sich dadurch voll, ausgedehnt und elektrisch geladen an.

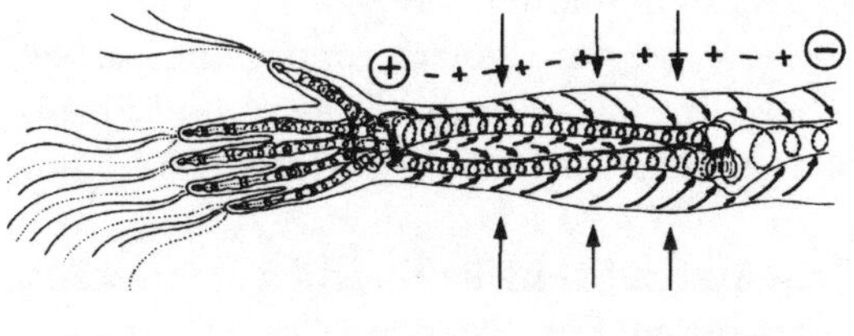

Abb. 13-8: Indem Sie durch die Fingerspitzen und die Haut einatmen, die Energie in Spiralen kreisen lassen und in die Knochen packen und pressen, wird ein elektrischer Impuls erzeugt.

8. Atmen Sie wieder ein. Werden Sie sich der Nieren und des Sexualzentrums bewußt, denn diese Zentren unterstützen die Aufnahme von Partikeln in die Knochen, damit das Knochenmark wieder wachsen kann. Atmen Sie ein wenig aus, ruhen Sie, entspannen Sie den Atem, und spüren Sie sechs bis neun Atemzüge lang, wie die Haut ganz allein atmet.

Knochenmarkswaschung mit der Energie von Himmel und Erde

1. Senken Sie die Arme, und halten Sie sie gerundet mit den Handflächen nach oben, als würden Sie Energie aus der Erde schöpfen.

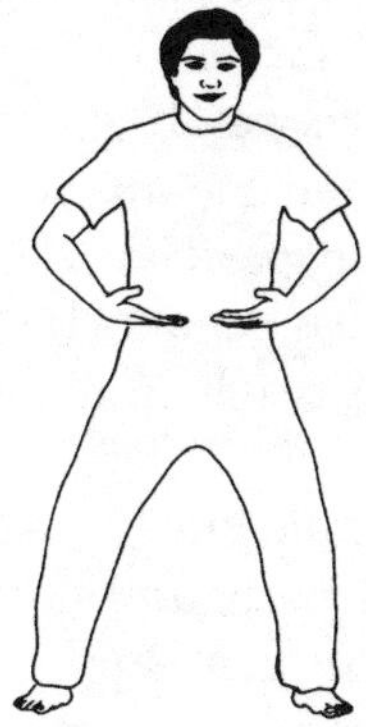

Abb. 13-9

2. Atmen Sie ein, und spüren Sie, wie die Erdenergie durch Fußsohlen und Perineum aufsteigt. Ziehen Sie die Aftermuskeln leicht zusammen, und lenken Sie Energie mit dem Atem hoch zum Kreuzbein. Atmen Sie nach oben zu T-11, und schieben Sie dabei die Wirbelsäule leicht nach hinten. Atmen Sie auf diese Weise weiter zu T-5, C-7, zur Schädelbasis und zum Scheitelpunkt.

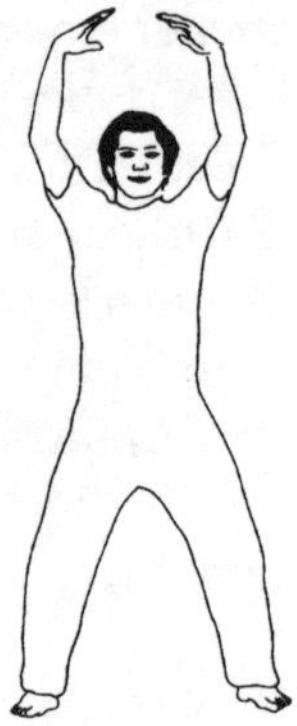

Abb. 13-10

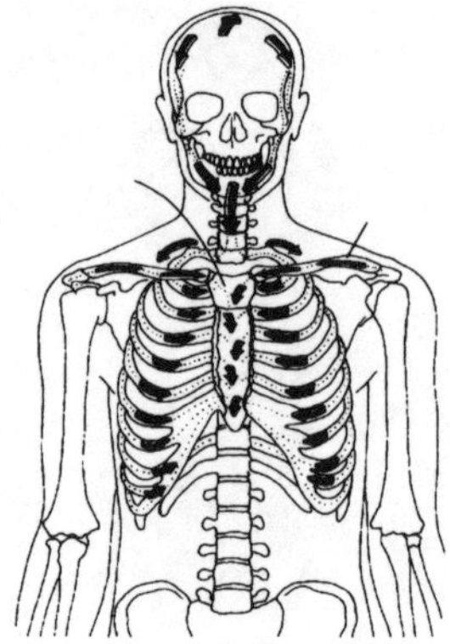

Abb. 13-11: In das Schlüsselbein, das Brustbein und die Rippen atmen

3. Werden Sie sich des Großen Wagens und des Polarsterns über sich bewußt. Atmen Sie ein. Vielleicht haben Sie ein schweres Gefühl am Scheitelpunkt. Benutzen Sie die Himmlische Energie, um das Knochenmark zu waschen. Atmen Sie nach unten aus. Ruhen Sie aus, und spüren Sie einfach, wie die positive Himmlische Ladung das Gehirn, den Schädel, die Halswirbel, das Schlüsselbein und das Brustbein durchspült.

4. Ziehen Sie die Energie weiter hinunter durch den Brustkorb, und aktivieren Sie das Knochenmark in den Rippen, das die weißen Blutkkörperchen produziert. Ziehen Sie die Energie durch die Brust- und Lendenwirbel zu den Hüft- und Beinknochen. Spüren Sie, wie das violette Licht die Knochen durchspült. Dann ruhen Sie aus, atmen sanft und lassen den ganzen Vorgang automatisch ablaufen.

5. Atmen Sie ruhig und sanft weiter. Achten Sie auf Ihre Fußsohlen und Handflächen, und spüren Sie, wie das gelbe Licht aus der Erde aufsteigt. Es durchspült das Knochenmark von den Beinen zum Kreuzbein, zur Wirbelsäule (Lenden-, Brust- und Halswirbelsäule), zum Gehirn und weiter nach oben. Dabei werden die Hände allmählich über den Kopf gehoben.

6. Wiederholen Sie diese Übung 10- bis 20mal.

Knochenmarkswaschung mit Sonnenenergie

Sonnenlicht, besonders das Morgenlicht (das Sie sich violett und gelb vorstellen können), aktiviert die Energie des Knochenmarks. Sie können das üben, indem Sie beim Sonnenaufgang in die Sonne schauen, bevor ihr Licht zu hell strahlt.

1. Beginnen Sie, indem Sie in die Sonne schauen und mit den Augen schnell blinzeln. Schließen die Augen. Vielleicht können Sie nun violette und gelbe Farben sehen. Trennen Sie die Farben, und absorbieren Sie ihre Energie in Haut und Knochen.

2. Atmen Sie in die Knochen ein und aus. Entspannen Sie. Wiederholen Sie das ein paar Minuten lang, bis Sie das Gefühl haben, den Vorgang zu beherrschen. Dann kann die Energieaufnahme automatisch ablaufen.

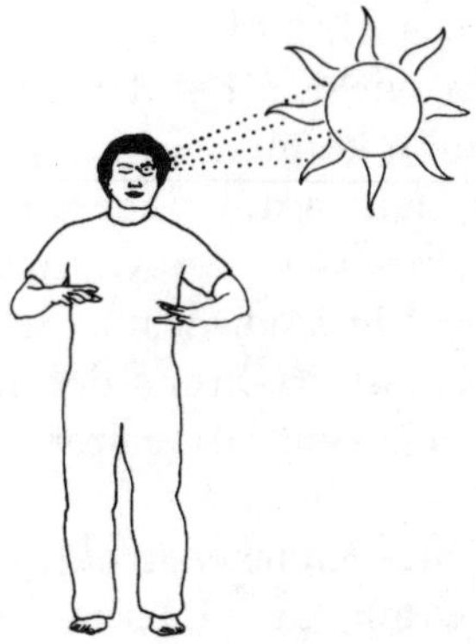

Abb. 13-12: Die Sonnenenergie aufnehmen

3. Das gelbe Licht der Sonne fließt nach unten ins Knochenmark, um es zu waschen, zu vermehren und zu stärken. Wenn Sie in die Sonne schauen, sehen Sie manchmal auch ein rotes Licht, das die Knochen ebenfalls brauchen. Stellen Sie sich dieses Licht vor, und absorbieren Sie es beim Einatmen durch das Dritte Auge, den Mund und die Haut. Verdichten Sie es, und ziehen Sie es nach innen, um das Knochenmark zu waschen, indem Sie beim Ausatmen die Muskeln um die Knochen leicht zusammenziehen.

Inneres Lächeln ins Knochenmark

Nach der Knochenmarkswaschung stehen Sie eine Zeitlang still und lächeln in das gesamte Knochengerüst. Lassen Sie sich Zeit, um in einen Knochen nach dem anderen zu lächeln.

1. Lächeln Sie in den Schädel.

2. Lächeln Sie in jeden Halswirbel. Spüren Sie, wie Chi in jeden Halswirbel eindringt und die Zwischenwirbelräume ausfüllt und weitet.

3. Lächeln Sie in Schlüsselbein, Schulterblatt, Oberarmknochen, Elle, Speiche und die Knochen des Handgelenks und der Hand. Lächeln Sie besonders in die Gelenke, und spüren Sie, wie Chi auch hier die Gelenkzwischenräume füllt.

4. Lächeln Sie nach unten zu Brust- und Lendenwirbeln und zum Becken. Spüren Sie, wie Chi die Gelenkzwischenräume füllt und weitet.

5. Lächeln Sie nach unten in die Leisten, und spüren Sie, wie Chi das Hüftgelenk füllt. Lächeln Sie in den Oberschenkelknochen, einen der wichtigsten Knochen für die Produktion von roten Blutkörperchen.

6. Lächeln Sie weiter nach unten ins Kniegelenk, und spüren Sie, wie es sich mit Chi füllt. Lächeln Sie in Schienbein und Wadenbein sowie in die Knochen des Fußgelenks und des Fußes.

7. Ruhen Sie einen Moment aus, und spüren Sie das ganze Knochengerüst.

Knochenatmungsform

Tai Chi öffnen

Zu Beginn der Form ist es wichtig, sich die Zeit zu nehmen, um alle Knochen im Körper zu spüren. Dazu ist es hilfreich, ein Anatomiebuch anzuschauen, um sich mit dem Aussehen der folgenden Skelettknochen vertraut zu machen: Schädel, Wirbelsäule, Arme und Beine, Hände, Füße und Hüften. Das versetzt Sie in die Lage, sich die Knochen bei der Knochenatmung genauer vorzustellen.

Nachdem Sie mit dem gesamten Knochengerüst bestens vertraut sind, richten Sie die Aufmerksamkeit auf Herz und Nieren. Dies aktiviert jeweils die Spirituelle und die Essentielle Energie (*shen* und *ching*). Entspannen Sie, und spüren Sie,

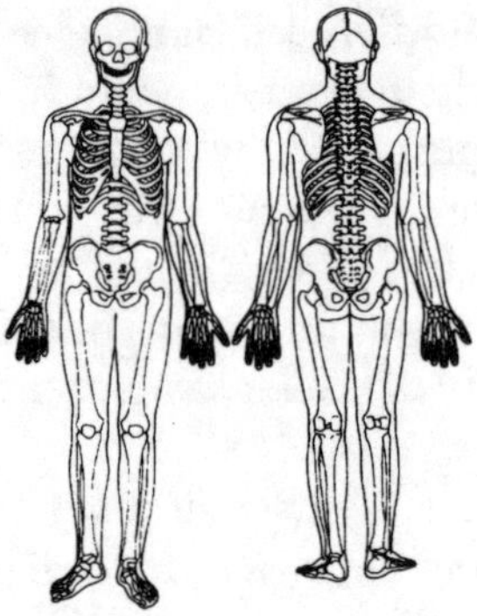

Abb. 13-13: Die Skelettstruktur

daß Sie die Energie in sich aufnehmen können.

Atmen Sie die Energie in die Handflächen, die Finger und besonders in die Hautporen ein. Dabei ist es zu empfehlen, sich die Zeichnungen zur Knochenatmung zu betrachten, damit Sie nachvollziehen können, was Sie da fühlen.

Kernform

In diesem Teil der Tai Chi Chi Kung-Form, der *Vogelschwanz und Peitsche* in verschiedenen Richtungen umfaßt, ist das *«I»-Bewußtsein*, das wir in der *Sehnenform* geübt haben, sehr wichtig. Bei der Yin-Phase jeder Bewegung können Sie einatmen, Energie in die Haut aufnehmen und sie nach innen zur Oberfläche der Knochen leiten. Je entspannter Sie sind, desto mehr Energie nehmen Sie auf. Während der Yang-Phase atmen Sie aus und verdichten Chi in den Knochen.

Setzen Sie Knochenstruktur und Atmung dazu ein, den Energiefluß zu verstärken. Spüren Sie, wie das Knochengerüst ständig Energie aufnimmt und sie dann ins Knochenmark preßt. Stellen Sie sich dabei die Knochen vor, und lächeln Sie während der ganzen Form in die Knochen.

Wenn Sie zurückweichen, ist das die Yin-Phase einer Bewegung. Beginnen Sie die Knochenatmung, indem Sie Chi durch die Fingerspitzen, die Handflächen und das Dritte Auge einatmen. Wenn Sie weiter fortgeschritten sind, können Sie Energie durch weitere Bereiche und Zentren aufnehmen, wie den Scheitelpunkt, die Zehenspitzen, die Beine und die Haut.

Wenn Sie das Gewicht nach vorn verlagern, ist das die Yang-Phase der Bewegung. Atmen Sie aus, und ziehen Sie die Muskeln

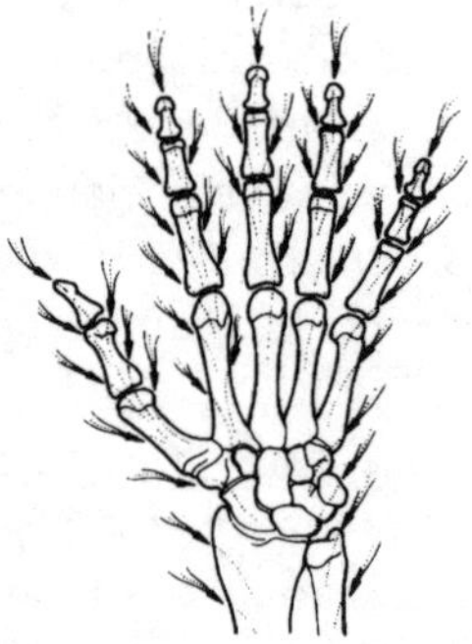

Abb. 13-14: Knochen sind extrem porös und «atmen» ständig.

Abb. 13-15: Während der Yin-Phase des Zurückweichens beginnen Sie die Knochenatmung, indem Sie Chi durch die Fingerspitzen einatmen.

um die Knochen zusammen. Dadurch wird Chi in die Knochen gepreßt und verdichtet. Spüren Sie, wie die Energie tief in die Knochen eindringt. Wenn Sie sich die Knochen dabei als schwammartig porös vorstellen können, wird dieser Vorgang wesentlich gefördert.

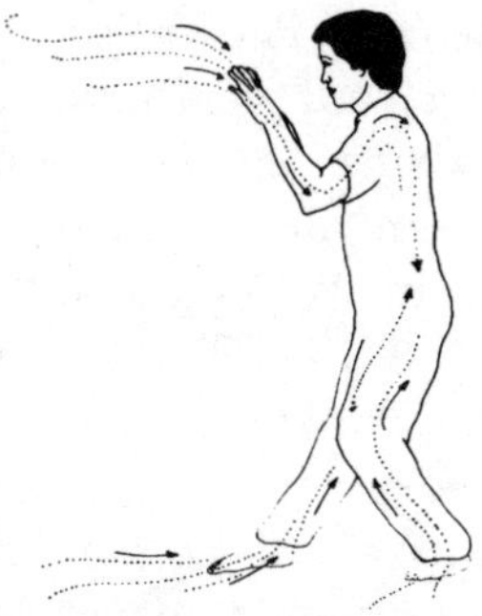

Abb. 13-16: Nehmen Sie Chi durch die Fingerspitzen und die Zehen auf.

Sobald Sie mit der Knochenatmung begonnen und sie aktiviert haben, genügt schon ein geringerer Einsatz. Entspannen Sie einfach, und spüren Sie, wie Ihr Körper von selbst beim Einatmen Chi durch die Fingerspitzen, die Energiezentren und die Haut absorbiert. Spüren Sie, wie sich beim Ausatmen Chi in den Knochen sammelt. Während der ganzen Tai Chi-Form sollten Sie sich ständig dieser Vorgänge bewußt sein. Schließlich werden Sie fast nur noch die Vorstellung und ganz wenig Muskelkontraktion brauchen, um Chi in die Knochen aufzunehmen.

Sie sollten auf dieser fortgeschrittenen Übungsstufe sehr langsam vorgehen, damit die gewünschte Wirkung sich einstellen kann. Absorbieren Sie die Energie in die Punkte, die Sie in der obigen Abbildung finden, und tun Sie das so langsam und sanft, als würden Sie einen Seidenfaden vom Kokon ziehen: Wenn Sie dabei zu kräftig ziehen, reißt der Faden; und wenn Sie zu schwach ziehen, läßt er sich nicht abwickeln.

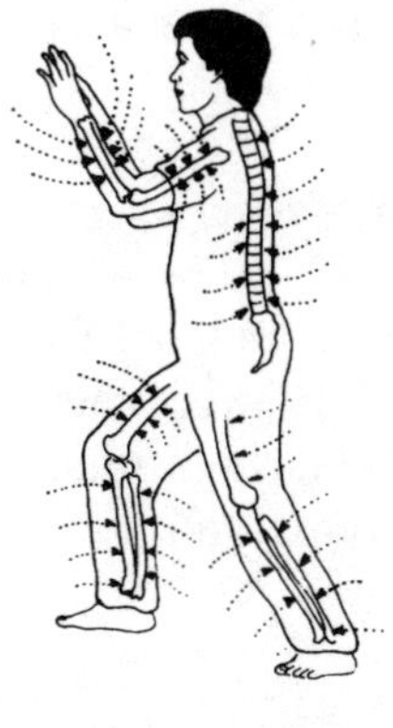

Während Sie in der Yang-Phase das Gewicht nach vorn verlagern, fühlen sich die Knochen des ganzen Körpers vollkommen durchlässig an. Spüren Sie, wie alle Knochen atmen, und pressen Sie mit Ihrer Vorstellung das Chi in die Knochen.

Abb. 13-17: Das Öffnen der Gelenke bei der Knochenatmung unterstützt die Energieaufnahme in die Knochen auf wirkungsvolle Weise.

Wie bereits erwähnt beherrschen die Nieren die Sexualorgane und die Knochen. Je mehr Sie in diese Organe lächeln können und je langsamer Sie beim Üben vorgehen, desto effektiver können Sie Energie aufnehmen.

Die gelbe, violette und rote Farbe tragen zur Verjüngung des Knochenmarks bei. Je mehr Sie in guter Haltung entspannen, desto besser können Sie spüren, wie Chi absorbiert wird. Absorbieren Sie die Energie in die Haut, in jede Pore und in jeden Haarbalg. Dabei können Sie sich die Haut als eine große Lunge vorstellen. Transportieren Sie die Kraft durch die Wirbelsäule wie in den vorhergehenden Kapiteln beschrieben.

Sie sollten sich ständig des *Yin* (einatmen) und des *Yang* (ausatmen) bewußt sein. Stellen Sie sich vor, in einem Ozean von Chi zu schwimmen und sich durch Chi durcharbeiten zu müssen, um den Vorgang der Knochenatmung in Gang zu setzen. Wenn Sie Chi absorbieren, kann es sich richtig dick anfühlen. Bleiben Sie sich Ihrer Struktur, der Tan Tien-Bewegung und besonders Ihrer Knochen bewußt. Bei dieser Form benötigen Sie ein hohes Maß an Aufmerksamkeit, denn außer dem normalen längsgerichteten Chi-Fluß durch die Knochenstruktur gibt es auch eine quergerichtete Energiebewegung von der ganzen Hautoberfläche in die Knochen, die vom *«I»-Bewußtsein* gesteuert wird.

Übergang

Bei den Bewegungen *Kind halten* und *Tai Chi schließen* sollten Sie sich sehr langsam bewegen oder eine Weile stillstehen, damit Sie wirklich die Möglichkeit haben, die Vorgänge bei der Arbeit mit dem Atem und den Energiezentren zu spüren. Nehmen Sie die Energie durch Kopfhaare, Scheitelpunkt und Rumpf auf, und bewegen Sie sie weiter durch die Beine zu den Fußsohlen. Konzentrieren Sie sich auf alle Punkte des Kleinen Energiekreislaufs: Scheitelpunkt, Drittes Auge, Kehlzentrum, Solarplexus, Nabel, Sexualzentrum, Perineum, Kreuzbein, Tor des Lebens, T-11, T-5/T-6, C-7 und Jadekissen. All diese Punkte absorbieren die Energie mit größerer Intensität, wenn Sie die Aufmerksamkeit auf sie richten.

Durchfluten Sie den ganzen Körper mit der frisch gesammelten Energie, so daß Ihr Knochenmark vollkommen gereinigt wird. Ihr ganzer Körper wirkt dabei wie ein Schwamm für äußeres Chi. Dies gilt in besonderem Maße beim Üben dieser Form, weil alle Hautporen dank des Einsatzes Ihres *«I»-Bewußtseins* geöffnet sind.

Tai Chi schließen

Wenn Sie bereit sind, die Form abzuschließen, sollten Sie wieder in Ihr gesamtes Knochengerüst lächeln und dann die Energie im Nabelzentrum einsammeln.

14 Die Integrationsform

Bei den bisher vorgestellten Vertiefungsstufen der TC-Form haben wir alle Aspekte der inneren Struktur des Tai Chi Chi Kung kennengelernt. Bei der *Yin-Yang-Form* wurden die *Drei Kräfte* eingeführt, und es wurde die Wichtigkeit des Lächelns und der Entspannung für die Aufnahme dieser Kräfte betont. Die Ausrichtung und der Einsatz der Knochenstruktur, um die es in der *Verwurzelungsform* und der *Chi-Transfer-Form* geht, verleihen dem Übenden die Fähigkeit, große Mengen von Energie zu absorbieren und zu entladen sowie die Verbindung mit den Himmlischen und Irdischen Energiequellen aufrechtzuerhalten. In der *Sehnenform* lernt man, wie das *«I»-Bewußtsein* die Energie lenkt, um den Körper zu bewegen. In der *Tan Tien-Form* wird gezeigt, wie alle Bewegungen vom Zentrum des Körpers ausgehen. Die *Heilungsform* macht die Energie der fünf Richtungen für die entsprechenden Organe verfügbar. Die *Knochenatmungsform* wird zur Energieaufnahme in die Knochen eingesetzt.

In der *Integrationsform* werden alle bisher erklärten Aspekte der inneren Struktur auf physischer und energetischer Ebene vereint. Der richtige Einsatz Ihrer Geisteskraft ist von entscheidender Bedeutung, wenn Sie Tai Chi Chi Kung meistern wollen. Deshalb sind Meditationstechniken wie der *Kleine Kreislauf* und die *Fusion der Fünf Elemente*, bei denen wir lernen, unsere innere Energie zu kontrollieren, lenken, verdichten und absorbieren, für Tai Chi Chi Kung sehr wichtig. Tai Chi zu lernen, ohne dabei auch Sitzmeditation zu üben, wird dann Schwierigkeiten bereiten, wenn wir den Geist zur Verdichtung von Chi einsetzen müssen. Denn dann müßten wir auf zu viele Punkte auf einmal achten, und das wäre dann so, als würde man die Leute lehren, gleichzeitig mit der linken und der rechten Hand und mit beiden Füßen zu malen. Alles auf einmal ist einfach nicht zu bewältigen.

Ein großer Vorteil einer Kurzform wie Tai Chi Chi Kung besteht darin, daß wir den Ablauf relativ schnell behalten können. Folglich haben wir mehr Zeit für die innere Arbeit. Das erste Ziel beim Tai Chi besteht darin, die äußere Form zu meistern und fähig zu sein, sie automatisch auszuführen. Sobald das geschafft ist, besteht die wahre Arbeit darin, die Energie in jede Tai Chi-Bewegung hineinfließen zu lassen. Die innere Arbeit macht Tai Chi zu etwas Einmaligem und unterscheidet es von äußeren Formen der Kampfkünste. Wer den inneren Teil des Tai Chi nicht lernt, verhält sich so, als hätte er eine Auster, ohne in ihrem Innern nach der Perle zu suchen.

Den Bogen spannen

Die innere Struktur macht es möglich, den Körper als Einheit zu bewegen. Ein Hauptprinzip des Tai Chi besteht darin, jede Bewegung mit dem ganzen Körper und nicht mit den Händen zu führen. Viele Leute haben die Tendenz, zuerst die Hände zu bewegen, aber beim Tai Chi sollten sich Beine und Hüften zuerst bewegen und den restlichen Körper tragen. Dies trifft sowohl auf die Gewichtsverlagerung nach vorn als auch auf das Zurückweichen zu.

Zurückweichen ist sehr wichtig, denn dabei wird das hintere Bein wie ein Bogen zum Abschuß eines Pfeils gespannt. Dies nennt man «Energie speichern». Beim Tai Chi muß man die Stärke im Innern speichern, bevor man sie freisetzt. Bei mangelhafter Ausführung läßt sich das damit vergleichen, daß man den Bogen nur zur Hälfte spannt, bevor man den Pfeil abschießt. Dann würde man überhaupt keine Kraft sammeln.

Wenn Sie das Gewicht nach vorn und nach hinten verlagern, sollten sich das Zentrum auf gleicher Höhe bewegen, denn

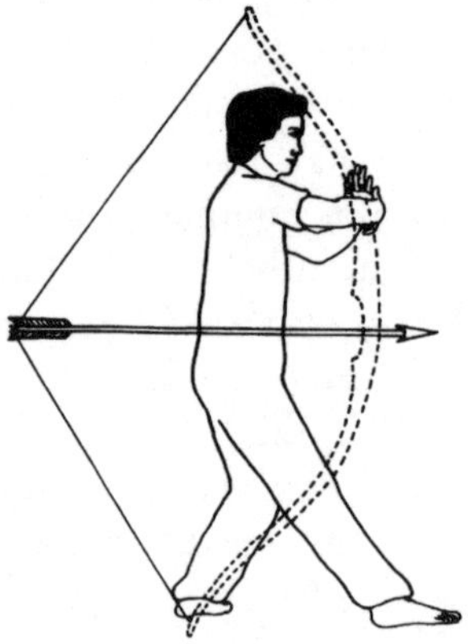

Abb. 14-1: Zurückweichen entspricht dem «Spannen des Bogens».

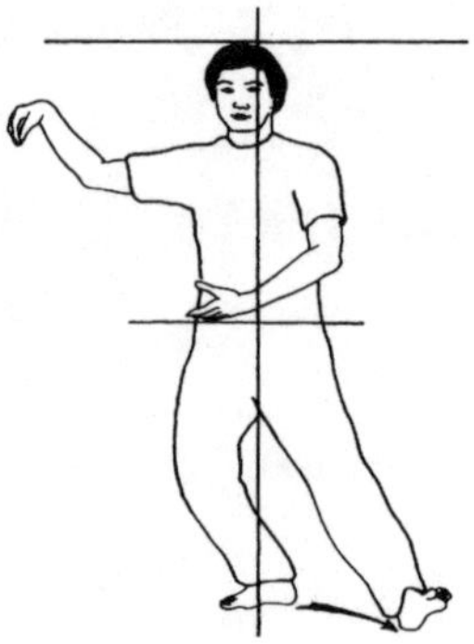

Abb. 14-2: Gehen Sie beim Ausschreiten nicht in die Höhe.

wenn Sie auf und ab hüpfen, können Sie sich nicht mit der Erdkraft verbinden.

Obwohl sich das alles sehr einfach anhört, scheint es doch manchen Leuten schwerzufallen, weil sie es gewohnt sind, Hände und Arme isoliert vom restlichen Körper zu benutzen. Wenn die Hände sich selbständig bewegen, wird man mehr anspannen und dadurch den Chi-Fluß behindern. Wenn Sie den Körper in völlig entspannter und integrierter Weise bewegen, fühlt er sich weich und leicht an, ist aber doch unglaublich kraftvoll.

In den Tai Chi-Klassikern steht: «*Meine Hände bewegen sich nicht einmal um einen halben Zoll [von sich selbst aus].*» An anderer Stelle in den Klassikern lesen wir: «*Meine Hände sind nicht meine Hände; mein Körper ist meine Hand.*» Wenn Sie das begreifen, haben Sie einen wesentlichen Punkt der Tai Chi-Theorie erfaßt. Ihre Hände werden von Ihren Beinen, Ihrer Wirbelsäule und Ihren Sehnen bewegt. Obwohl es manchmal so aussehen mag, daß sich nur Ihre Hände bewegen, sind es in Wirklichkeit Ihre Sehnen, die gestreckt werden. Das gehört zu dem, was wir *Umwandeln der Sehnen* nennen.

Weil Ihr ganzer Körper über Ihre Hüften und Beine «gestapelt» ist, bewegt sich Ihr Körper als geschlossene, kontrollierte Einheit, wenn sich Ihr Fundament bewegt. Wenn wir Arme und Hände isoliert bewegen, zerstückeln wir uns schließlich in allzu viele Teile.

Dies trifft auch auf den Geist zu. Bei der Übung sollte Ihr Geist im Wu Chi zentriert bleiben. Wenn Ihr Geist von einem Gedanken zum anderen wandert, wird er schwach und zerstreut.

Zum Kind werden

Tai Chi praktizieren heißt zu lernen, sowohl im Körper als auch im Geist wieder wie ein Kind zu sein. Da Kinder keine stark entwickelten Muskeln haben, bewegen sie sich von selbst mit der Struktur. In dieser Hinsicht ist ein Kind viel flexibler als ein Erwachsener, der nicht Tai Chi übt. Der Weg zur Flexibilität geht über Entspannung und über ein Gefühl der Freude und des Glücks.

Energie aufnehmen und lenken

Tai Chi wird gewöhnlich langsam ausgeführt. Der langsame, gleichmäßige Rhythmus gibt Ihnen Zeit, Ihre Struktur wirklich zu verfeinern und zu vervollkommnen, während Sie sich durch eine Vielzahl von Stellungen bewegen. Sobald Sie die ganze Form mit korrekter Struktur ausführen, können Sie den Geist dazu ausbilden, Ihr Chi zu lenken.

Beim Tai Chi benutzen wir unseren Geist, um Energie in unserem Körper zu sammeln, zu lenken und sie dann umzuwandeln. Wenn Sie gelernt haben, Energie zu absorbieren und zu transformieren, können Sie Ihr Bewußtsein nach unten, oben und außen immer weiter ausdehnen und sich mit den Kräften der Erde, des Himmels und des Kosmos verbinden, die Sie zum eigenen Nutzen absorbieren und aufnehmen können.

Wenn Sie spüren, daß Sie Energie aus Ihrer Umgebung aufnehmen können, werden Sie sich automatisch langsamer und friedlicher bewegen. Sie spüren die Lebenskraft und fühlen sich leicht, freudig und lebendig. Je mehr Sie beim Tai Chi entspannen und in sich hineinlächeln, desto besser kommen Sie in Berührung mit Ihrem Inneren, und desto stärker empfinden Sie dann wahre Lebensfreude.

Nach langen Jahren der Tai Chi-Übung bin ich an einen Punkt gelangt, wo ich sie wirklich als mein Vergnügen betrachte. Ich kann auf Fernsehen, auf Alkohol, auf all die sogenannten Genüsse des Lebens verzichten, aber ich kann nicht darauf verzichten, Tai Chi zu üben. Warum ist die Übung des Tai Chi mein Vergnügen? Weil ich beim Tai Chi-Üben wahre Lebensfreude empfinde, weil ich energiegeladen und glücklich bin und weil ich meine eigene Lebenskraft spüre.

Die meisten Leute wollen fernsehen oder sich in Nachtclubs amüsieren, weil ihr Leben so öde ist. Warum ist es so öde? Weil sie keine Lebenskraft haben. Sie brauchen etwas, das sie stimuliert und ihnen das gibt, was ihnen vermeintlich mehr Lebenskraft schenkt. Aber offensichtlich haben sie falsche Vorstellungen von der Lebenskraft. Statt mehr Chi zu sammeln, verschleudern sie es. Dies könnte man auch «Vergnügen durch Energieverlust» nennen.

Um Energie aufzunehmen, ist es wichtig, mit dem Lächeln zu beginnen. Fühlen

Sie sich innerlich entspannt, fühlen Sie Lebensfreude, fühlen Sie sich leicht. Lächeln Sie in Ihr Herz. Sinken Sie nach unten, und verbinden Sie sich mit der Mutter Erde. Stellen Sie sich vor, ein Baum zu sein, und strecken Sie sich zum Himmel. Öffnen Sie Ihre Achselhöhlen. Stellen Sie sich vor, Sie breiteten in alle Richtungen Zweige aus, um von allen Seiten Energie aufzunehmen.

Einswerden mit dem Universum

Nach taoistischer Lehre und in der Tai Chi-Praxis besteht das höchste Ziel darin, Einheit mit dem Tao, Einheit mit der Natur, zu erlangen. Im Tai Chi spiegelt sich das in Ihrem Körper und Ihrem Geist wieder. Wenn Sie sich bewegen, bewegen Sie sich als Einheit, und alles bewegt sich auf einmal. Anstatt zuerst mit den Händen, gefolgt von Rumpf und Beinen, zu agieren, werden Sie von den Beinen geschoben, und Ihr ganzer Körper bewegt sich gleichzeitig als Einheit. Im Lauf der Zeit wird das Gefühl der körperlichen Einheit wachsen.

Nicht nur Ihr Körper bewegt sich als Einheit, sondern auch Ihr Geist. Konzentrieren Sie Geist und Willen vollständig auf Ihre Bewegungen. Erlauben Sie es Ihrem Geist nicht, herumzuwandern und sich in ziellosen Gedanken über Vergangenheit und Zukunft zu verzetteln. Bleiben Sie präsent. Wenn Sie sich vorwärts bewegen wollen, tun Sie das mit der Intention, alles vorwärts zu bewegen. Wenn Sie Ihre Hand ausstrecken, sollten Sie auch Ihren Geist ausstrecken. «*Der Geist führt, und Chi folgt; Chi führt, und der Körper folgt*», heißt es in den Tai Chi-Klassikern. Daher praktizieren wir beim Tai Chi die Einheit von Körper, Chi und Geist.

Wenn wir aus dieser inneren Einheit heraus mit den Welten um uns herum, unter uns und über uns Verbindung aufnehmen, gehen wir im Gefühl der Verschmelzung mit dem Universum auf. Das *Tao Te Ching* sagt dazu:

> *«Können Körper und Seele so eins werden,*
> *ohne sich je zu entfremden oder zu trennen?*
> *Kann man sich so der Inneren Kraft hingeben,*
> *daß man weich und beweglich wird wie ein Säugling?»*
>
> (10. Lehrsatz)

15 Stahl in Watte: Praktische Anwendung zur Selbstverteidigung

Im Tai Chi gibt es *Acht Kräfte*, die alle zur Selbstverteidigung eingesetzt werden können. Die bei der Anwendung in der Selbstverteidigung gebräuchlichen Kräfte sind:

1. nach unten stoßen [engl. *push down*];
2. nach oben stoßen [engl. *push up*];
3. nach rechts ableiten [engl. *deflect to the right*];
4. nach links ableiten [engl. *deflect to the left*];
5. Spirale [engl. *spiral*];
6. Falle (einschließen/neutralisieren) [engl. *trap*];
7. nach hinten ziehen [engl. *pull backward*];
8. nach vorn Kraft entfalten [engl. *create a forward force*].

Jede dieser Acht Kräfte läßt sich in jeder der *Acht Grundtechniken** («Acht Tore») der Tai Chi-Form praktisch anwenden:

1. Abwehr [chin. *peng* – engl. *ward off*];
2. zurückrollen [chin. *lü* – engl. *rollback*];
3. pressen [chin. *chi* – engl. *press*];
4. stoßen [chin. *an* – engl. *push*];
5. nach unten ziehen [chin. *tsai* – engl. *pull down*];
6. trennen [chin. *lieh* – engl. *split*];
7. Ellbogenstoß [chin. *chou* – engl. *elbow strike*];
8. Schulterstoß [chin. *kao* – engl. *shoulder strike*].

Abwehr

Wie bereits erwähnt, gibt es in der Tai Chi Chi Kung-Form zwei Arten von *Abwehr*: eine *Yin-Abwehr* (eine Anwendung von «Ball halten») und eine *Yang-Abwehr*. Jede der *Acht Kräfte* kann in Verbindung mit diesen beiden Arten von Abwehr eingesetzt werden.

«Ball halten» ist ein gutes Beispiel für eine «Falle». Mit beiden Händen in einer empfangenden Yin-Position kann ein Fuß-

Abb. 15-1: Yin-Abwehr (Ball halten)
Yang-Abwehr

* Diese *Acht Grundtechniken* ergeben zusammen mit den *Fünf Schritten* (in die *Fünf* Himmelsrichtungen – siehe dazu den Anfang von Kap.12) die Dreizehn Bewegungsformen. Die *Fünf Schritte* entsprechen den *Fünf Energiephasen* (Elementen) und die *Acht Grundtechniken* den *Acht Trigrammen* des *I Ching*.

stoß oder Schlag aufgenommen und neutralisiert werden. Da Sie dabei ein Bein frei haben, können Sie im Gegenzug mit einem Fußstoß eine vorwärtsgerichtete Kraft erzeugen.

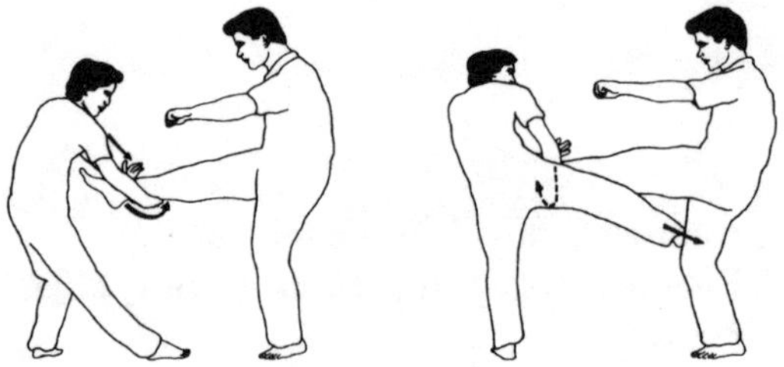

Abb. 15-2

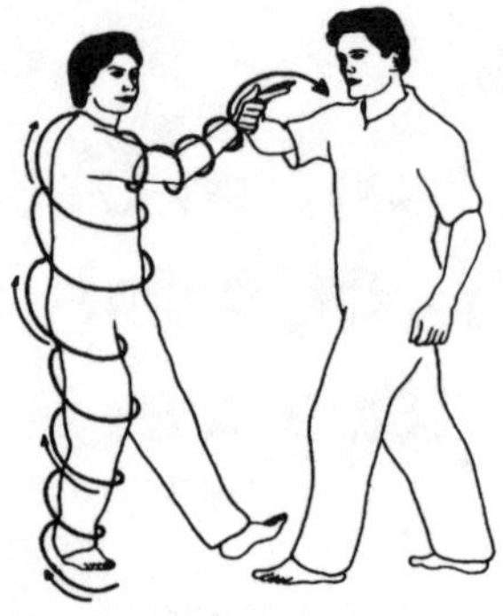

Die Kraft des Angreifers zur Seite ableiten

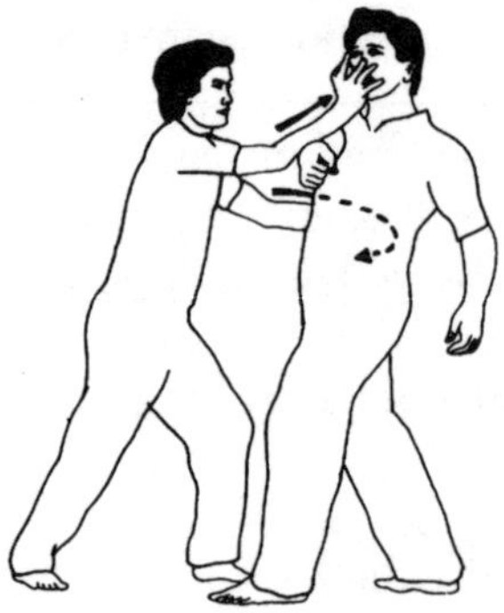

Mit der rechten Hand stößt man das Kinn des Gegners, um seine Stabilität im Nackenbereich zu brechen, und gleichzeitig zieht man mit der linken Hand seine Lendenwirbel auf sich zu, um die stabile Haltung der Wirbelsäule zu brechen.

Abb. 15-3: Die stabile Haltung und Ausrichtung zu brechen ist ein wesentliches Ziel bei der Anwendung des Tai Chi.

Deshalb ist es im Tai Chi so wichtig, auf einem Bein stabil stehen zu können; denn jedesmal, wenn Sie ausschreiten und hundert Prozent des Gewichts auf eines Ihrer Beine zu stehen kommt, sollten Sie daran denken, daß Ihr anderes Bein die Möglichkeit zu einem Fußstoß hat.

Bei der *Yang-Abwehr* neutralisiert man ebenfalls die Kraft des Gegners, aber bei einem Yang-Angriff kann das bedeuten, daß man von Ellbogen zu Ellbogen ableiten muß und die Kraft dann neutralisiert, indem man die eine Hand unter das Kinn und die andere auf die Wirbelsäule des Angreifers legt. Dadurch verbiegt man die Wirbelsäule auf unnatürliche Weise und bringt den Angreifer so in eine unbewegliche und ungünstige Position.

Bei Tai Chi-Anwendungen ist es nicht nötig, mit den Händen zu greifen oder zu halten, wenn man eine angreifende Kraft neutralisieren will. Eine leichte Berührung mit den offenen Handflächen genügt vollständig. Dies nennt man Energie der *klebenden Hand;* dazu gehört auch, daß man Handgelenke und Ellbogen des Gegners als Hebel einsetzt.

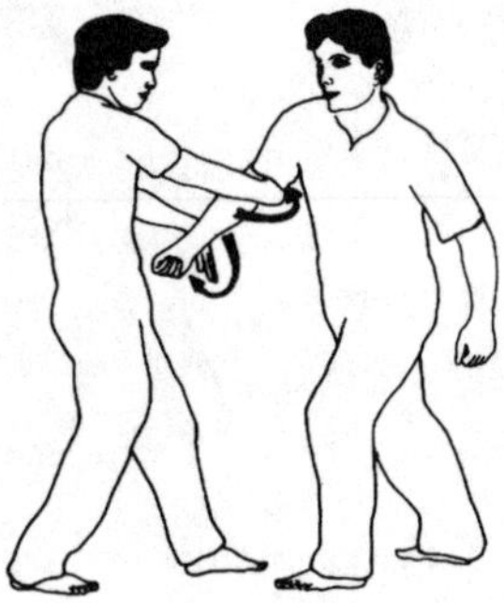

Abb. 15-4

In einer typischen Angriffssituation kann der gegnerische Arm mit einem Schlag auf Sie zukommen. Dann kleben Sie auf Höhe seines Handgelenks an seinem Unterarm und wenden den Zug nach hinten auf Höhe seines Ellbogens an; seine Vorwärtsbewegung lassen Sie dabei weitergehen. Wie jedoch in allen Kampfkünsten gibt einem der Einsatz einer spezifischen Abwehrtechnik in einem bestimmten Bereich keine Garantie; und daher wendet man bei seinen Abwehraktionen immer Kombinationstechniken an, um die angreifende Kraft in verschiedene Richtungen zu trennen.

Das Hauptziel bei den Tai Chi-Anwendungen besteht darin, die angreifende Kraft nicht an sich herankommen zu lassen. Der Körper ist höchstens 30-60 Zentimeter breit; indem wir die *Acht Kräfte* mit gut eingeübten, eleganten und koordinierten Körperbewegungen zum eigenen Vorteil einsetzen, kann ein bedrohlich erscheinender Angriff ganz einfach zu einer Anwendung dessen werden, was wir in der Form geübt haben.

Durch den Einsatz der Abwehr-Bewegung wird die Kraft des Gegners sozusagen unter die Acht Kräfte aufgeteilt. So können

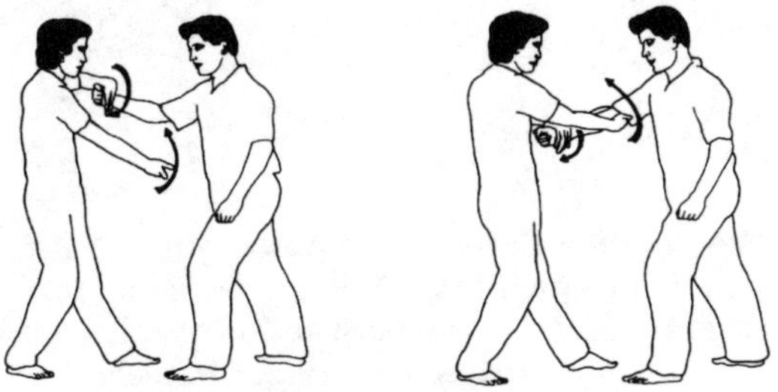

Abb. 15-5: Bei der Yin-Abwehr benutzen Sie die Energie der klebenden Hand, um die Kraft des gegnerischen Angriffs an Handgelenk und Ellbogen zu brechen.

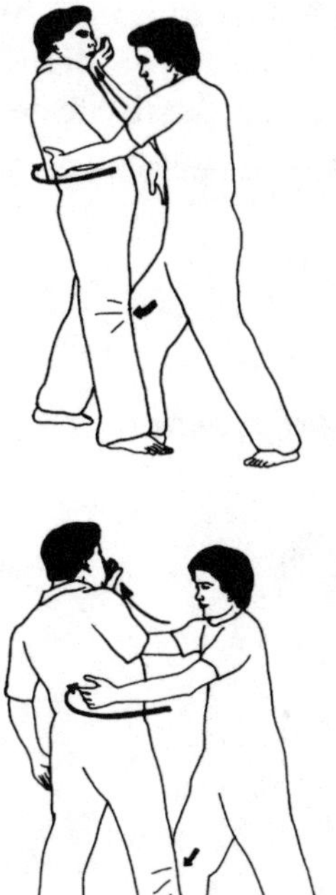

Abb. 15-6: Neutralisieren Sie das vordere Bein des Angreifers mit Ihrem vorderen Bein; dadurch wird sein Kniegelenk fixiert und überdreht.

Sie zum Beispiel einen Schlag nach rechts ableiten und gleichzeitig das vordere Bein des Gegners mit Ihrem eigenen vorderen Bein einschließen. Dann können Sie mit einem kurzen Stoß nach unten weitermachen und Ihren Gegenangriff mit einem starken Spiralstoß nach oben von der Hüfte aus abschließen. Das ist wirklich eine Strategie des «Teilens und Herrschens».

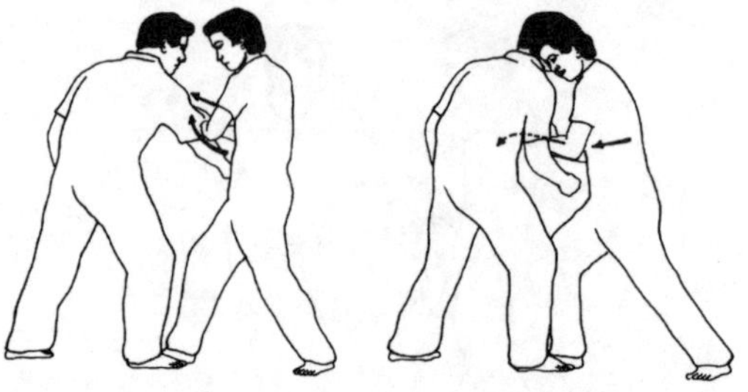

Abb. 15-8: 3. Leiten Sie die gegnerische Kraft nach unten. Nehmen Sie seine Kraft in Ihrem hinteren Bein auf, um Energie für das Pressen zu sammeln.
4. Lassen Sie die gespeicherte Energie aus Ihrem hinteren Bein los, und werfen Sie den Angreifer mit Pressen zurück. Ihr vorderes Bein kann ebenfalls angreifen und gleichzeitig das gegnerische Bein neutralisieren.

Kombinationen mit Abwehr

Die Kombination von Abwehr mit Stoßen oder Pressen wird in derselben Reihenfolge ausgeführt: Abwehr, nach unten stoßen und dann Stoßen oder Pressen zum abschließenden Angriff. Um sich zu schützen, brauchen Sie sich nur um Ihr Umfeld in einem Radius von etwa dreißig Zentimetern zu kümmern, damit Sie den drohenden Schlag vermeiden können.

Abwehr und Stoßen

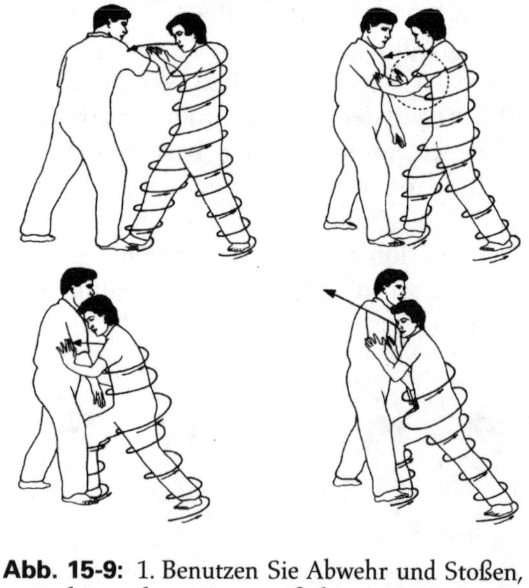

Abb. 15-9: 1. Benutzen Sie Abwehr und Stoßen, um den rechten Fauststoß des Gegners sanft zu neutralisieren und nach rechts abzulenken.
2. Wenn Ihr Gegner sich zurückzieht, beginnen Sie Ihren Stoß mit einer Bewegung nach unten, um seinen Arm an seinem Körper einzuschließen.
3. Kommen Sie dann mit Ihrem Stoß, indem Sie den Gegner unter Einsatz der Spiralkraft aus den Beinen und der Wirbelsäule nach oben stoßen.

Abwehr und Pressen

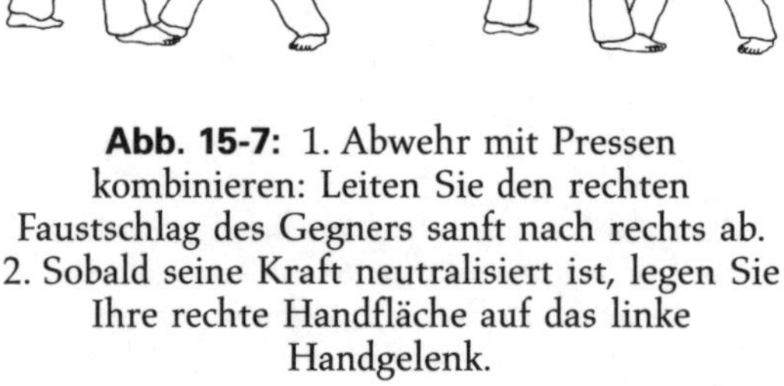

Abb. 15-7: 1. Abwehr mit Pressen kombinieren: Leiten Sie den rechten Faustschlag des Gegners sanft nach rechts ab.
2. Sobald seine Kraft neutralisiert ist, legen Sie Ihre rechte Handfläche auf das linke Handgelenk.

Zurückrollen

Beim Zurückrollen wird wiederum die neutralisierende Kraft benutzt, um den gegnerischen Angriff unschädlich zu machen. Darauf folgen Pressen und Rollen mit dem Unterarm auf dem gegnerischen Ellbogen in Verbindung mit Spiralkraft aus den Hüften. Das alles dreht den Gegner zur Seite, bis er mit fixierter Schulter nach unten geht.

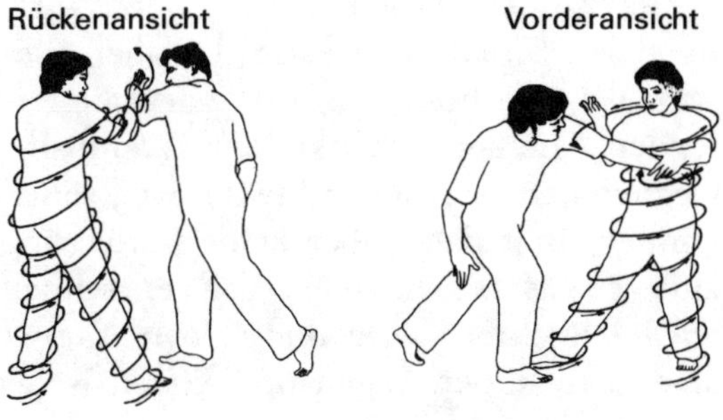

Abb. 15-10

Zurückrollen kann auch in Verbindung mit einer sinkenden Bewegung eingesetzt werden, um den gegnerischen Angriff zu vermeiden. Durch diese sanfte Selbstverteidigungstechnik wird der Schlag abgeleitet und der Gegner durch seine eigene Kraft nach hinten geschleudert.

Eine härtere Anwendung des Zurückrollens würde darin bestehen, den Gegner so nach unten zu ziehen, als würde man eine Peitsche (d.h. seinen Arm) schlagen, um eine wellenartige Kraft durch seinen Arm zur Schulterregion zu schicken. Dies würde normalerweise die volle Kraft auf die Hals- oder Lendenwirbel übertragen und könnte einen ziemlichen Schaden anrichten.

Die Härte dieser Kontertechnik entspricht der oben erwähnten Selbstverteidigungstechnik, bei der die eine Hand zum Kinn und die andere zur Lendenwirbelsäule geht und es so zu einer anormalen Verbiegung der Wirbel kommt. Bei den Anwendungen von Tai Chi-Techniken gehen das Ausmaß des Schadens und die Härte des Gegenangriffs von harmlos bis tödlich.

Pressen

Das Trigramm *Kan* ☵ aus dem *I Ching*, dem Buch der Wandlungen, ist ein gute Darstellung für Pressen: innen Yang und außen Yin. *Kan* bedeutet Gefahr, wie der sprichwörtliche Wolf im Schafspelz. Im Tai Chi ist das die Kraft von Stahl, der in Watte eingewickelt ist. Der äußere Arm ist sehr entspannt und sensibel, während Sie die Kraft durch den inneren Arm freisetzen. Aus diesem Grund ist es für den Gegner sehr schwer, Ihre Absicht durch den äußeren Arm zu erspüren, und die Kraft, die Sie durch den inneren Arm entladen, kommt für ihn plötzlich und unerwartet.

Pressen kommt zum Einsatz, wenn der Gegner versucht, Ihren äußeren Arm zu neutralisieren, indem er ihn gegen Ihren Körper drückt. Dann bewegen Sie den Körper nach hinten, um mehr Raum zu schaffen, und bringen die hintere Hand auf die vordere, um nach vorn zu pressen. Um den Gegner zu entwurzeln, sollen Sie die Kraft zuerst nach unten richten, um seine Wurzel zu brechen, und dann mit einer nach oben gerichteten Kraft nachsetzen.

Eine andere Anwendung von Pressen besteht darin, das Zurückrollen des Gegners zu kontern.

Stoßen

Obwohl es beim Stoßen so aussieht, als würden wir mit beiden Händen die gleiche Kraft einsetzen, ist dies nicht der Fall. Wenn man so stoßen würde, wäre man doppelgewichtig. Beim Stoßen sollten wir uns an die Prinzipien von Yin und Yang erinnern. Wenn das Gewicht auf dem linken Bein ruht, ist dieses Bein Yang. In diesem Fall ist die rechte Hand Ihre Kraft- oder Yang-Hand, während die linke Hand die aufnehmende und fühlende Yin-Hand ist. Ihre Yin-Hand wird den Schwachpunkt Ihres Gegners erspüren, damit Ihre Yang-Hand den verletzlichsten Punkt für den Angriff kennt. Wenn Sie dann das Gewicht nach vorn auf den rechten Fuß verlagern, werden Yin und Yang auf einmal vertauscht: Die linke Hand wird Yang und die rechte Yin. Wenn Ihr Gegner deshalb gegen Ihren Angriff mit der rechten Hand Widerstand leistete, kann er aus dem Gleichgewicht kommen, wenn Ihre rechte Hand plötzlich weich und nachgiebig wird und der erwartete Widerstand wegfällt. Gleichzeitig verlagern Sie den Angriff auf die linke Hand und stoßen ihn weg.

Abb. 15-11

Manche Leute meinen, Stoßen sei keine wirksame Selbstverteidigungstechnik, da der Gegner nicht verletzt wird und Sie gleich wieder angreifen kann. Es stimmt, daß Stoßen so sanft ausgeführt werden kann, daß der Gegner nicht verletzt wird. In vielen Situationen kann das aber alles sein, was Sie brauchen, um einen angreifenden Hitzkopf abzukühlen. Wenn Ihr Gegner sieht, wie leicht Sie ihn wegstoßen können, ihm dabei aber keine Verletzung zufügen, ist es möglich, daß er schnell wieder nüchtern wird und seinen Angriff stoppt. In diesen Tagen und Zeiten ist es gut, Selbstverteidigungstechniken zu kennen, die einen Gegner ohne Verletzung unschädlich machen können.

Wenn Sie außer Fußstößen und Faustschlägen keine Mittel kennen, um mit einem Aggressor umzugehen, kann eine unsichere Situation unnötig eskalieren.

Andererseits kann Stoßen zur tödlichen Technik werden, wenn die Situation ein härteres Vorgehen erfordert. Ein schneller Stoß, der von Ihrer gesamten Struktur unterstützt wird, kann einen Angreifer schwer verletzen. Die wellenartige, explosive Kraft des Stoßens kann Knochen ausrenken, innere Organe verletzen und an der Wirbelsäule ein Schleudertrauma verursachen. Bei mehreren Angreifern kann man Stoßen dazu einsetzen, einen Angreifer auf einen anderen zu werfen und einen Gegner auf den Boden, gegen eine Wand oder einen Abhang hinunter. Unterschätzen Sie die Kraft des Stoßens nicht!

Nach unten ziehen

Wenn der Gegner mit einem geraden, horizontalen Stoß oder Schlag auf Sie zukommt, lenken Sie seine Kraft um, indem Sie diese aufnehmen und dann plötzlich nach unten lenken. Benutzen Sie dazu Ihr ganzes Körpergewicht zusammen mit der Energie des Zurücksinkens. Da dies im Nacken des Gegners zu einem Schleudertrauma führen kann, sollten Sie sorgfältig darauf achten, wieviel Kraft Sie dabei einsetzen.

Abb. 15-12

Trennen

Die Kraft des Trennens wird fast bei jeder Tai Chi-Anwendung eingesetzt. Sie arbeitet nach dem Prinzip des «Teilens und Herrschens». Grundsätzlich möchte man die Kraft eines angreifenden Gegners in drei Richtungen trennen. Ihr Bein greift sein Bein an und stößt es in eine bestimmte Richtung; eine Ihrer Hände lenkt seinen Körper in eine zweite Richtung, während die andere Hand ihn in eine dritte Richtung drückt. Ihr Gegner weiß dann nicht mehr, in welche Richtung er sich drehen soll, und ist leicht umzustoßen (siehe dazu Abb. 15-17 zur Peitsche).

Bei einer anderen Anwendung des Trennens teilt man die Kraft des Angreifers in zwei Richtungen. Wenn der Gegner zum Beispiel versucht, Sie beim Zurückweichen (zwischen Pressen und Stoßen) mit einem Stoß anzugreifen, bringen Sie Ihre beiden Arme hoch zwischen die Arme des Gegners und schieben sie sanft auseinander, so wie ein Keil einen Holzklotz spaltet. Sie können dann mit Stoßen oder Pressen, Ellbogen- oder Schulterstoß kontern (siehe dazu Abb. 15-15 zum Schulterstoß).

Trennen Sie die Arme nicht zu weit; Sie brauchen nur dafür zu sorgen, daß die Hände des Gegners sich von Ihrem Körper entfernen. Was darüber hinausgeht, ist überflüssig und gibt Ihrem Gegner Gelegenheit zu spüren, was Sie vorhaben, um dann zurückzuschlagen.

Ellbogenstoß

Wenn der Gegner mit der Faust zuschlägt, fassen Sie seinen Ellbogen, beugen ihn und stoßen ihn nach oben, um seine Kraft in die umgekehrte Richtung zurückzuleiten. Dabei können Sie den gegnerischen Ellbogen als Hebel benutzen, um mit Ihrer eigenen Ellbogenspitze Kinn, Brust, Magengrube oder Brustkorb anzugreifen. Sie können den Ellbogen auch zu einem härteren Gegenangriff einsetzen.

Abb. 15-13

Es gibt etwa achtzehn verschiedene Ellbogentechniken und auch die gleiche Anzahl von Handflächentechniken. Ein Angriff mit dem Ellbogen ist sehr kraftvoll, besonders wenn Sie gelernt haben, wie Sie Ihr ganzes Gewicht und die Körperstruktur in Ihren Ellbogenstoß legen können. Dank der Dichte der beiden Knochen, die den Ellbogen bilden, können Sie sogar die Rippen Ihres Gegners brechen. Deshalb sollten Sie vorsichtig sein, wenn Sie mit dem Ellbogen angreifen, denn Sie sind damit stärker, als Sie glauben.

Schulterstoß

Die Schulter kann ebenfalls als wirkungsvolle Waffe gegen Angriffe eingesetzt werden. Wenn nach dem Parieren die Rückseite der gegnerischen Schulter exponiert ist, können Sie die eigene Schulter wölben, um sie gegen Ihren Gegner zu stoßen. Mit einem Schulterstoß können Sie entweder die Mitte oder die Seiten des Gegners treffen. Diese Art von Angriff sollten Sie mit gerundeter Schulter ausführen, um zu verhindern, daß der Schock des Aufschlags Ihnen selbst Schaden zufügt. Dies ist ein weiterer Grund, warum es wichtig ist, die möglichen Angriffsziele sorgfältig auszusuchen.

Schulterstoß I

Vor allem, wenn die Arme des Gegners erhoben und seine Flanken dadurch ungeschützt sind, macht es Ihnen ein leichtes

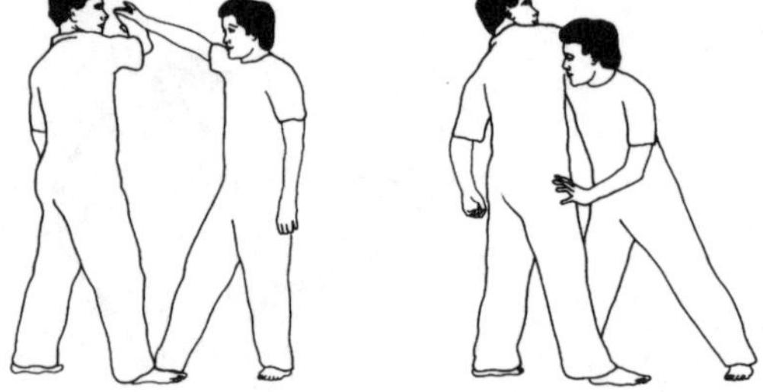

Abb. 15-14: 1. Lenken Sie den gegnerischen Angriff nach rechts.
2. Greifen Sie seine Brust mit der Schulter an.

Sinken möglich, mit Ihrer Schulter gegen den Brustkorb des Gegners oder gegen seine Rippen zu stoßen.

Ihr ganzes Gewicht ist vom Boden aus über die Hüfte zur Schulter gerichtet, und das bewirkt einen Frontalzusammenstoß zwischen Ihrer Schulterspitze und irgendeiner empfindlichen Stelle Ihres Gegners.

Schulterstoß II

Abb. 15-15: 1. Trennen Sie die Kraft Ihres Gegners. 2. Greifen Sie sein Brustbein mit der Schulter an.

Fälschlicherweise meinen wir oft, daß Hände und Füße unsere einzigen Waffen seien. Beim Tai Chi sollten Sie jedoch daran denken, daß der ganze Körper Ihre Waffe ist. Wenn der Gegner Ihren Ellbogen oder Ihr Handgelenk packt, sollten Sie entspannen und ihm die Hand überlassen, während Sie den Arm beugen, um mit der Schulter zu attackieren. Ein Schulterstoß kann Knochen brechen, Gelenke ausrenken und den Angreifer k.o. schlagen.

Kraft des Zurückweichens

Richtiges Zurückweichen ist sehr wichtig, denn es gibt Ihren Gegenangriffen wirksame Stärke; andernfalls verhalten Sie sich so, als würden Sie den Bogen nur zur Hälfte spannen, bevor Sie den Pfeil abschießen. Beim Tai Chi sollten Sie zuerst Ihre Kraft im Innern sammeln, bevor Sie sie freisetzen. Dieses Zurückhalten der Energie führt zu einem kontrollierten, zielgerichteten und kraftvolleren Angriff. Bei der Kraft des Zurückweichens geht es im Prinzip darum, sich mit der Erde zu verbinden, um dem Angriff Kraft zu verleihen.

Deshalb ist es dabei wichtig, nicht auf und ab zu hüpfen, weil Sie sonst die Verbindung mit der Erdkraft verlieren.

Partnerübung für die Kraft des Zurückweichens

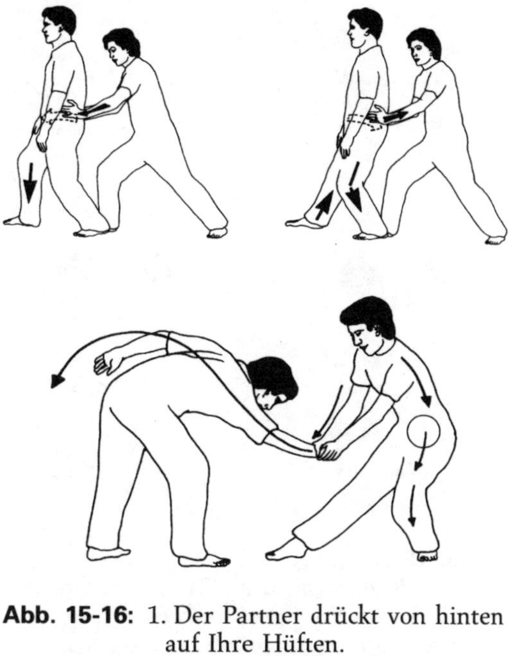

Abb. 15-16: 1. Der Partner drückt von hinten auf Ihre Hüften.
2. Lassen Sie Ihr Gewicht nach unten in das hintere Bein sinken, und stoßen Sie mit der Kraft des vorderen Beins zurück.
3. Zurückweichen liefert auch die Kraft für das Ziehen nach unten.

Peitsche

In der Selbstverteidigung kann die Peitsche als eine Technik eingesetzt werden, mit deren Hilfe man die Kräfte eines Angriffs mit zwei Händen hintereinander zur Seite lenken kann. Zuerst dient der Schnabel dazu, am Handgelenk des gegnerischen Faustestoßes (auf derselben Seite wie der Schnabel) zu kleben. Mit dem Schnabel wird diese Faust zur Seite gelenkt, indem der Schnabel von außen über den gegnerischen Unterarm greift, um ihn wegzuziehen.

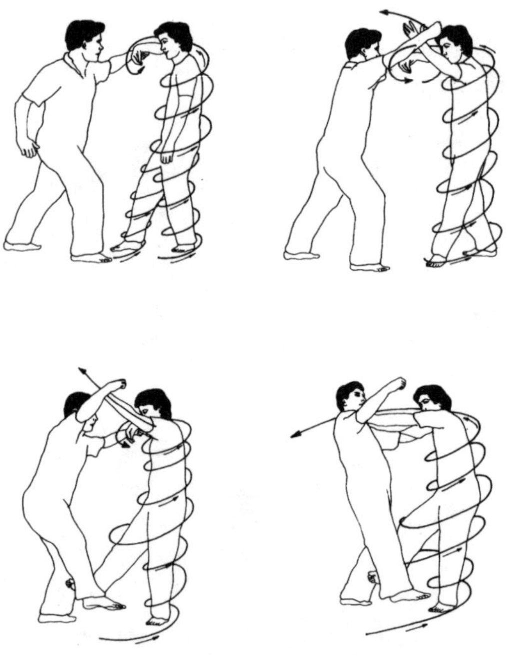

Abb. 15-17: 1. Leiten Sie den gegnerischen Fauststoß mit dem Schnabel nach rechts ab.
2. Leiten Sie seinen rechten Schlag mit «Hand zum Himmel ausstrecken» der linken Hand ab.
3. Haken Sie sich am vorderen Bein des Gegners fest, und ziehen Sie es zu sich.
4. Stoßen Sie sein Kinn mit einer Hand zurück.

Als nächstes benutzen Sie die Bewegung *Hand zum Himmel ausstrecken*, um mit der Innenseite des anderen Handgelenks den zweiten gegnerischen Angriff von innen zu neutralisieren und nach außen abzuleiten. Zu diesem Zeitpunkt steht der Gegner mit ausgebreiteten Armen da, und das macht ihn verwundbar für eine ganze Reihe von Angriffen auf seine Mitte.

Anwendung der Peitsche

Wie ihr Name besagt, kann diese Technik tatsächlich wie eine Peitsche benutzt werden. Im Anschluß an Parieren kann der Schnabel wie bei einem Peitschenschlag in Aktion gesetzt werden, um zum Beispiel auf den gegnerischen Trapezmuskel zu «picken». Dies ist sehr schmerzhaft für Ihren Gegner, wenn Sie dabei entspannt bleiben und Ihr ganzes Gewicht und Ihre Kraft in der winzigen Schnabelspitze sammeln können. Der Schnabel kann auch dazu eingesetzt werden, um druckempfindliche Punkte auf der Körperoberfläche, wie zum Beispiel zwischen den Gelenken und Wirbeln, anzugreifen.

Unterschenkel schneiden

Die folgende Beintechnik ist eine Anwendung des Tai Chi-Gehens. Vielleicht haben Sie Gelegenheit, den gegnerischen Unterschenkel zu schneiden, weil der Angreifer seinen Körper oben, in der Mitte und unten schützen muß, und das könnte seine Aufmerksamkeit überfordern. Wenn Sie diese Beintechnik einsetzen, sollten Ihre Schienbeine abgehärtet sein, damit Sie sich nicht selbst weh tun. Wenn Sie von vorn kommen, wird Schienbein auf Schienbein treffen, und das stärkere Schienbein wird gewinnen. Um diese Beintechnik von vorn einzusetzen, sollten Sie Ihren Fuß hinter den gegnerischen Fuß setzen, auf der Ferse nach oben drehen, wie einen Haken um die Rückseite des gegnerischen Beins legen und den Gegner nach unten drücken, indem Sie sein Fußgelenk mit Ihrem Schienbein verdrehen. Das kann von innen oder von außen her geschehen.

Die Tai Chi-Meister haben diese Beintechnik benutzt, um einen nach oben und unten gerichteten Doppelangriff zu starten. Diese Beintechnik läßt sich im Kampf bei Angriff oder Gegenangriff praktisch bei jedem Schritt einsetzen.

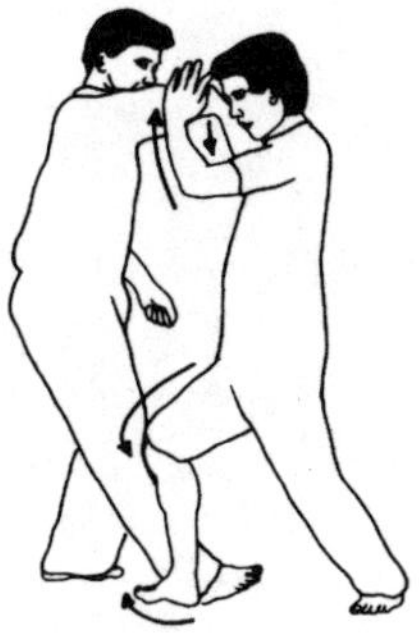

Abb. 15-18

Anwendungen in die Form integrieren (Applikationsform)

Wenn Sie die Tai Chi-Form allein üben, können Sie sich dabei vorstellen, daß Sie jede einzelne Bewegung in der hier beschriebenen Weise als Selbstverteidigungstechnik einsetzen. Deshalb wird Tai Chi oft als «Schattenboxen» bezeichnet. Dies trainiert den praktischen Aspekt des Tai Chi als Selbstverteidigung, und es schafft auch ein Bewußtsein für das Lenken von Energie. Dadurch werden Ihre Aktionen bei einer tatsächlichen Anwendung um so wirksamer.

Beim Tai Chi gibt es noch viele andere Anwendungen, die in unserem geplanten Buch *Tai Chi Chi Kung II* ausführlich erklärt werden.

16 Der Tanz des Tao

Der Taoismus ist eine Lebensphilosophie, die durch Tai Chi zum Ausdruck gebracht wird. In der Übung des Tai Chi vereinigt sich das aktive Wachstum von Körper, Geist und Energie, indem wir diese Aspekte unseres Wesens harmonisieren und koordinieren. Doch wenn wir die Tai Chi-Übung beendet haben, fließt Tao immer noch weiter. Derselbe Vorgang der Vereinigung von Körper, Geist und Energie muß auch im täglichen Leben weitergehen.

Eins mit Tao

Der Schwerpunkt bei der Tai Chi-Praxis liegt in der Schaffung einer Einheit in sich selbst und zwischen sich und Tao. Dies wird durch die Erfahrungen in den verschiedenen Übungs- und Vertiefungsstufen erreicht.

Sich als Ganzes bewegen

Wer sich mit Chi bewegt und Chi mit sich bewegen läßt, lernt, die äußere Energie zu absorbieren und sie mit der Lebenskraft zu vereinen. Auf dieser Stufe zeigt sich die Einheit mit Tao, wenn es gelingt, den Körper als geschlossene Einheit zu bewegen. Durch Sensibilisierung wird Chi mit dem Körper in Einklang gebracht.

Während sich die Bewegungen von Tieren durch eine selbstverständliche Geschlossenheit auszeichnen, scheint sich bei den Menschen alles trennen zu wollen: die Hände von den Füßen, der Geist vom Körper und von der Seele. Dies läßt sich daran erkennen, daß die meisten Leute ihre Muskeln übermäßig anspannen und sich oft verletzen, wenn sie versuchen, schwere Gegenstände zu heben, zu schieben oder zu stoßen. Dazu kann es kommen, weil sie ihren Körper nicht in geschlossener Weise benutzen. Da ihr Geist, ihre Arme, ihre Beine und ihr Rücken alle getrennt arbeiten, führt dies jedes Jahr bei Millionen von Menschen zu Rückenverletzungen, verstauchten Knien und ausgerenkten Schultern.

Bewußtheit in der Bewegung

Bewußtheit in der Bewegung ist sehr wichtig für die Tai Chi-Praxis. Bei den meisten Leuten arbeiten Geist und Körper gewöhnlich getrennt, denn oft tun sie die eine Sache, während ihr Geist an etwas völlig anderes denkt.

Beim Tai Chi konzentrieren wir uns auf die kleinsten Einzelheiten unserer Bewegung, unserer Atmung und unserer Intentionen. Wenn wir regelmäßig üben, beginnt sich diese Bewußtheit auch auf das alltägliche Leben zu übertragen. Dank der geschärften Bewußtheit bei der Übung lassen sich die Gefahren des Alltags wie Verletzungen, Fehler und Unfälle erheblich reduzieren.

Einheit mit der Natur

Teilung ist ein Zeichen unserer Zeit, sei es die Trennung nach Herkunftsland, kulturellem Erbe, Sitten und Religion, oder sei es die Trennung nach Geschlecht, Alter, Rasse oder Vermögen. Das führt dazu, daß wir uns als getrennt von der Natur betrachten und uns einbilden, wir könnten die Umwelt ausplündern, ohne uns selbst zu schaden.

Wir sollten begreifen, daß wir nur dann weiterexistieren können, wenn wir in Harmonie und Gleichgewicht mit dem Universum und der Natur leben.

Bienen bestäuben die Blüten, Bakterien verarbeiten abbaubares Material, und Regenwürmer sorgen für einen fruchtbaren Boden: Auf diese Weise erfüllen diese Lebewesen ihre Aufgabe in der Natur. Ohne die Natur in ihrer ganzen Vielfalt würde nur ein Haufen toter Materie existieren. Vom Baum bis zum Stein hat alles seine Funktion in der Natur, und dennoch lassen wir es zu, vom Urgrund unseres Seins entfremdet zu werden.

Der Tanz des Tao ist ein unaufhörlicher Fluß von Yin zu Yang: Der Tag fließt in die Nacht, die Sonne wechselt mit dem Mond, und der Winter weicht dem Sommer. All diese Aspekte der Natur haben an einem endlosen Kreislauf teil, der das Universum im Gleichgewicht erhält. Dies können wir in der Übung des Tai Chi erfahren.

Tao

Tao ist mehr als bloße Philosophie oder intellektuelle Spielerei. Es ist wirklich eine umfassende Lebenskunst, bei der die verschiedenen Stufen der Praxis uns bei richtiger Ausführung zu Lebensfreude, Glück und Erfüllung führen können.

Tao ist der Weg, mit der Natur und dem Universum in Einklang zu leben, der Weg, der die chinesische Zivilisation fünftausend Jahre lang bestimmt hat. Aber der einzige Weg, praktischen Nutzen aus den Tao-Lehren zu ziehen, besteht darin, sie zu kultivieren und zu praktizieren. Um es einfach zu sagen: «Wenn du es machst, bekommst du es; wenn du es nicht machst, bekommst du es nicht.»

Tai Chi Chi Kung ist ein integraler Bestandteil des Tao, des Tanzes von Yin und Yang. Alle Prinzipien des Tao sind in der Übung des Tai Chi Chi Kung enthalten. Üben Sie täglich, dann werden Sie allmählich selbst zur Verkörperung des Tao werden. Gleichgewicht, Harmonie und Integrität werden alles, was Sie tun, durchdringen, und Sie werden beginnen, sich mit *Wu Wei*, mit Mühelosigkeit, durchs Leben zu bewegen, im Geist des Nicht-Tun, das doch nichts ungetan läßt.

Anhang

Zur Physiologie des Tai Chi

von Dr. Albert L. Chan

Die altchinesische Kampfkunst des Tai Chi hat sich im Verlauf jahrhundertelanger Praxis und Erfahrung entwickelt. Vom wissenschaftlichen Standpunkt aus wird jedoch im Westen die Grundlage für den enormen Kraftzuwachs durch Tai Chi-Übung in Frage gestellt. Um allen, die sich mit diesen Fragen beschäftigen, entgegenzukommen, bringen wir an dieser Stelle den Anfang einer wissenschaftlichen Untersuchung, die uns Albert L. Chan zur Verfügung gestellt hat.

Die innere Struktur

Als System betrachtet, ist das menschliche Skelett tatsächlich ein Träger biomechanischer Kraft. Mechanische Kraft kann von einem Ende des Systems zum anderen transportiert werden, wenn sichergestellt ist, daß die beteiligten Komponenten richtig angeordnet sind. (Deshalb ist Struktur so wichtig.) Tai Chi hat sich aus dem Studium der Koordination und Struktur von Bewegung entwickelt, wie zum Beispiel des Transports von Kraft, die von den Beinen zum Becken, zur Basis der Wirbelsäule, zu jedem Wirbel, zu den Schulterblättern und zuletzt durch die Unterarme und Hände, ihrem Ziel bei der Selbstverteidigung, befördert werden kann. Schlechte Haltung behindert den Fluß dieser Kraft.

Weil die Beine über die größten und stärksten Muskeln im Körper verfügen, können sie eine gewaltige Kraft zu den Armen übertragen. Diese Kraft läßt sich dazu einsetzen, um einen Gegner ein paar Meter weit wegzuschleudern oder ihn durch einen kraftvollen Stoß oder Schlag außer Gefecht setzen.

Die Tai Chi-Form entstand als Methode, mit deren Hilfe die Energie unter Einsatz der Struktur von spezifischen Kraftpunkten des Körpers aus gelenkt und gesammelt werden konnte. Indem man jeden Körperteil sorgfältig darin übt, eine begrenzte Zahl von Funktionen zu erfüllen, sind die so entwickelten Techniken relativ leicht zu erlernen.

Bewegung und Gleichgewicht nach vorn und nach hinten werden von beiden Beinen kontrolliert, denn sie sind die Kraftquelle. Die Hüften kontrollieren sowohl die Drehbewegungen des ganzen Oberkörpers als auch die Drehungen der Beine. Die dabei freigesetzte Kraft spielt eine besondere Rolle beim Einsatz dieser Kreisbewegung, um einen gegnerischen Angriff umzuleiten. Wenn man es mit einem direkten Angriff zu tun hat, benutzt man bei der Kreisbewegung die entgegenkommende Kraft des Angriffs und folgt ihr, indem man sie vom Körper wegleitet, anstatt den gegnerischen Angriff unter großem Kraftaufwand zu überwinden und abzuleiten.

Durch ihre Fähigkeit, sich auf kontrollierte und geschmeidige Weise zu drehen und zu biegen, überträgt die Wirbelsäule die Kraft aus den Hüften zu den Schulterblättern. Eine unnatürlich verdrehte und gekrümmte Wirbelsäule reduziert den Betrag an Kraft, der übertragen werden kann. Durch gezielte Positionsveränderungen in Bezug auf die Wirbelsäule kontrollieren die Schulterblätter den Fluß dieser Kraft und die Bewegung beider Arme. Wenn Hüften, Wirbelsäule und Schulterblätter sich als Einheit bewegen, entsteht eine integrierte Kraft, die stärker als jede ihrer Einzelkomponenten ist.

Die Arme werden dazu benutzt, um die ankommende gegnerische Kraft zu spüren und damit zu beginnen, diese Kraft teilweise aufzunehmen und teilweise abzuleiten.

Alle Körperteile sollten entspannt sein, damit man die ankommende Kraft spüren und ohne Widerstand darauf reagieren kann. Durch verspannte Arme und Schultern verlängert sich die Reaktionszeit und gleichzeitig verschlechtert sich die effektive Kraftübertragung durch den Körper, so daß nur ein geringerer Teil der ankommenden Kraft durch die Struktur fließen kann. Andererseits kann in einem entspannten Körper auch mehr Kraft freigesetzt werden.

Ein gutes Beispiel dafür ist das einfache Stoßen. Die Struktur sammelt Kraft aus den Beinen, während sie in den Boden drücken; aus den Hüften, während sie sich drehen; aus der Wirbelsäule, während sie sich beugt; und aus den Schultern, während sie sich dehnen. An jeder Stelle wird der Gesamtbetrag der Kraft verstärkt, während sie durch den Körper zum angreifenden Arm oder zur angreifenden Schulter gelenkt wird. Der Betrag an Kraft, der die stoßende Hand oder Faust erreicht, ist wesentlich größer als derjenige, der nur in den Beinen erzeugt wurde.

Die Struktur kann auch als Hebel eingesetzt werden, um einen kraftvollen gegnerischen Schlag umzulenken und abzuleiten. Ein solcher Schlag läßt sich entweder in eine andere Richtung lenken oder in großem Umfang von der Struktur absorbieren, durch die Wirbelsäule und nach unten durch die Beine, wo sie in den Boden geleitet wird; so bleibt der Übende unverletzt. Das ist das Wesen der Verwurzelung. Die korrekte Ausrichtung der Körperstruktur bietet dieser großen angreifenden Kraft einen Pfad, durch den sie abfließen kann, während sie anderen Körperteilen Energie für den Gegenangriff liefert.

Die Form des Tai Chi Chi Kung

Es gibt acht grundlegende Bewegungen im Tai Chi:

Abwehr, zurückrollen, pressen, stoßen, nach unten ziehen, trennen, Ellbogenstoß und Schulterstoß. Wenn der Übende die Grundprinzipien begriffen hat und richtig anwendet, kann er auch noch andere ebenso effektive Techniken anwenden.

Beim Tai Chi benutzt man die Schwerkraft und die Hebelwirkung der Beine, um den Gegner aus dem Gleichgewicht zu bringen. Ein wichtiges Prinzip bei der Übung des Tai Chi besteht darin zu vermeiden, daß man seinen Schwerpunkt auf und ab bewegt, denn das würde einen erheblichen Betrag an Energie verschwenden und die sanfte strukturelle Gesamtbewegung stören.

Die Struktur des Menschen verhält sich wie ein Gummiball. Je härter man darauf schlägt, desto mehr gibt sie nach (sinken), und desto mehr Kraft gibt sie durch Zurückfedern auf den Angreifer zurück. Letztlich behält der Ball die Oberhand, weil der Gegner ermüdet, da seine Angriffsenergie absorbiert wird.

Die Sehnen

Eine korrekte Tai Chi-Haltung zeichnet sich dadurch aus, daß man mit einem Minimum an Kraftaufwand einem Maximum an ankommender Kraft widerstehen kann. Ferner benutzt man in einer guten Haltung beim Tai Chi die Sehnen statt der Muskeln, um richtig zu verwurzeln und Kraft zu entwickeln.

Während der Übende beim Zurückrollen nach links die Hüfte nach links dreht, führt er auch den linken Oberschenkel in dieselbe Richtung. Da dabei der linke Fuß fest am Boden haftet und das Knie ein Scharniergelenk ist (das nicht rotieren kann), wird das linke Bein in ganzer Länge verdreht. Die Beinsehnen wickeln sich dabei um die Knochen und werden gedehnt.

Die Sehnen sind flexibel und elastisch. Daher können sie wie ein Gummiband Energie speichern, wenn sie gestreckt und aufgewickelt werden. Vor allem die Achillessehnen hinter dem Fußgelenk, die größten Sehnen im menschlichen Körper, sind in der Lage eine Zugkraft von 1000 Pfund zu speichern. Beim Zurückrollen nach links speichert man einen beträchtlichen Betrag an Energie in den Sehnen des linken Beins. Diese gespeicherte Energie wird dann zurück in den Körper entladen, wenn das linke Bein sich «aufwindet» und den Körper in die Stellung *Pressen* dreht. Die Energie wird folglich beim Zurückrollen gesammelt oder gespeichert und beim Pressen entladen. Dieses Prinzip gilt für fast alle Übergangsbewegungen von Yin zu Yang in der Tai Chi-Form.

Die Sehnen wirken wie Federn. In korrekter Haltung können sie Kraft wie eine Feder in der Aufhängung eines Wagens absorbieren und zurückgeben. In gewissem Sinn bewahren die Sehnen Energie auf, die sonst vergeudet wäre, und verwerten sie wieder.

Ein Werfer im Baseball, der seinen Körper und seine Hüften in extremer Weise «aufwindet», bevor er den Ball wirft, benutzt eine ähnliche Technik. Ebenso wird der Körper in den meisten anderen Kampfkünsten ganz «aufgewunden», bevor man den Fußstoß oder den Faustschlag losläßt. Der entscheidende Vorteil des Tai Chi besteht jedoch im umfassenden Einsatz der Sehnenkraft.

Dieser Gebrauch der Sehnenkraft findet sich in der ganzen Tai Chi-Form. So wird zum Beispiel bei der rechtshändigen Peitsche das (rechte) Standbein etwa um 40° oder mehr verdreht, während der Fuß flach und fest auf dem Boden stehenbleibt. Dadurch wird in den Beinsehnen Energie gespeichert, die dann freigesetzt wird, damit der Körper sich «aufdrehen» und den Schlag mit der rechten Hand ausführen kann, indem der Schnabel ausgestreckt wird.

Um diesen Punkt zu demonstrieren, kann man in der Stellung *rechtshändige Peitsche* stehen, ohne den Schlag auszuführen. Wenn man dann das linke Bein vom Boden hochhebt, dreht sich das rechte Bein von selbst auf und entläßt die gespeicherte Energie, um den Körper nach links zu drehen.

Mit Hilfe der Sehnen kann man auch die Kraft aus einem gegnerischen Stoß aufnehmen und zurückschnellen lassen. Wenn der Übende beim Pressen auf die Hände gestoßen wird, fließt die Kraft von den Händen zum Ellbogen und ein Teil dieser Energie wird dazu benutzt, die Trizepssehnen zu strecken. Der Rest der Kraft fließt weiter zu den Schultern, die in den Sehnen um das Schulterblatt ebenfalls einen Teil der Kraft aufnehmen. Während die restliche Kraft durch die Wirbelsäule und die Hinterseite der Beine nach unten übertragen wird, absorbieren die Sehnen, die diese Bereiche halten, weitere Energie. Der letzte Rest der Kraft wird dann durch die neun Punkte auf der Fußsohle in den Boden übertragen. Nachdem die gegnerische Kraft auf diese Weise aufgenommen wurde, kann der Übende diese gespeicherte Energie zusammen mit seiner eigenen zusätzlichen Muskelkraft in einem wesentlichen stärkeren Gegenangriff freisetzen. Durch ein Pressen, das in dieser Weise erwidert wird, kann man den Gegner entweder aus dem Gleichgewicht werfen oder hochheben und mehrere Meter weit wegschleudern.

Forschungsergebnisse

Neuere Forschungen über Läufer haben bestätigt, daß die Beinsehnen (insbesondere die Achillessehnen) die Effektivität des Laufens erhöhen. Sehnen absorbieren die Energie des Auftretens und entladen sie für das folgende Abstoßen vom Boden. Wenn die Sehnen nicht elastisch wären, würde ein Läufer dreimal soviel Energie für dieselbe Strecke benötigen. Dieser Effekt zeigt sich noch deutlicher bei Vierbeinern wie Pferden oder Kamelen. Ihre Unterschenkel bestehen hauptsächlich aus Sehnen, welche die Leistung beim Laufen und der Speicherung von Energie optimieren.

Ferner hat der Autor (in seiner Doktorarbeit) nachgewiesen, daß die Handsehnen auf Grund ihrer Elastizität die Höchstgeschwindigkeit eines Fauststoßes nach vorn um sechs Prozent erhöhen; das entspricht einer Verstärkung der Schlagkraft um zwölf Prozent.

Schlußfolgerungen

Beim Tai Chi wird die korrekte Haltung dazu eingesetzt, um Energie auf den ganzen Körper zu verteilen, um Kraft umzulenken und um Kraft in den Boden zu leiten. Bei Bedarf sammelt die Struktur Energie aus den Sehnen und Muskeln, um sie an einem bestimmten Punkt zum Angriff zu verdichten.

Außer dieser gewaltigen Kraft, die im Tai Chi liegt, fördert es gute Gesundheit, weil die Übung des Tai Chi Wirbelsäule, Hüften, Beine, Arme und die zugehörigen Sehnen, Muskeln und Gelenke stärkt. Es trainiert auch die Geisteskraft, mit deren Hilfe man die Lebenskraft Chi im Organismus entwickeln kann. Das körperliche und das mentale Training verstärken sich gegenseitig und bewirken, daß dem Übenden ein langes Leben zuteil wird.

Tai Chi ist eine Kunst, in der die grundlegenden Prinzipien der Bewegung und der Körperstruktur zur Anwendung gebracht werden. Beim Tai Chi wird zum Zweck der Selbstverteidigung innerhalb des Körpers Kraft gesammelt und gelenkt; dieser Zweck findet dann in Form von effizientem Energieeinsatz seinen optimalen Ausdruck.

Bibliographie

Literatur zum Tai Chi in englischer Sprache

Chao H. C.: Tai Chi Chuan
Chao H. C.: Simplified Tai Chi Chuan (Vol. I)
Chen Kung: Intrinsic Energies of T'ai Chi Ch'uan
Chen Wei-ming: T'ai Chi Ch'uan Ta Wen – Questions & Answers on T'ai Chi Ch'uan
Ch'en Y. K.: T'ai ch'i ch'uan – Its Effect and Practical Applications; Hongkong 1979
Cheng Man-Ch'ing: T'ai Chi Ch'uan – Simplified Callistenics for Health & Self-Defense, Richmond 1981
Cheng Man-Ch'ing und R. W. Smith: T'ai-chi
Cheng Man-Ch'ing: Master Cheng's 13 Chapters on T'ai Chi Ch'uan, New York 1982
China Sports (Hrsg.): Taiji Boxing in 48 Forms
Chuckrow, Robert: T'ai-Chi Ch'uan: Embracing the Pearl
Da Liu: T'ai Chi Ch'uan & Meditation
Delza, Sophia: T'ai Chi Ch'uan (Wu Style) – Body and Mind in Harmony
Feng Zhiqiang und Chen Xiaowang: Chen Style Taijiquan
Fu Sheng Yuan: Authentic Yang Family Tai Chi
Galante, Lawrence: Tai Chi: Supreme Ultimate
Gallagher, Paul: Drawing Silk
Horwitz, T. und S. Kimmelman: T'ai Chi Ch'uan: The Technique of Power, Chicago 1976
Hsieh, Douglas: Combat Tai Chi Chuan (Vol. II) – Joint Hands & Self-Defense Techniques
Hsieh, Douglas: Tai Chi Weapons in Action (Vol. 3)
Huang, Alfred: Complete Tai-Chi
Huang Jun: Taijiquan in 88 Forms
Huang Wen-shan: Fundamentals of T'ai chi ch'uan, Hongkong 1982
Jou Tsung Hwa: The Tao of Tai-Chi Chuan, Rutland (VT) 1980
Klein, Bob: Movements of Magic
Klein, Bob: Movements of Power
Knecht, Ted W.: Authentic Yang Style Taijiquan, Vol. 1
Kuo Lien-Ying: Tài Chi Boxing Chronicle
Kuo, Simone: Long Life, Good Health through Tai-Chi Chuan
Lee Ying-Arng: Lee's Modified Tai Chi Chuan for Health, Hongkong 1968
Liang T. T.: T'ai Chi Ch'uan for Health & Self Defense
Liao Waysun: T'ai Chi Classics, Boston 1990
Lipo & Ananda: Wave Hands Like Clouds
Lo, B. P. J. u.a.: The Essence of T'ai Chi Ch'uan: The Literary Tradition, Richmond (CA) 1979
Lo, Benjamin und Martin Inn: Cheng-tzu's 13 Treatises on T'ai Chi Ch'uan
Lowenthal, Wolfe: Gateway to the Miraculous
Lowenthal, Wolfe: There Are No Secrets
Ma Yueh-liang und Zee Wen: Wu Style Taichichuan Tuishou (Push-Hands)
Marks, Tom und Dominick Liu: Tai Chi Sabre for Self-Defense
Olson, S. A. und G. Kuehl: Imagination Becomes Reality: The Teachings of Master T. T. Liang, St. Cloud (MN) 1986
Pang T. Y.: On Tai Chi Chuan
Ralston Peter: Cheng Hsin Tui Shou
Sieh, Ron: T'ai Chi Ch'uan – The Internal Tradition
Shing Yen-ling: T'ai Chi Ch'uan's Basic Exercises
Shi Ming und Siao Weijia: Mind over Matter – Higher Martial Arts
Wang Peisheng und Zeng Weiqi: Wu Style Taijiquan, Hongkong 1983
Wile, Douglas: T'ai Chi Touchstones – Yang Family Secret Transmissions, New York 1983
Wile, Douglas: Cheng's Advanced Form Instructions

Wong Doc-Fai: Tai Chi Chuan's Internal Secrets
Wu Ying-hua und Ma Yueh-liang: Wu Style Taichichuan
Xie Shoude: Competitive Routines for Four Styles of Taijiquan
Yang Jwing-ming: Advanced Yang Style Tai Chi Chuan (Vol. 1+2)
Yang Jwing-ming: Yang Style Tai Chi Chuan (Vol. 1+2)
Yang Zhenduo: Yang Style Taijiquan
Yeung Sau-Chung: Practical Use of T'ai Chi Ch'uan, Boston 1976
Yiu Kwong: Research into Techniques and Reasoning of T'ai chi ch'uan, Hongkong 1982
Yiu Kwong: T'ui Shou and San Shou in T'ai Chi Ch'uan, Hongkong 1981

Tai Chi-Bücher in deutscher Sprache

Anders, Frieder (Hrsg.): Taichi – Chinas lebendige Weisheit, München 1994
Chee, S.: Die Kunst des T'ai Chi Ch'uan, München 1984
Cheng Man-ch'ing: Ausgewählte Schriften zum T'ai Chi Ch'uan..., München 1988
Cheng Man-ch'ing: Dreizehn Kapitel zu T'ai Chi Ch'uan – Das Wissen des Meisters, Basel 1989
Da Liu: T'ai Chi und Meditation, München 1989
Da Liu: Tao der Gesundheit und Lebensfreude, Frankfurt 1982
DAO – Magazin fernöstlicher Lebens-Kunst: Qigong (Sonderheft), Norderstedt 1993
DAO – Magazin fernöstlicher Lebens-Kunst: Taijiquan (Sonderheft), Norderstedt 1994
Ding, L. und B. Sutoma: Taiji-Qigong in 28 Schritten, Beijing 1990
Engelhardt, Ute: Theorie und Technik des Taijiquan, Schorndorf o. J.
Foen Tjoeng Lie: Chinesisches Schattenboxen Taijiquan, Niedernhausen 1987
Frerker, Mario: Tai Chi Chuan verständlich gemacht, München 1995
Huang Chungliang Al: Lebensschwung durch T'ai chi, München 1994
Huang Chungliang Al: Taiji, München 1996
Jarosch, Ingo: Tai Chi – Neue Körpererfahrung und Entspannung, Reinbek 1991
Jiao Guorui: Die 15 Ausdrucksformen des Taiji-Qigong, Uelzen 1995
Jokarchi, S.: T'ai Chi Ch'uan – Weg der Harmonie, München 1991
Kaiser, A.: Tai Ji – verbunden mit Himmel und Erde, Planegg 1990
Kobayashi, Petra: Die Schwertkunst des T'ai Chi Ch'uan, München 1995
Kobayashi, T.: Der Weg des T'ai Chi Ch'uan, München 1984
Kobayashi, T. und P.: T'ai Chi Ch'uan – Ein praktisches Handbuch zum Selbststudium, München 1979
Kobayashi, T. und P.: T'ai Chi Ch'uan – Einswerden mit dem Tao, München 1989
Kubiena G. und Zhang X. P.: Taiji-Quan – Die Vollendung der Bewegung, Wien 1991
Lash, John: Reise zum Tao – Tai Chi und die Weisheit des Tao Te King, Basel 1990
Liao Waysun: Die Essenz des T'ai Chi, München 1996
Lind, G. und M.: Taijiquan und Qigong Lexikon, Norderstedt 1995
Lowenthal, Wolfe: Es gibt keine Geheimnisse – Professor Cheng Man-ch'ing und sein Taijiquan, Norderstedt 1993
Methfessel, Thomas: Tai Chi für Anfänger, Wiesbaden 1990
Metzger, W. und Zhou Peifang: Taijiquan, Qigong, München 1995
Moegling, B. und K.: Handbuch für Tai Chi Chuan und Körperarbeit, Aachen 1991
Moegling, B. und K.: Tai Chi als sanfte Körpererfahrung, Niedernhausen 1987
Moegling, B. und K.: Tai Chi Chuan für Einsteiger, München 1996
Moegling B. und K.: Taiji zu zweit, Norderstedt 1992
Moegling, K.: Die chinesische Bewegungsmeditation Tai Chi Chuan, München 1988
Proksch, Christa: Taijiquan – Die Kunst der natürlichen Bewegung, Darmstadt 1987
Proksch, Christa und Foen Tjoeng Lie: Yang-Stil-Tai-Ji-Quan (Übungsbuch), Norderstedt 1991
Song Z. J.: T'ai Chi Ch'uan. Bd. 1: Die Grundlagen, Bd. 2: Die Formenlehre, München 1991
Song Z. J.: Übungen für Fortgeschrittene, München 1994
Tegner, B.: Kung Fu und Tai Chi, Niedernhausen 1990
Yang Shou Chung: Die praktische Seite des Tai Chi Chuan, Norderstedt 1996

Über die Autoren

Meister Mantak Chia

Meister Mantak Chia ist der Begründer des Systems des *Heilenden Tao («The Healing Tao»)* und der Direktor der *Tao Gardens* im schönen ländlichen Norden Thailands. Von Kindheit an hat er sich mit taoistischer Lebensgestaltung und vielen anderen Disziplinen beschäftigt. Auf der Grundlage seines umfassenden Wissens über den Taoismus, das noch durch das Studium anderer Systeme bereichert wurde, schuf er das *System des Heilenden Tao («Healing Tao System»)*, das heute in der ganzen Welt verbreitet wird.

Meister Chia wurde 1944 als Kind chinesischer Eltern in Thailand geboren. Im Alter von sechs Jahren lernte er von buddhistischen Mönchen die Technik des *Sitzens und der Geistesstille.* Während seiner Mittelschulzeit erlernte er zuerst das traditionelle Thai-Boxen und begegnete dann Meister Lu, der ihn in Tai Chi Chuan unterwies. Später machte Meister Lu ihn auch mit Aikido, Yoga und weiteren Tai Chi-Stilen bekannt.

Nach seiner Schulzeit studierte er in Hongkong, wo er sich in Leichtathletik auszeichnen konnte. Dort führte ihn sein Studienfreund Cheng Sue-sue bei Meister Yi Eng, seinem ersten esoterischen Lehrer und Tao-Meister, ein. Von da an begann Meister Chia, die taoistische Lebensweise intensiv zu studieren. Er lernte, Energie durch den Kleinen Energiekreislauf zirkulieren zu lassen und durch die Fusion der Fünf Elemente die anderen Sechs Sondermeridiane zu öffnen. Bei seinem weiteren Studium der Inneren Alchimie lehrte ihn sein Meister die *Erleuchtung von Kan und Li,* das *Versiegeln der fünf Sinnesorgane,* die *Vermählung von Himmel und Erde* sowie die *Wiedervereinigung von Mensch und Himmel.* Meister Yi Eng autorisierte Mantak Chia auch, künftig selbst zu lehren und zu heilen.

Anfang Zwanzig studierte Mantak Chia bei Meister Meugi in Singapur, der ihn in Kundalini Yoga, taoistischem Yoga und der Buddha-Hand unterwies. Schon bald konnte er bei sich selbst Energieblockaden auflösen und lernte auch, die Lebenskraft durch seine Hände auszusenden und Patienten seines Meisters zu heilen.

Später bildete er sich bei Meister Cheng Yao-lung weiter, der ihn die Shaolin-Methode der Inneren Kraft und die streng geheimen Techniken für Organe, Drüsen und Knochenmark lehrte, die nun als *Knochenmark-Nei Kung* und als *Stärkung und Erneuerung der Sehnen* bekannt sind. Das System von Meister Cheng verbindet Thai-Boxen und Kung Fu.

Zu dieser Zeit lernte er auch bei Meister Pan Yu, dessen System Techniken des Taoismus, Buddhismus und Zen miteinander verbindet. Bei Meister Pan Yu erhielt er Einblick in den Austausch von Yin- und Yang-Energie zwischen Männern und Frauen; außerdem erlernte er die Entwicklung des *Stählernen Körpers,* die den Organismus vor dem Verfall bewahrt.

Um die Wirkungsweise der Heilenergie besser zu verstehen, studierte Meister Chia zusätzlich zwei Jahre lang westliche Medizin und Anatomie. Während dieser Zeit arbeitete er noch als Manager der thailändischen Niederlassung der Firma Gestetner, einem Hersteller von Büromaschinen, und erwarb dabei Kenntnisse über die Technik von Offsetmaschinen und Kopiergeräten.

Auf der Grundlage seines umfassenden Wissens über den Taoismus und andere Disziplinen entwickelte er das *System des Heilenden Tao,* das er bald zu unterrichten begann. Er bildete Lehrer aus und gründete das *Natural Healing Center* in Thailand. Fünf Jahre später entschloß er sich, nach New York zu ziehen, wo er 1979 das *Healing Tao Center* eröffnete. Während seines Aufenthalts in New York setzte er seine Ausbildung im Wu-Stil des Tai Chi Chuan bei Edward Yee fort.

Seither hat Meister Chia Zehntausende von Schülern in der ganzen Welt unterrichtet und fast zweihundert autorisierte Lehrer ausgebildet, um das System des Heilenden Tao zu verbreiten. Zentren des Heilenden Tao sind in zahlreichen Städten der USA, Kanadas und Europas entstanden. Außerdem haben sich Übungsgruppen in England, Deutschland, Holland, Italien, Frankreich, Österreich, der Schweiz, Indien, Australien, Japan und Thailand gebildet.

1994 sind Meister Chia und seine Familie wieder nach Thailand zurückgekehrt, denn dort hatten sie mit dem Bau der *Tao Gardens,* eines internationalen Healing Tao-Retreatzentrums in Chiang Mai begonnen. Heute lebt Meister Chia dort mit seiner Frau Maneewan und ihrem Sohn Max (der 1990 im Alter von elf Jahren zum jüngsten diplomierten Lehrer im System des Heilenden Tao wurde). Meister Chia ist ein warmherziger, freundlicher und hilfsbereiter Mensch, der sich in erster Linie als Lehrer betrachtet. Er präsentiert das Heilende Tao auf einfache und praktische Weise, während er ständig sein Wissen und seine Lehrmethoden erweitert. Zum Schreiben seiner Bücher benutzt er ein Textverarbeitungsprogramm und ist auch sonst gut mit dem neuesten Stand der Computertechnologie vertraut.

Bisher hat Mantak Chia elf Bücher über das Heilende Tao geschrieben und veröffentlicht:

- 1983 Awaken Healing Energy through the Tao
- 1984 Taoist Secrets of Love – Cultivating Male Sexual Energy
- 1985 Taoist Ways to Transform Stress into Vitality
- 1986 Chi-Self-Message – The Tao Way of Rejuvenation
  Iron Shirt Chi Kung I
  Healing Love through the Tao – Cultivating Female Sexual Energy
- 1989 Bone Marrow Nei Kung
  Fusion of the Five Elements I
- 1990 Chi Nei Tsang
- 1993 Awaken Healing Light of the Tao
- 1996 The Inner Structure of Tai Chi

In deutscher Übersetzung sind davon bisher folgende Bände erschienen:

- 1985 Tao Yoga
  Tao Yoga der Liebe – Kultivierung der männlichen Sexualenergie

1987 Tao Yoga der heilenden Liebe – Kultivierung der weiblichen Sexualenergie
Tao Yoga des Heilens
1989 Eisenhemd Chi Kung I
1990 Fusion der Fünf Elemente I
1993 Chi Nei Tsang
1994 Knochenmark Nei Kung
1996 Das Heilende Tao

Nach Schätzung von Meister Chia werden insgesamt zwanzig Bücher nötig sein, um das vollständige System des Heilenden Tao zu übermitteln. Im Juni 1990 wurde Meister Chia vom Internationalen Kongreß für Chinesische Medizin und Qigong (Chi Kung) in San Francisco zum Qigong-Meister des Jahres ernannt. Er war der erste Empfänger dieser Auszeichnung, die seither jährlich von einer Fachjury vergeben wird.

Juan Li

Juan Li wurde 1946 in Havanna auf Kuba geboren. Seine Beschäftigung mit dem Taoismus begann 1965 mit einer vergleichenden Studie des Tao Te Ching in englischen Übersetzungen. Seine chinesischen Studien setzte er im Brooklyn College fort, wo er sich auf chinesische Frühgeschichte spezialisierte. Zu jener Zeit begann er ein besonderes Forschungs- und Studienprojekt über das I Ching, ein Thema, mit dem er sich immer noch intensiv auseinandersetzt.

Mit Tai Chi Chuan kam er zuerst in San Francisco in Berührung, wo ihn Sifu Sik Ho Chu in den Fu-Stil einführte, eine Tai Chi-Form, die im 19. Jahrhundert von Fu Juen Ko in der Provinz Honan entwickelt wurde. Charakeristisch für diesen Tai Chi-Stil sind äußerst elegante Handbewegungen und die tiefen Beinstellungen, mit deren Hilfe größere Kräfte entwickelt werden sollen. Im Anschluß an den Fu-Stil unterrichtete Sifu Sik Ho Chu ihn im Wu-Stil und in der Liang Yee-Form des Kung Fu.

1982 begegnete Juan Li zum ersten Mal Meister Mantak Chia und begann das Studium der taoistischen Inneren Alchimie. Bald darauf begann Juan Li bei der Illustration von Meister Chias Büchern zu helfen. Meister Chia lehrte ihn die Dreizehn Bewegungsformen des Yang-Stils und die Säbelform des Wu-Stils.

Juan Li setzte seine Ausbildung bei Meister Chia fort, bis er schließlich Senior-Lehrer des Heilenden Tao wurde. Heute verbringt er die meiste Zeit damit, diese Lehren in Westeuropa vorzustellen. Juan Li lebt mit seiner Frau Renu, die ebenfalls Senior-Lehrerin des Heilenden Tao ist, in Santa Fe in New Mexico im Südwesten der USA.

Jampa Mackenzie Stewart ist einer der Herausgeber der *Healing Tao Books* und Senior-Lehrer des Heilenden Tao. Er hat wesentlich an dem Buch *Awaken Healing Light of the Tao* (Healing Tao Books, 1993) mitgewirkt und ist der Verfasser von «The Life of Gampopa: The Incomparable Dharma Lord of Tibet» (Snow Lion Publications, 1995) und von «Foundations of Taoist Practice» (1995).

In zahlreichen Zeitschriften und Fachpublikationen hat er über vierzig Artikel zu Themen wie Tai Chi, taoistische Meditation, Chi Kung und Heilung veröffentlicht. Früher war er Verleger und Herausgeber des *Tai Chi Journal*, einer internationalen Tai Chi-Zeitschrift, und Leiter des Tai Chi Chuan Center in Rochester (New York).

Stewart Mackenzie ist Arzt für Orientalische Medizin und praktiziert Akupunktur. Zur Zeit gibt er Healing Tao-Seminare in den Vereinigten Staaten und veranstaltet regelmäßig Tai Chi- und Healing Tao-Programme und -Retreats in den hochgelegenen Wüstenregionen von New Mexico.

Albert L. Chan hat vierzehn Jahre lang bei Meister Chia Tai Chi Chi Kung und taoistische Meditation praktiziert und studiert. Er hat auch zwölf Jahre lang Wing Tsun geübt. Er hat in Physik promoviert und besitzt ein Diplom in Computerwissenschaft. Zur Zeit befaßt sich Dr. Chan mit Forschungen zur Physik des Sports. Er ist besonders interessiert an der Analyse von Kampfkünsten und anderen Sportarten.

Danksagung

In großer Dankbarkeit gedenken wir der vielen Generationen von Tao- und Tai Chi-Meistern, die ihre Tradition in ununterbrochener mündlicher Übertragungslinie über Jahrtausende hinweg weitergegeben haben. Unser besonderer Dank gilt dem Tao-Meister I Yun (Yi Eng) für seine Offenheit bei der Vermittlung der taoistischen Inneren Alchimie, dem Tai Chi-Meister des Wu-Stils Edward Yee, der mich das vollständige System des Tai Chi lehrte, dem Tai Chi-Meister P. Y. Tam für seine Unterweisung in *Tai Chi Chi Kung* und Meister Cheng Yao-Lun für seinen Unterricht, der mich mit der *Umwandlung von Sehnen und Bändern* und der *Knochenmarkswaschung* vertraut machte.

Unseren Eltern und Lehrern sind wir unendlich dankbar für alles, was sie uns geschenkt haben. Die Erinnerung an sie erfüllt uns bei unseren fortgesetzten Bemühungen, das System des Heilenden Tao zu verbreiten, mit Freude und Befriedigung.

Unser besonderer Dank gilt Juan Li für seine schönen Illustrationen und für die Vorbereitung des ursprünglichen Entwurfs für den ersten Teil des Manuskripts. Wie immer leistete er einen wesentlichen Beitrag bei der Präsentation der Grundbegriffe und Techniken des Heilenden Tao.

Jampa Stewart Mackenzie möchten wir unsere Anerkennung für seine große Hilfe bei der Zusammenstellung und Herausgabe diese Buchs, für seine Textbeiträge, für sein Buchdesign und für seine Unterstützung und Beratung aussprechen.

Schließlich möchten wir unseren Lehrern, Schülern und Sponsoren in der ganzen Welt dafür danken, daß sie das System des Heilenden Tao kontinuierlich unterstützen. Sie alle tragen dazu bei, daß die Lebendigkeit des Heilenden Tao erhalten bleibt.

Adressen

Informationen über Kurse, Ausbildungszentren usw. bei:

The International Healing Tao Center
274 Moo 7, Luang Nua, Doi Saket, Chiang Mai, 50220, Thailand, Tel.: (66)(53) 495-596, 495 597, 495-599; Fax (66)(53) 495-852
e-mail: healingt@loxinfo.co.th

USA: P. O. Box 1194, Huntington, NY 11743, USA
Healing Tao Europa: Martin Hug und Andrea Fuchs
Postfach 21, 9014 St. Gallen, Schweiz
Fax: (41)(71) 278-7177

Bücher, Audios, Videos und Poster bei:

Healing Tao Center
400 Keystone Industrial Park, Dunmore, PA 18512, USA
Tel.: (1)(717) 348-4310, Fax: (1)(717) 348-4313

Seminarorganisation für Veranstaltungen mit Mantak Chia in Deutschland:

frankfurter ring e. V.
Kobbachstr. 12
60433 Frankfurt
Tel.: (069) 51 15 55
Fax: (069) 51 22 20
e-mail: frankfurter ring@t-online.de